地方交付税を考える
制度への理解と財政運営の視点

黒田武一郎［著］

ぎょうせい

はじめに

問題意識として

　交付税制度とは奥行きの深い仕組みであると感じたのは、この制度にかかわるようになって十数年が経った頃でした。

　出張先での会議を終えて、宿泊するホテルに戻るために初めて訪れた街を歩いていたときのことでした。目に映る道路、小・中学校、公民館、消火栓等々、そういうものの全てを造るに際して、その一部に交付税が財源として活用されているのだということを、突然に意識させられたのです。

　必ず発生するゴミの処理から始まり、私たちが日々の生活で利用する地方団体の行政サービスの多くに、交付税が財源の一部として使われています。今、この本を手にとっていただいている方が地方公務員の場合は、交付税が交付されない地方団体に所属されていない限りは、給与の一部が交付税で賄われていることが多いでしょう。

　このように、地方団体が交付税をその財源の一部として提供している様々な行政サービス等は、日々の生活のなかにくまなく存在するものですが、交付税制度そのものについては、複雑で分かりづらいという指摘の多いことも事実です。

　昭和57年に旧自治省に採用されて、最初の研修期間中に配属されたのが財政局交付税課でした。これが、交付税制度との出会いでした。

　最近の採用面接では、地方財政全般はもとより、そのなかの交付税制度に興味をもったことを入省志望の理由に挙げる学生もいます。当時は、概して地方財政、なかでも交付税制度は、地方団体で財政を担当するいわば玄人集団と少数の学者のインナーサークルで議論されているような趣があったことを思うと、地方財政を取り巻く環境の変化を改めて感じます。一方で、交付税制度は難しい、分かりづらいといった指摘は、当

はじめに

時からそれほど変わっていないようにも思います。

　採用後の3か月間の研修期間を経て、秋田県総務部地方課財政係に配属され、交付税、地方債、決算統計等の仕事に広くかかわらせていただき、地方財政の輪郭について、自分なりのイメージのようなものを持つことができました。続いて、参議院法制局に配属され法制執務に携わった後、再び、交付税課に配属となり、今度は研修の立場ではなく、制度の企画立案や算定を行う実働部隊の一員として仕事をすることとなりました。

　その頃は、どこの職場でもそのような雰囲気はあったものですが、着任したときに、直属の上司から言い渡された言葉は強烈でした。「この仕組みはとても幅広く、奥が深い」「1年やらないと絶対に分からない」等々。前任の先輩からの引継ぎを受けるなかで、巨大なシステムであり理解のためには相当の努力が必要であることを繰り返し聞かされていたことから、確かにそのようなものかもしれないとは思いつつも、いかにも口伝や経験則で成り立っているような世界であるという言い方に、素朴に反発を覚えたことも事実でした。

　実際問題として、交付税の仕事を始めると、疑問点は次から次へと湧いてきました。制度の解説書や専門書、研究論文等はもとより、制度創設以来の国会における議事録を読んだり、先輩や上司に的外れな質問をしながら、交付税制度という財政調整システムについて考えました。これが、交付税制度とのかかわりの実質的なスタートでした。その後も、地方財政にかかわる仕事が多かったことから、入省以来ずっと、このシステムをどう理解して、どのように発展させていくのかという問題に向かい合ってきたことになります。

　交付税制度は、全国どの地域においても全ての地方団体が標準的な行政サービスを提供できるように、それぞれの地方団体について、本来的には地方税で賄うことが想定される標準的な行政経費の見込額（基準財政需要額）と標準的な税収入の見込額（基準財政収入額）を算定し、経費

が収入を上回る場合、その上回る部分、つまり税収が不足する部分を交付税によって補塡するものです。また、それに必要な財源の総額は、所得税、法人税、酒税及び消費税それぞれの一定割合と地方法人税の全額を基本とすることとされています。

　こう説明すると、そんなものかなという認識を持つものですが、なぜこれほどまでに、「地方財政は難しい、そのなかでも特に交付税制度は分かりづらい」と指摘されるのでしょうか。その理由について経験も含めて整理すると、大きく4つの要素に分けることができます。

　第1は、算定にかかわるものです。交付税を配分するために、個々の地方団体の標準的な経費と収入を算定するわけですが、現実には、これはとても複雑な作業です。その理由は、次の3つに分けることができます。

　まず、1つめは、地方団体の仕事の範囲が、警察、消防、戸籍、住民基本台帳、認定こども園（保育所、幼稚園）、小学校、中学校、高等学校、公立大学、道路、河川、公園、港湾、健康づくり、生活保護、介護保険、国民健康保険、児童福祉、高齢者福祉、障害者福祉、ごみ・し尿処理、商工業・農林水産業の振興等と、非常に多岐にわたるということです。

　地方団体の予算書や決算書を思い浮かべてみましょう。かなりのボリュームです。交付税、なかでもその大部分（94%）を占める普通交付税は、これらの経費を標準化・算式化して算定するものです。したがって、算定内容を正確に理解するためには、まず、地方団体がどのような組織体制によって、どのような行政サービスを提供しているのかについて、網羅的に個別具体の知識が必要となります。あわせて、収入の算定については、地方税や地方譲与税にはどのような種類があり、全体としてどのような体系になっているかについての理解が求められます。

　2つめとしては、これらの行政サービスの内容を理解するだけでは足りないということです。交付税は、地方税で賄うべき部分を補足する仕

はじめに

組みです。したがって、標準的な行政経費の算定を理解するためには、算定の対象となっているそれぞれの事務事業が、どのような、国、都道府県、市町村の役割分担と負担ルールに基づいて実施されているのか、そして、都道府県や市町村の財源として、地方税のみならず、国庫支出金（国庫負担金や国庫補助金等）、建設事業であれば地方債、あるいは使用料・手数料・分担金等がどのように位置づけられているかという制度についての理解が必要となります。あわせて、国庫支出金や地方債等の制度についての理解も必要です。これらの制度も、それぞれの歴史と複雑な構成要素を有する巨大なシステムです。

例えば、義務教育を提供するに際して、学校の設置運営、教職員の配置、教育内容の設定等について、国、都道府県、市町村がどのような役割分担と財政負担で実施しているかの認識がないと、算定内容は理解できません。さらに、算定データとして、文部科学省が実施している学校基本調査などについての理解も求められます。

これだけでも、十分に大変ですが、さらに3つめの問題があります。それぞれの事務事業の仕組みには複雑なものが多いわけですが、基準財政需要額の算定においては、基本的に行政項目ごとに設定した算定単価（「単位費用」といいます）に、「測定単位」として人口等の客観的な統計データを、実態に即して一定の調整（「補正係数」による補正）をした上で掛け合わせるという算式によって行われます。

このように、基準財政需要額の算定は、それぞれの事務事業のうちの本来であれば地方税で賄うことが想定される経費について、標準化・算式化して行うものですから、把握できた制度がどのように算式化されるかについても、理解することが必要となります。

基準財政収入額の算定も同様です。個々の地方団体の税収入について、個別具体の見通しを立てるものではなく、それぞれの税目に応じて、全国共通に設定した伸び率等で算定するものですから、その理解も必要です。

改めて、まとめてみます。現行の交付税制度に基づく算定を理解するためには、まず都道府県と市町村の組織や事務事業の全体を個別具体に把握し、それぞれの事務事業の仕組みや国と地方の役割分担に基づく財源構成を理解し、それらが、交付税の算定に際してどのように単位費用や、測定単位、補正係数に反映されているかを理解するとともに、地方税体系についても把握し、それぞれの税目がどのように算式化されるかを理解するという対応が求められます。このように、地方団体の営みの全体を交付税制度という枠組みによって体系化して整理するものであることから、いわば「力業」のような印象を与えうるものかもしれません。

　第2は、総額にかかわるものです。数多くの算式に基づく算定によって交付される交付税の総額は巨額です。交付税は、制度としては地方団体の固有財源という性格を有するものですが、現実の予算の形式においては、国から地方への財政移転という形をとります。

　交付税制度の発足以来、ほとんどの年度において、交付税の対象税目とされる国税の一定割合では必要な総額が確保されないことから、国の加算措置をはじめとする特例措置により対処することが常態化しているなかにあって、交付税総額の妥当性をめぐって、毎年度の予算編成過程のなかで、厳しい議論が戦わされてきました。

　その際、国の財政当局からは、国の財政状況はもとより、その時々の経済財政運営として地方に協力を求めたい内容も含めて総額のあり方が主張され、地方側からは、地方の財政状況やそれぞれの現場で直面する様々な行政ニーズから導き出される総額が主張されます。最終的には、年末の政府予算案が決定される前に決着がつけられることとなりますが、議論の内容が多岐にわたることもあって、決着に至るまでのプロセスについても、分かりづらい印象を与えがちであるとの指摘があります。

　そもそも地方団体が提供する行政サービスの標準的な水準の多くは、その時々の社会経済情勢にあって、国民や住民からのニーズ、国と地方

はじめに

の財政状況等を踏まえて、最終的には法令や国の予算等のなかで決定されていくものであり、交付税総額の所要額もそのなかで決まってくるものです。

　交付税制度は、地方団体の地方税に代替する固有財源であるという性格とともに、国から地方への巨額の財政移転という仕組みにおいて、国家財政と地方財政のいわば接合部分の役割を果たしているものですが、それ故に、毎年度の総額をめぐる議論は、国側、地方側のそれぞれの論理、その時々の経済財政状況はもとより、過去からの様々な経緯等も踏まえた多くの要素が複雑に絡まるものとなります。そのために、その内容は、どうしても難解なものと受け取られがちになるものです。

　第3は、算定と総額の関係です。全国の47都道府県と1,718市町村（平成30年4月1日現在）の全てについて、基準財政需要額と基準財政収入額を千円単位で算定して、基準財政需要額が基準財政収入額を上回る団体に対して普通交付税が交付されます。平成30年7月に総務大臣により決定された結果を見ると、普通交付税が交付される団体の基準財政需要額の総額は40兆9,004億円、基準財政収入額は25兆8,128億円、これらにより必要であると算定された普通交付税の総額は15兆876億円です。これに対して、平成29年の年末の地方財政対策で確保された平成30年度に必要と見込まれる交付税総額のうちの普通交付税総額は15兆480億円であり、算定結果として必要であると導き出される総額に対して、0.3％足りないだけのほぼ同額という状況となっています。

　前年（平成29年）12月に見込んだ所要額とその翌年（平成30年）7月に積み上げた算定結果が、このようにほぼ一致することについてはいったいどのように考えたらいいのでしょうか。これは、算定が分かりづらいというよりも、仕組みそのものに対する疑問といっていいものかもしれません。

　さらに、基準財政需要額を基準財政収入額が上回る地方団体には交付

税が交付されませんが、上回る部分を財源として実施する事業費を地方財政計画に計上しない場合には、必要な交付税総額が確保されないという技術的な問題もあります。この問題を解決するために計上される経費が、いわゆる「水準超経費」（交付税の不交付団体における平均水準を超える必要経費）ですが、これも、なかなか分かりづらいものです。

　そして、第4は、確保された総額を複雑な算定によって配分するという制度の仕組みそのものに対する様々な意見が示されていることです。例えば、以下のとおりです。
- 交付税制度による手厚い財源の確保が続けられることによって、結果として地方団体の財政運営に他力本願といったモラルハザードをもたらしているのではないか
- したがって、交付税制度の財源保障機能と財源調整機能をまずは分離すべきではないか
- さらには、財源保障機能はできる限り抑制あるいは廃止すべきではないか
- また、現行制度のような国税の一定割合による垂直的な財政調整だけではなく、地方税による水平的な財政調整制度を構築すべきではないか　等

これらの指摘は、そもそも、我が国の内政の安定的な運営をどのように確保していくのか、また、地方分権改革の推進といった政策目標をどのように考えて、国は地方と向かい合っていくべきかなどの根源的な問題とも関連するものです。
　交付税制度を理解するためには、地方団体の安定的な財政運営を確保するとともに分権型社会をどのように構築していくかという視点に加えて、国家財政のあり方はもとより、経済政策や社会保障政策、さらには、そもそも国は地方とどのように向かい合っていくべきかという視点等も踏まえてとらえる姿勢が求められます。言い換えれば、各人がそれぞれ

はじめに

の判断基準や知識を持った上で、交付税制度という地方団体の財政調整制度を通じて、国と地方の行財政制度の仕組みや経済財政運営全体を俯瞰するという視点が求められるわけです。

以上、4点について整理してみました。ここでは、普通交付税にしぼりましたが、普通交付税を補完する仕組みである特別交付税についても、様々な指摘があります。

繰り返しになりますが、交付税制度を全体として理解するためには、算定方法、総額の設定、算定方法と総額の関係、制度の仕組みのあり方についての議論といった、それぞれ大きな広がりをもつ論点を体系的に整理していくことが必要です。これらが、交付税制度が難しいと受け止められる大きな理由です。

一方で、交付税制度の理解においては、このような4つの角度からのアプローチが求められると整理すれば、それぞれの問題意識に応じて、まず何が必要か、どこに向かっていくべきかが見えてきます。

例えば、地方団体の財政部局で収入の見積もりの担当者として交付税制度に向かい合っている方であれば、最初の2点、すなわち交付税の算定の考え方と総額設定の議論について理解することは必須でしょう。逆に言えば、まずそれに注力した上で、仕組みをめぐる議論に向かい合い、新しい制度の提案まで持ち込むというアプローチが合理的です。

交付税総額のあり方や国から地方への財政移転のもたらす効果についての分析等に着目した研究をされる方にとっては、複雑な個別の行政経費の算定方法についての理解は後にして、まず、財政調整制度をめぐる議論の研究から入っていくことも考えられます。そのプロセスにおいて、例えば、交付税総額や算定の妥当性の議論に関連して、地方財政計画や基準財政需要額の内容について、一つひとつ個別具体的な行政分野のあり方についての議論に入っていくことが求められることとなっていくでしょう。

交付税制度の理解に際して悩むことがあれば、それは、この4つの類型のいずれに該当するものであるのかについて確認しながら進んでいくことが、1つの対応方法となりうるものです。

本書の目的と構成

　交付税制度についての解説や整理をしたものは数多くあります。そのなかには、制度をめぐる論点や批判等について詳細に整理されているものもありますが、例えば、算定方法についての論点であれば、算定方法の解説のなかにあわせて整理されていることが一般的です。したがって、解説書を注意深く読むとほとんどの答えを見つけることができるわけですが、論点や疑問点を中心に整理がされているものは、比較的少ないように感じます。

　本書では、第1の目的として、交付税制度を理解していく過程で生じる疑問や論点についての考え方を整理することを試みるものです。そのため、現行制度そのものについての説明はできる限り分かりやすく、かつ、簡素化して整理することとして、詳細は、数多くの解説書や専門書に委ねることとします。また、諸外国の財政調整制度についての説明も交付税制度の理解や分析のためには重要ですが、思い切って省略します。

　そして、交付税制度をめぐる論点は、交付税制度により財源が保障されている地方団体の財政運営に関する問題点を映し出す、いわば鏡のようなものともいえます。我が国の地方財政制度は様々な改革の積み重ねの結果として現在の姿となっていますが、数多くの極めて困難な課題に対応していくことが求められる現状にあります。

　そのために、第2の目的として、今後とも国において必要に応じて制度的な対応策を講じていくことは当然ですが、交付税制度への理解から導き出される地方団体の財政運営に必要な視点として、財政規律の維持とともに10の基本的な姿勢（マインド）についても整理を試みることとしました。

はじめに

　このようなことから、本書の構成として、まず、**序章**では、導入として、現在の交付税制度はどのような沿革のなかで創設され、その現状はどのようになっているのかについて概観します。財政調整制度には、様々な形態がありますし、我が国でも変遷をたどってきました。交付税制度について考える上での最低限の知識として、現在に至るまでの経緯と現状を確認するものです。

　続けて、**第1章**では、交付税制度を理解するために、制度をめぐる論点について、「総額」「算定」「総額と算定の関係」「仕組みに関すること」に分けて、整理します。

　そして、**第2章**では、交付税制度を含む地方財政制度が直面している課題等を中心に地方財政の現状を概観した上で、地方団体の財政運営に求められる財政規律や姿勢（マインド）について整理します。

　最後に、**第3章**では、押さえておくべき交付税制度の基本的な仕組みについて、参考資料としての整理をします。

　本書の読み方として、まず、序章の交付税制度が創設されるまでの沿革と現状について、目を通してください。その上で、交付税制度について疑問や関心のある方は、その項目に応じて第1章を、地方財政全般の課題に関心のある方は第2章を御覧ください。

　全体の流れとしては、序章→第1章→第2章と読んでいただくことを前提とした構成としています。第3章については、参考として適宜活用いただくことを想定しているものですが、交付税制度にそれほどかかわりがなかった方には、序章→第3章→第1章→第2章と読んでいただくことをお薦めします。

　本書は、以上のような視点に立って、交付税制度を含む地方財政制度の理解や財政運営のあり方について考察をしていくための一助となることを目的とするものですが、様々な批判をいただくことも大前提としています。

例えば、本書を整理するに際してのそもそもの出発点として、「国あってこその地方」という立場をとるか、「地方あってこその国」という立場をとるかという基本的な問題があります。筆者のこれまでの仕事のかかわりからは、「地方あってこその国」との立場で書かれたものであることを前提に読まれる可能性が高いと思います。

しかし、交付税制度をはじめとして、各国の財政調整制度は、内政の安定を維持していくための仕組みとして、国と地方が、対話や時には激しい議論も重ねつつ歴史的に発展を遂げてきたものであり、単純にどちらの立場をとるのかということにはなじまない、言い換えれば、どちらからも納得できる、それなりの解を探さない限りは成り立たない制度です。このような立場を基本としていますので、曖昧な印象を与えるかもしれません。

本書は、地方財政にかかわらせていただいた担当者の一人として、その中心的な制度である交付税制度をめぐる論点を整理することにあわせて、地方団体が直面する様々な困難な課題に対してどのような姿勢に立った財政運営が求められるかなどについて、これまでの経験や思考のなかで、いわば体験論的に整理を試みたものです。したがって、何らかの公的な見解ではないことをあらかじめお断りします。

筆力不足ですが、思い切って省くところは省いて、できるだけ分かりやすくまとめるとともに、これまではある意味で当たり前とされているからこそ文字にされてこなかった、しかし疑問を感じやすいのではと考える論点については丁寧に記述することを目指しました。

制度をめぐるどのような論点についても、一つの考え方が具体的に文字として示されると、それを共通の材料やたたき台として、制度の理解やよりよい方向に向けての議論が深まるきっかけとなりうるものと考えます。本書の期待することは、その一点に尽きます。

はじめに

*　本書では、基本的に「地方交付税」を「交付税」と略することとします。また、都道府県と市町村は、一般的に、「地方公共団体」あるいは「地方自治体」としますが、地方交付税法（以下「交付税法」といいます）の規定を踏まえて、「地方団体」という言葉を用いることとします。

　また、東日本大震災の復旧・復興事業については、国においては特別会計を設置して別に整理していることにあわせて、地方財政計画においても、「通常収支分」と「東日本大震災分」に分けて策定しています。本書は、特に断りのない限り、通常収支分の地方財政計画について整理するものです。

目　次

はじめに

序　章　交付税制度の沿革と現状

1　財政調整制度とは
　　：一定水準の行政サービスを全ての地域で提供するために ……………… 2
2　財政調整制度の沿革 …………………………………………………………… 3
　（1）きっかけは地方経費の膨張と住民負担の地域差の拡大　／3
　（2）市町村義務教育費の国庫負担制度　／5
　（3）臨時町村財政補給金制度から臨時地方財政補給金制度へ　／6
　（4）地方分与税制度　／6
　（5）地方財政平衡交付金制度　／8
3　交付税制度を支える法律 …………………………………………………… 11
4　交付税による財源確保の状況 ……………………………………………… 13
5　交付税の機能をイメージとして把握する ………………………………… 15
6　第1章に向けて ……………………………………………………………… 17

第1章　4つの論点：交付税制度を理解するために

Ⅰ　総額に関すること ……………………………………………………………… 24
1　交付税率が対象税目によって異なるのはなぜか ………………………… 24
2　「地方財政対策」と「地方財政計画」の関係は …………………………… 28
3　地方財政計画の歳入と歳出のそれぞれの見込みはなぜ均衡するのか … 30
4　一般財源総額確保とは ……………………………………………………… 32
　（1）国と地方の税源配分の状況　／32
　（2）地方税財源の拡充のあり方　／36
　（3）一般財源総額の確保　／37
　（4）一般財源総額の見直しが現実の財政運営に与える影響　／39

目次

Ⅱ 算定に関すること ……………………………………………………… 44
1 算定方法を簡素化・透明化すべきでは ……………………………… 44
（1）簡素化をめぐる考え方 ／45
（2）義務的経費をどう考えるか ／48
2 人口と面積による算定を開発すべきではないか ……………………… 51
3 単位費用は人口規模別等で設定されるべきでは ……………………… 57
4 留保財源とは …………………………………………………………… 59
5 不交付団体を増加させるべきでは …………………………………… 67
6 特別交付税が分かりづらいとされるのはなぜか ……………………… 69

Ⅲ 総額と算定の関係 ……………………………………………………… 76
1 財源保障の対象はナショナルミニマムに限定すべきでは …………… 76
2 算定結果の合計と地方財政計画で確保した総額はなぜ一致するのか
　………………………………………………………………………………… 79
3 水準超経費とは ………………………………………………………… 82
4 総額と水準超経費や留保財源との関係をどう考えるか …………… 86

Ⅳ 仕組みに関すること …………………………………………………… 96
1 財源調整機能と財源保障機能 ………………………………………… 96
（1）交付税制度は財源調整機能に特化すべきでは ／96
（2）地方団体独自の判断で実施する事業は財源保障の対象外とすべきでは ／99
（3）財源調整機能と財源保障機能は分離しうるものか ／100
（4）国の負担すべき事務事業は国で全額負担すべきでは ／107
（5）今後どのように考えるべきか ／108
2 地方財政計画の年度間調整を行うべきでは ………………………… 110
3 交付税による国の政策誘導はあるのか ……………………………… 112
4 交付税を所与の財源と見込むことがモラルハザードの原因では …… 114
（1）「人口減少等特別対策事業費」における「取組の成果」を反映した算定 ／117
（2）トップランナー方式 ／118
5 国庫負担金と交付税の関係は ………………………………………… 119
6 「地方共有税」として特別会計へ直入すべきでは ………………… 123
7 交付税にあわせて地方共同税も導入すべきでは …………………… 125
8 水平的財政調整制度の方がすぐれているのではないか …………… 127
9 そもそも税源偏在の程度はどのように比較したらよいのか ……… 130

第2章　よりよい財政運営を追求するために

- Ⅰ 現状を把握する ……………………………………………………………… 136
  - 1 平成における地方財政制度の推移 ………………………………… 136
  - 2 地方財政の直面する課題 …………………………………………… 141
- Ⅱ 財政規律にかかわる仕組み ………………………………………………… 147
  - 1 はじめに ……………………………………………………………… 147
  - 2 財政健全化法 ………………………………………………………… 149
  - 3 地方債 ………………………………………………………………… 153
    - (1) 地方財政法と財政健全化法　／153
    - (2) 地方債制度を構成する様々な主体　／157
    - (3) 地方債の発行についての財政規律を確保するその他の仕組み　／158
    - (4) 特例債と財政規律　／165
    - (5) 財政指標についての留意点　／168
  - 4 財政マネジメントの強化 …………………………………………… 170
    - (1) 公会計の整備と活用の促進　／171
    - (2) 公共施設等総合管理計画　／172
  - 5 公営企業 ……………………………………………………………… 172
    - (1) 公営企業の現状と直面する課題　／172
    - (2) 繰出基準と交付税措置　／174
    - (3) 公営企業会計の適用　／176
    - (4) 抜本的な改革と経営戦略　／177
- Ⅲ 10の基本姿勢 ………………………………………………………………… 180
  - その1　「これしかない」「これのみ正解」という政策はない ……… 181
  - その2　「誰かがいっているから」のみでは不十分
          大切なのは自らの判断基準の確立 ………………………… 182
  - その3　相手の土俵や価値体系の上での議論 ……………………… 184
  - その4　悪しき査定用語　「みてあげる」「つけてあげる」 ……… 187
  - その5　文字で表現することに対する敏感さ ……………………… 189
  - その6　制度に精通しつつ、よりよい制度を模索する姿勢 ……… 190
  - その7　出るところに出て説明できるか　「常識」の大切さ …… 191
  - その8　立ち位置を確認して走り出す ……………………………… 192

その9　前例踏襲の本質的な問題点　人は必ず間違う 195
　その10　政策に求められる論理妥当性と結果妥当性 196

第3章　交付税制度の基本的な仕組み

1　制度の概要 200
　（1）制度の目的　／200
　（2）運営の基本　／200
　（3）交付税の性格　／200
　（4）交付税の総額　／202
　（5）交付税の種類　／202
　（6）普通交付税の算定　／203
　（7）特別交付税の算定　／204
　（8）交付税の交付時期　／204
　（9）地方団体の意見申出制度　／204
2　交付税総額と地方財政計画 205
3　地方財政計画の策定と交付税総額決定のプロセス 207
4　交付税の算定 212
　（1）普通交付税の算定　／212
　（2）特別交付税の算定　／229
5　地方財政計画の姿と交付税の算定結果 230

おわりに　235
参考文献　241

図表目次

図1　交付税による財源確保の状況
　　（平成28年度決算）（復旧・復興、全国防災除く）／14
図2　国と地方の純計歳出規模
　　（平成28年度決算・最終支出ベース）／33
図3　国と地方の税財源配分の構造
　　（平成28年度）／34
図4　普通交付税・特別交付税・留保財源の関係（平成30年度）／73
図5　地方債届出制度の概要　／156
図6　国の予算と地方財政計画（通常収支分）との関係（平成30年度）／208
図7　普通交付税の算定方法　／212
図8　平成30年度小学校費（都道府県分）の単位費用イメージ　／218
図9　平成30年度消防費（市町村分）の単位費用イメージ　／218
図10－1　臨時財政対策債の総額　／227
図10－2　臨時財政対策債の仕組み／227

表1　対象税目と交付税率の変遷　／25
表2　人口と面積による基準財政需要額の単純算定例（道府県分）／53
表3　交付・不交付団体数の推移（当初算定ベース）／70
表4　一人あたりの税収による単純計算例　／104
表5　人口一人あたり地方税等（都道府県分）（平成28年度）／131
表6　普通交付税の算定項目と測定単位・単位費用（平成30年度）／215
表7　補正の種類（平成30年度）／222
表8　基準財政収入額の対象税目等（平成30年度）／223
表9　平成30年度地方財政計画歳入歳出一覧（通常収支分）／231
表10　平成30年度普通交付税算定結果／232

序　章

交付税制度の沿革と現状

1 財政調整制度とは
：一定水準の行政サービスを全ての地域で提供するために

　地方団体は、民間セクターでは対応できない、あるいは対応することが適当ではない、地域住民に対する様々なサービスを提供することが求められています。そして、その財源は、基本的にその団体の地方税収に求められます。したがって、地方団体の自立した財政運営の姿は、自らが実施する仕事を、自らが集める税金で賄うことです。これを住民の側から見れば、自分たちが住んでいる地方団体の提供する行政サービスを等しく受けることができる一方で、受益の度合いや能力に応じてその負担を負う義務があるということになります。

　しかし、地方団体の提供する行政サービスの水準は、それぞれの地方団体が独自に決めているものばかりではありません。むしろ、そのようなサービスは割合としては少ないというのが現実です。

　教育、医療、介護等といった対人の現物サービスの提供は、福祉国家の成熟とともに増大していく行政分野であるとともに、法令により全国いずれの場所でも一定水準で提供されることが求められます。

　その一方で、地域の経済力、そしてそこから生み出される税収は、地方団体によって大きな差があることも現実です。仮に、地方団体の提供する行政サービスは全てその住民が負担する税金で賄うとする一方で、サービス水準は、全国民に対して一定のものが必要であるとすれば、財政的に弱い地域の住民ほど、多くの税負担を求められることとなります。この場合、同じ水準のサービスを受けることについて、ある程度までは地域によって負担水準に差が生じることは許容されるとしても、それを超えての負担を求めることになれば、その地域における合意を得ることは困難となってきます。

　そのため、何らかの措置を講じることによって、地方団体の財政力の格差を縮小することが不可欠となります。その対応策として、一定水準

のサービスを提供するための税収が足りないわけですから、財政的に弱い団体についてはそのレベルに応じてサービス提供義務の一部を免除するという方法もありえます。しかし、我が国のように全ての都道府県と市町村は、基本的には同じ行政サービスを提供することが望ましいという立場に立てば、その財政収入の不足する部分を補塡するという方法が主たるものとなります。こうした措置を講じるのが、財政調整制度です。

現在の地方財政制度にあっても、「財政調整制度＝交付税制度」というものではありません。地方団体の財政力の格差を縮小するという意味では、地方が負担する経費の一定割合を国費の対象とする国庫支出金制度も財政調整の機能を有するものです。特に、「後進地域の開発に関する公共事業に係る国の負担割合の特例に関する法律」に基づく、財政力指数が全国平均に満たない都道府県の行う一定の公共事業に対する国の負担割合の引上げは、まさに財政調整そのものです。

また、平成20年度から平成31年度までの暫定的な措置とされている、法人事業税の一部を地方法人特別税として国税化した上で、その全額を地方法人特別譲与税として人口と従業者数で都道府県に譲与する仕組みも、地方税の偏在を是正して地方団体の財政力の格差を縮小するものです。

このように、我が国の例を見ても、財政調整機能を有する制度には様々な仕組みがあるものですが、本書では、代表的な財政調整制度である交付税制度に絞って、論点整理等をするものです。

2　財政調整制度の沿革
（1）きっかけは地方経費の膨張と住民負担の地域差の拡大

明治の様々な改革のなかで、地方自治制度の整備は、急務として進められました。その結果、明治21年に公布された市制・町村制において、市町村は自らの収入で事務を実施する主体となるとともに、地方税収は、市町村が最後に頼る財源と位置づけられました。さらに、明治23年に公

布された府県制では、府県税が収入の基本とされました。

その後、日清戦争（明治27〜28年）、日露戦争（明治37〜38年）、第1次世界大戦（大正3〜7年）といった戦争の度に地方財政も甚大な影響を受けることとなり、地方税制についても、様々な制度改正が講じられることとなりました。

このなかで、当時の地方団体の行政事務も拡大を続け、地方経費は膨張していきました。特に、第1次世界大戦が始まってからの物価の高騰による、地方団体の職員や小学校の教員などの俸給をはじめとする人件費への影響が、その大きな要因となりました。さらに、大正12年9月1日に首都を襲った関東大震災は、国民経済に大打撃を与え、国民の税を負担する能力は著しく低減する一方で、復興への対応をはじめ、地方団体の経費はますます増加することとなったことから、税制の根本的な改革が求められることとなりました。

その後も、緊縮財政と国際収支が非常に悪化していくことに対応した経済体質の改善が急務であるとの認識のもと、政府の財政改革の努力は進められましたが、昭和2年には、いわゆる金融恐慌が勃発し昭和4年の世界恐慌により一層深刻化するなかで、我が国の経済は極めて厳しい状況にさらされました。

さて、日清・日露戦争を経て我が国の資本主義は拡大し、第1次世界大戦後にさらに発展しますが、それは、結果として、都市部と農村部の経済力に大きな格差をもたらすことにもなりました。税源に乏しい農村部の地方団体においては、求められる行政サービスの提供のためには増税を行うしか道はなく、住民の負担はますます過重なものとなりました。

こうして、地方団体間の財政力の大きな格差と、それに伴う地域間における住民負担の著しい不均衡は、昭和初期の重要な地方税財源問題となり、その抜本的な解決が強く迫られるようになりました。

(2) 市町村義務教育費の国庫負担制度

　財政調整制度の必要性は、以上のような経緯のなかで、強く意識されていきましたが、注目すべき制度として、大正7年に公布された市町村義務教育費国庫負担法があります。

　当時、教員の給与を含む小学校教育費は、市町村財政、特に町村財政においては、最大の支出項目であり、市町村財政制度において大きな位置を占めるものでした。

　この法律により定められた国庫負担金の使途は教員の俸給費に限定されていましたが、その配分方法は、現在の制度のように定率の負担ではなく定額の負担であり、教員数と児童数による比例配分を原則としつつも、財政的に弱い町村への特別交付を加味したものとなっていました。そして、国庫負担金の実質的な使途は教員の俸給費のみならず、減税財源にも充てられるという状況にありました。そのことが、この制度が、財政調整制度の萌芽と評価される理由となったわけです。

　その後、国庫負担金の使途が代用教員にも拡大され、特別交付の対象が一定の市に拡大されるなど、財政調整機能の範囲が拡大されるとともに、負担金総額の増額が図られることとなりました。

　これらの結果、町村によっては、負担金の交付金額が小学校教員俸給の9割を超えるところが出てくるなど、町村財政の支援という観点からは、義務教育という特定の行政分野に着目した制度による財政調整では限界となり、新しい制度の創設が不可欠という状況になっていきました。

　そのようななか、内務省においては、昭和7年に「地方財政調整交付金制度要綱案」を発表し、議会政党においても様々な財政調整制度を提案するに至りますが、それを直ちに制度化するのも難しい状況でした。

　一方で、町村財政の窮迫は、小学校教員の俸給の遅延や不払いを蔓延させる結果となったことから、その対策は急務となりました。昭和7年には、市町村立尋常小学校費臨時国庫補助法が昭和7年度から昭和9年度までの時限立法として制定され（後に昭和10年度まで延長）、この法律

に基づく補助金と市町村義務教育費国庫負担法に基づく国庫負担金の交付額の合計額が小学校教員の俸給の全額を超える場合には、俸給費以外の小学校の経常費にも充てることができるものとされました。

(3) 臨時町村財政補給金制度から臨時地方財政補給金制度へ

こうして一定の対応はされていたものの、農山漁村の財政はますます窮迫してきたことから、昭和11年度限りの臨時的措置として、町村税の軽減に充当することを原則として、臨時町村財政補給金を支出することとされました。これは、制度化された最初の一般財政調整制度であったと評価されています。すなわち、市町村立尋常小学校費臨時国庫補助法における財政調整機能の自立した制度が、この臨時町村財政補給金であったといえます。

昭和12年度には、その後における当面の措置として臨時地方財政補給金と改められて、交付対象が全ての地方団体に拡大されるとともに、その総額も毎年度増額され、昭和14年度まで続けられました。

臨時地方財政補給金は、道府県については、その課税力に逆比例的に、減税所要額に比例的に、それぞれ算定するとともに、市町村については、その課税力に逆比例的に、町村の戸数割の加重額に比例的に、それぞれ算定して配分するものでした。

このように、過重な税負担の軽減に充てることを基本とする制度でしたが、財政調整を目的として創設された初めての制度であり、昭和15年度に創設されることとなった我が国初の本格的な財政調整制度である地方分与税制度の原型としても、意義が大きいものです。

(4) 地方分与税制度

第1次世界大戦以降、我が国の資本主義の発展により、富の都市への集中と農村の疲弊がもたらされることとなりました。また、我が国経済は、国際経済のなかで恐慌の苦難に直面をしました。このような状況に

対応するために、対外的には海外膨張政策、対内的には内政改革を進めていきます。

特に、内政改革は、昭和11年の２・26事件が大きな契機となりました。岡田内閣が総辞職し、その後に成立した広田内閣では、国防充実、農村救済等の実現のために積極的な財政政策を展開する必要があるとして、増税的な税制改革としてその意義・規模において我が国税制史上画期的なものを実施するとの表明がされ、これが昭和15年の地方税財政抜本改革として結実することとなりました。

この税制改革の方針の一つとして、「地方税負担の均衡化をはかり、かつ地方団体財政の基礎の確立を期せんがため、分与税制度を創設し、独立財源たる地方税は物税本位の制度とする」とされ、ここに、本格的な財政調整制度として地方分与税制度が創設されるに至りました。

地方分与税は、還付税と配付税からなります。還付税は、国税から地方税に移譲された地租、家屋税、営業税を課税技術上の便宜等から国税として徴収して、その全額を徴収地である道府県にそのまま還付するものであり、財政調整機能を有するものではありませんでした。

一方、配付税は、財政調整機能を有するものとして創設されました。すなわち、その総額は、所得税、法人税、遊興飲食税の一定割合とされるとともに、分与方法としては、還付税として国が徴収する地租、家屋税、営業税を課税力の基準としてそれに逆比例的に、人口を基準として算定する財政需要に比例的に、それぞれ算定して分与することとされました。

なお、これらの改正のなかで、小学校教員の俸給は道府県が支弁するとともに、義務教育費国庫負担金の支出については、定額の負担から定率の負担に改め、負担率を２分の１とするとされたことも注目されます。

そして、第２次世界大戦（昭和14～20年）後の地方財政は、戦災と生産力の激減によって税収源を失う一方、インフレによって人件費や物件費は急増するなかで、戦災復興、社会福祉関係等の事務事業が増大し、

非常な困難に直面することとなりました。

　昭和22年度には、地租、家屋税、営業税が完全な地方独立税とされたことから還付税が廃止され、配付税は地方分与税と名称が改正されました。また、遊興飲食税が地方に移譲されたことから、対象税目から外されるとともに、地方分与税額は大幅に引き上げられ、地方歳入に占める比率も急上昇しました。昭和23年度には、地方分与税は、その名称に伴う誤解を避け、地方団体の税であることを明らかにするため、地方配付税と改められ、算定方法についても、精緻化が進められました。このような流れのなかで、財政調整制度による収入は、地方歳入の大きな柱として定着することとなっていきましたが、昭和24年度には、戦後のインフレを収めるため、それまでの赤字予算を改めて均衡予算を確立することとした「ドッジ予算」により、地方配付税率が半減されるという事態となり、制度の安定性や信頼性が大きく揺るがされることとなりました。

(5) 地方財政平衡交付金制度

　昭和24年5月に、連合国軍最高司令官総司令部の要請に基づいて、ドッジの経済安定計画に沿って日本経済の自立と資本の蓄積を促進するとともに、国税・地方税の抜本的改革の使命を抱いて、コロンビア大学のシャウプ博士を団長とする税制使節団が来日しました。

　調査団は来日直後から精力的に調査活動を始め、実態調査を終えると直ちに報告書の作成に取りかかりました。この結果として出されたシャウプ勧告は、地域住民による支配という地方自治を貫く理論的明快さに貫かれたもので、税制改革案を提示しただけでなく、地方の自治と責任を強化するために財政面からの支援を行うことを目標とするものでした。

　この勧告のなかで、従来の地方配付税制度を廃止して、新たに地方財政平衡交付金制度（以下「平衡交付金制度」といいます）を創設すべきとされました。勧告のなかでは、配付税についての問題点として、配分方

式と総額の双方についての指摘がなされました。

　すなわち、配分方法の問題としては、各地方団体の課税力に逆比例し、人口を基準とした財政需要に比例して配分する配付税の方式は、便宜的であり、各地方団体の実態を的確に反映しないとして、新たに創設されるべき交付金の各地方団体への交付額は、合理的だが最小限度の標準的行政を行うと仮定した場合の歳出の予想必要額から、利用しうる税の適当な課税標準による歳入額として表わされる予想財源を控除したものであろうと指摘しました。

　総額の問題としては、配付税総額が国税である所得税及び法人税の一定割合であると定められていることは、その年度において地方団体が必要とする財源を完全に保障するものではないとして、新たに創設されるべき交付金の総額は、予想必要額から予想財源を控除して得られる、それぞれの地方団体に支払われる金額の合計であろうと指摘しました。

　昭和25年には、このシャウプ勧告をほとんど全面的に取り入れて、地方財政平衡交付金法（以下「平衡交付金法」といいます）が成立しました。この制度は、地方団体間の財政力の不均衡を調整するにとどまらず、一定水準の行政を全ての地方団体に保障しようという、理論的には画期的な財政調整制度といえるものでした。

　さらに、この考え方がとられると、毎年度、各地方団体が必要とする財政需要の財源は完全に補塡されることが保障されることから、それぞれの事務事業についてその経費を国が負担するのか地方が負担するのかと論じることは、実態としてはそれほどの意味を持たないものとなります。平衡交付金制度の創設に際しては、シャウプ勧告の趣旨を尊重して、地方団体の自主性を強化する見地から国庫補助負担金についても大幅な整理が行われることとされ、様々な議論を経て、義務教育費国庫負担金等が、平衡交付金に吸収されることとなりました。

　この平衡交付金制度は、総額の決定方式は異なるものの、基本理念、算定方法等は、その後の交付税制度に受け継がれる仕組みを持つもので

した。

　さて、高い理想を掲げ、理論的には画期的な平衡交付金制度でしたが、その現実の運用に当たっては、極めて困難な問題を抱えることとなりました。その主たるものが、総額決定の方法です。交付金の総額は、制度的には、平衡交付金法に基づき、「当該年度において基準財政需要額が基準財政収入額をこえると認められる地方団体の当該超過額の合算額を基礎として定める」(第6条第1項)とされましたが、前年度に行われる予算編成のなかで、翌年度分についてこのような算定を行うことは事実上不可能ですので、現実には同法第7条に規定する「翌年度の地方団体の歳入歳出総額の見込額に関する書類」、いわゆる地方財政計画の策定を通じて、その結果として見込まれる収入の不足額を平衡交付金で補填するという方法がとられました。この推計をめぐって、毎年度、国と地方の間の紛争が絶えず、また、国税収入の一定割合の額によって財政調整を実施するという地方配付税制度が実態に即したものであるという認識も残っていました。

　こうしたなか、昭和27年にサンフランシスコ講和条約の発効によって我が国が独立を回復したことを機会に、占領中に作られた地方行財政制度の全面的な見直しを行うために地方行政調査会が発足しました。昭和28年10月の第1回の答申及び同年11月の税制調査会答申において、平衡交付金制度を交付税制度に改めること、交付税の総額は、所得税、法人税及び酒税のそれぞれ一定割合とし、特別会計を設置してこれに繰り入れることなどが示され、これらの答申を踏まえて、昭和29年度から、平衡交付金制度は交付税制度に改められました。

　なお、この改正に際しては、総額決定方式は異なるものの、地方財源の保障という基本目標は変わらないことから、制度改正の法形式として、新しい法律の制定によるのではなく平衡交付金法の一部改正という形式がとられたことは、その後の交付税制度を理解する上での重要なポイン

トであることについて留意が必要です。

3 交付税制度を支える法律

このような経緯のなかで創設された交付税制度について、制度を支える法律の体系を概観します。

まず、地方団体の財源の考え方の基本として、地方自治法第10条第2項には、住民は、法律の定めるところにより、その属する地方団体の行政サービスをひとしく受ける権利を有するとともに、その負担を分任する義務を負うとあります。このように、地方団体の財政運営は、地方税によって賄われることが基本です。

一方で、2（3ページ）でも見てきたとおり、地方団体の事務が拡大していくなかで、地域間の財政力の差は大きく、地方税だけでその財源を賄うことは、現実的には困難です。地方自治法第232条第2項では、法律又はこれに基づく政令により、地方団体に対して事務の処理を義務づける場合においては、国は、そのために要する経費の財源について必要な措置を講じなければならないとし、地方財政法第13条においては、第1項で、地方団体又はその経費を地方団体が負担する国の機関が法律又は政令に基づいて新たな事務を行う義務を負う場合においては、国は、そのために要する財源について必要な措置を講じなければならないとするとともに、第2項で、第1項の財源措置について不服のある地方団体は、内閣を経由して国会に意見書を提出することができることとされています。

そして、地方財政法においては、次のように定められています。

まず、第10条において、義務教育や生活保護、感染症予防をはじめ、地方団体が法令に基づいて実施しなければならない事務であって、国と地方団体相互に関係がある事務のうち、その円滑な運営を期するためには、なお、国が進んで経費を負担する必要があるものについては、国が経費の全部又は一部を負担するものとされています。

次に、第10条の２においては、道路、河川、砂防等の重要な土木施設の新設及び改良をはじめ、地方団体が国民経済に適合するように総合的に樹立された計画に従って実施しなければならない法令に定める建設事業に要する経費については、国が経費の全部又は一部を負担するものとされています。

　また、第10条の３では、災害救助事業、道路、河川、砂防等に係る土木施設の災害復旧事業をはじめ、地方団体が実施しなければならない法令で定める事務で、実施年度における地方税や交付税ではその財政需要に適合した財源を得ることが困難なものについては、国がその経費の一部を負担するものとされています。

　そして、第11条の２において、以上の第10条から第10条の３に規定する経費のうち、地方団体が負担すべき部分については、交付税の額の算定に用いる財政需要額に算入するものとされています。

　こうした地方財源の保障に係る法律の体系を背景として、交付税法においては、第１条で、この法律は、地方団体が自主的にその財産を管理し、事務を処理し、行政を執行する権能をそこなわずに、その財源の均衡化を図るとともに、交付税の交付の基準の設定を通じて地方行政の計画的な運営を保障することによって、地方自治の本旨の実現に資するとともに、地方団体の独立性を強化することを目的とするとされています。

　また、第３条第２項において、国は、交付税の交付に当たっては、地方自治の本旨を尊重し、条件をつけたり、その使途を制限したりしてはならないとするとともに、第３項において、地方団体は、その行政について、合理的かつ妥当な水準を維持するように努め、少なくとも法律又はこれに基づく政令によって義務づけられた規模と内容を備えるようにしなければならないともされています。

　このように、我が国の地方財政制度は、財政運営の基本となる財源を地方税とした上で、国が負担すべき責任をもつ事務事業については定められた負担割合分について国庫で負担するとともに、地方団体が負担す

る部分のうち地方税では足りない部分については交付税で財源を保障することとしつつ、財源を保障される地方団体に対しては、一定の行政水準の維持を求めるという仕組みとなっています。すなわち、交付税制度は、国と地方双方の立場から、全国どの地域に住む国民に対しても地方団体の行う一定水準の行政サービスが提供されるよう財政面で保障し、内政の安定を確保するものです。

4 交付税による財源確保の状況

　図1は、交付税による地方団体に対する財源確保の結果、都道府県ではどのように財源保障がなされているのか、平成28年度決算に基づき、地方税や交付税等の一般財源ベースで整理したものです。

　都道府県は、一般財源総額に占める地方税の割合が低い順番で整理しています。左側の◇印が地方税の割合を、右側の○印が「地方税＋交付税＋地方譲与税」の割合を示しています。

　また、歳出の区分は、左から、義務づけの度合いの高い順番に、各種交付金、公債費、警察費、教育費、民生・衛生費、農林・土木費、総務費その他となっています。都道府県ごとの各歳出項目の幅は、それぞれの項目の財源として用いられた一般財源の割合に応じて設定しています。

　各種交付金は、市町村への地方消費税交付金のように税の一定割合を都道府県から市町村に交付するものであり、裁量の余地なく交付される経費です。

　次の、公債費は過去に発行した地方債の元利償還金であり、どのような財政状況にあっても、最優先に返済しなければならない債務です。

　地方団体の第一の責務は住民の安全安心の確保であり、都道府県であればその中心は警察行政です。それを担う警察官の標準定数は都道府県別に警察法施行令で定められているなど、極めて義務づけの度合いが高い経費です。

　続いて、義務教育の教職員の給与費を含む教育費、保健・医療等の民

序章　交付税制度の沿革と現状

図1　交付税による財源確保の状況（平成28年度決算）（復旧・復興、全国防災除く）

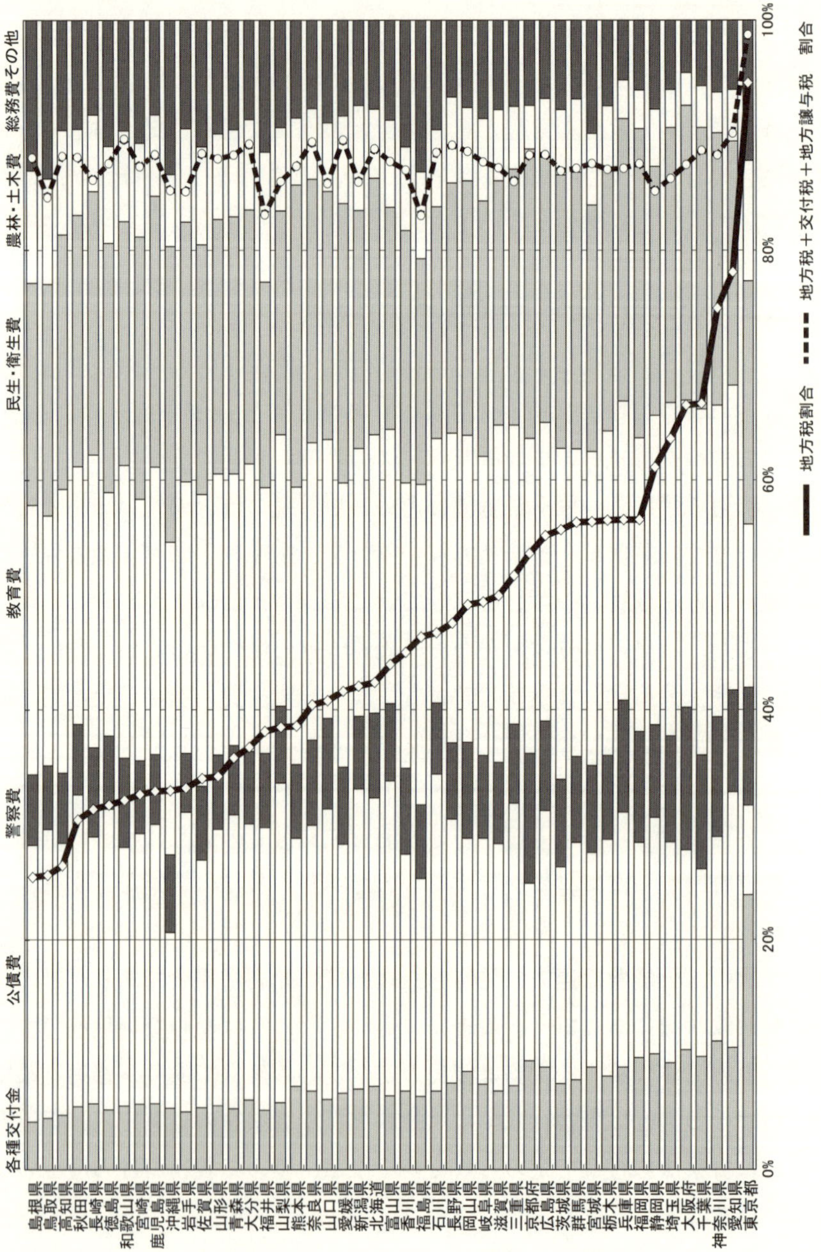

凡例：各種交付金　公債費　警察費　教育費　民生・衛生費　農林・土木費　総務費その他
　　　── 地方税割合　----- 地方税＋交付税＋地方譲与税　割合

（都道府県：島根県、鳥取県、高知県、秋田県、長崎県、徳島県、宮崎県、和歌山県、鹿児島県、沖縄県、岩手県、佐賀県、山形県、青森県、福井県、大分県、山梨県、奈良県、熊本県、山口県、愛媛県、新潟県、北海道、富山県、香川県、岡山県、石川県、長野県、岐阜県、滋賀県、三重県、京都府、広島県、茨城県、宮城県、栃木県、兵庫県、福岡県、群馬県、静岡県、福島県、埼玉県、大阪府、千葉県、愛知県、神奈川県、東京都）

● 14 ●

生・衛生費となります。農林・土木費関係も重要な仕事ですが、どのような事業をどの程度の事業量で実施するかについて、相当程度は各都道府県の裁量に委ねられます。そして、各都道府県の組織体制の維持や庁舎管理等といった内部管理費を含む総務費その他の経費は、その具体的な実施の方法について最も裁量度が高い経費です。

　地方税割合の一番低い島根県から秋田県まで、◇印が公債費の部分に入っています。これらの4県では、税収を全て使っても最優先で履行すべき債務である過去の借入金の元利償還金の全額を支払うことができないことを示しています。税収で警察費まで賄える県が例外なく続くのは熊本県から、教育費までが賄えるのは下から4番目の千葉県からです。

　一方、○印を見てみましょう。島根県では総務費その他の部分に入っています。そして、ほぼ垂直に折れ線グラフは降りていきます。地方税収の地域的な偏在が大きいなかにあって、それを解決する仕組みである交付税制度により、全ての都道府県がほぼ一定レベルの財源を確保できていることが見てとれるものです。

5　交付税の機能をイメージとして把握する

　4において、交付税による財源確保の結果、税収の地域的な偏在にかかわらず、全ての都道府県において一定水準の仕事が可能となっている状況について確認しました。ここでは、さらに、交付税制度の機能である財源保障機能と財源調整機能とはどのようなものであるのかについて、具体的なイメージをつかむために、単純化したケースで分析することとします。

　このケースでは、A市、B市、C市の3市からなる地方財政計画について、「一般財源＝地方税＋交付税」と単純化した上で、一般財源で賄う歳出ベースで整理するものです。

　そして、この3市は人口が同じで、税収入は、A市が2,800、B市が2,000、C市が1,200であり、基準財政需要額はそれぞれ同額の2,500であるとし

ます（この単純な設定そのものについて、いろいろと疑問があるかもしれませんが、まずは、先に進みましょう）。

この場合、次のように、交付税は、A市が400、B市が1,000、C市が1,600、税収と交付税の合計額である財源総額は、A市が3,200、B市が3,000、C市が2,800となります（第3章4(1)(212ページ)を参照してください）。

	基準財政 需要額①	税収入②	基準財政 収入額③ ②×0.75	交付税④ ①−③	財源総額 ②+④
A市	2,500	2,800	2,100	400	3,200
B市	2,500	2,000	1,500	1,000	3,000
C市	2,500	1,200	900	1,600	2,800
合計	7,500	6,000	4,500	3,000	9,000

まず、交付税の配分によって、A市、B市、C市とも、地方税収の多寡にかかわらず、基準財政需要額で算定されている標準的な財政需要である2,500に対応する事務事業を実施する財源が確保されます。言い換えれば、これらの事務事業を実施する財源が保障されたことになります。これが、交付税の財源保障機能です。

そして、税収のレベルでは、A市、B市、C市の関係は、
A市：B市：C市＝2,800：2,000：1,200
　　　　　　　＝2.33：1.67：1
でした。A市の税収はC市の税収の2.33倍です。

これに対して、交付税を交付することにより、A市、B市、C市の財源総額の関係は、
A市：B市：C市＝3,200：3,000：2,800
　　　　　　　＝1.14：1.07：1
となり、A市の財源はC市の財源の1.14倍と、財源の格差は相当程度の縮小がされました。これが、交付税の財源調整機能です。

この単純化したケースが示すとおり、交付税制度は、各地方団体に対

して、基準財政需要額から基準財政収入額を差し引いた額を交付することにより、基準財政需要額で算定された歳出水準の財源を保障するという財源保障機能とともに、税収の少ない地方団体により多くの交付税を交付することにより、地方税収の地域的な偏在によって生じる財政力の格差を均衡化するという財源調整機能を有している仕組みです。言い換えれば、財源保障機能とは、所要の歳出水準を維持するために必要な財源の確保に着目しての機能、財源調整機能とは、税収の地域的な偏在の均衡化に着目しての機能であると整理されるものです。

6　第1章に向けて

　ここまでの整理によって、現在の交付税制度が創設されるに至るまでの沿革、制度を支える法律の体系、制度の有する財源保障機能と財源調整機能について、大まかなイメージを持っていただけたと思います。

　そして、交付税制度に実務で携わっている方々や交付税制度を研究対象とされている方々にとっての疑問や問題意識は、まさに、ここから始まるものでしょう。

　そこで、交付税制度をめぐる論点を、「総額」「算定」「総額と算定の関係」「仕組みに関すること」の4点に分けて、整理していくこととします。

　その際、念頭に置いていただきたいことがあります。それは、国と地方のあり方をどう考えるかはもとより、交付税制度をどのようにとらえるのかということについても、次のように、様々な立場があるということです。もちろん、これらの組み合わせもあります。

- 地方団体の財政運営の自主性と自立性を高めるための仕組みとしてとらえる
- 内政の安定を図るための統治の仕組みとしてとらえる
- 政府間の巨額の財政移転の仕組みとしてとらえる　等

　さらに、いずれの立場をとるとしても、現行制度について、白紙の状

態から新たに制度を作っていくという観点から評価するのか、これまでの歴史的な積み重ねの結果として現に存在している仕組みという観点から評価するのかといった違いも出てきます。

どの立場で考えるかによって、導き出される答えも様々なものとなり得ます。そうしたことも踏まえつつ、できる限り、多面的な観点から整理していくこととします。

> **Point**　「標準的な歳出」とは
> ──「地方財政計画の歳出」と「基準財政需要額」の違い

第1章における論点の整理では、地方財政計画の歳出を「標準的な歳出」総額であるとしたり、基準財政需要額を各地方団体の「標準的な歳出」であるとしているように、「標準的な歳出」という言葉を多義的に使い曖昧な印象を与える可能性がありますが、これは以下の考え方に基づくものです。

まず、地方財政計画の歳出（ここでは単純化して、交付税が交付されない不交付団体を捨象するとともに、地方税と交付税を財源として実施される歳出部分とします）と基準財政需要額の関係について確認します。

　　　地方財政計画の歳出
　　　＝地方税＋交付税
　　　＝地方税＋（基準財政需要額－基準財政収入額）
　　　＝基準財政需要額＋地方税－地方税×75％
　　　＝基準財政需要額＋ 地方税×25％（＝留保財源）

このように、地方財政計画の歳出は基準財政需要額と留保財源の合計と一致しますから、留保財源をゼロとするという制度設計をしない限りは、「地方財政計画の歳出 ＞ 基準財政需要額」となります（第1章Ⅱ4（59ページ）を参照してください）。したがって、地方財政計画の歳出を「標準的な歳出」（以下「標準A」とします）と説明する場合と、基準財政需要額を「標準的な歳出」（以下「標準B」とします）と説明する場

合は、同じ言葉を使いながら、その内容が異なることとなります。そこで、この標準Aと標準Bの関係について整理します。

① 制度上の違い

まず、交付税法において、基準財政需要額は各地方団体の財政需要を「合理的に」測定するためのものであり（第2条第3号）、その算定の基礎となる単位費用は「標準的条件を備えた地方団体が、合理的かつ妥当な水準」で行政を行うため等の経費です（同条第6号）。そして、「合理的かつ妥当な水準」は、「少なくとも法令で義務づけられた規模と内容」を含むものであるとされています（第3条第3項）。このように、標準Bは、法律的には「合理的かつ妥当な」水準と定義されていますが、これは分かりづらく堅い説明です。

一方、交付税制度は、全国どの地域で生活していても一定の行政サービスが受けられる財源を保障するものです。そして、「一定の行政サービス」とは、多くの場合に、「標準的な行政サービス」とも言い換えられて説明されるところです。

このように、基準財政需要額という（これまた堅苦しい）法律用語の説明に際しては、一般的には標準Bとして説明されてきたところです。なお、基準財政需要額の規範性を強調して説明する場合には、「標準的な歳出」とはいわずに、あえて、「合理的かつ妥当な水準の歳出」と、法律用語をそのまま用いることもあります。

このような基準財政需要額によって算定される交付税について、必要な総額を確保するために作られるのが地方財政計画です。その説明に際しては、「合理的かつ妥当な水準」としての基準財政需要額を含む一般財源総額見合いの歳出を、「標準的」という一定の広がりをもつ言葉を援用し、標準Aとして整理しているのです。

② 構成する事務事業の違い

　それでは、標準Aと標準Bを構成する事務事業は、どのように異なるのでしょうか。

　まず、標準Aについては次のとおりであるとします。

　　義務的な性格が高い事務事業＝x_1、x_2、x_3…………x_n
　　義務的な性格が低い事務事業＝y_1、y_2、y_3…………y_n

　18ページで整理したとおり、地方財政計画の歳出（標準A）＞基準財政需要額（標準B）ですから、標準Bについては、義務的な性格が高い経費をできるだけ算入した上で、義務的な性格が低い経費に一定の率を乗じて算入することが基本となります。

　なお、現実の算定では、各地方団体の現実の財政需要額に対して、x_1…………x_nについて、その同額が基準財政需要額に算入されるわけではありません。基準財政需要額の算定はあくまでも定型化された算式に基づくものであり、むしろ、各地方団体の現実の需要額とは一致しないことが普通です。この現実の需要額が基準財政需要額の算定額を超える部分は、留保財源対応分となり、標準Bには含まれません（ここでは特別交付税との関連については捨象します。第1章Ⅱ6（69ページ）を参照してください）。

　また、現実の算定では、y_1…………y_nの全ての経費が基準財政需要額に一律の割合で算入されるわけではありません。例えば、厚生労働省の調査結果によると、乳幼児医療費の助成経費などは全ての地方団体で実施されているものですから、y_1…………y_nに含まれるものと整理されますが、医療費の公費負担割合は法律で規定されています。したがって、法定の負担割合を超える乳幼児医療費の助成費については、全ての地方団体において政策判断によって実施されているものとはいえ、「合理的かつ妥当な水準」である基準財政需要額には算入されていないのです。

③ 「標準的な」歳出総額と「所要の」歳出総額

　さらに、地方財政計画の歳出総額の説明においては、「標準的な」歳出総額と「所要の（必要な）」歳出総額という２つの言葉が用いられます。

　地方団体においては、安定的な財政運営に必要となる一般財源総額（地方税、交付税等の使途に制限のない財源の総額）が適切に確保されることが極めて重要ですが、一般財源総額は、地方財政計画に計上される歳出の総額で決まります。これは、言い換えると、「標準的な歳出」をどのように設定するかで、一般財源総額の水準が決まるということです（第１章Ｉ４(3)(37ページ)を参照してください）。

　したがって、地方団体の財政運営に一定の自由度を確保するためには、それに見合った「標準的な歳出」をできる限り計上して、一般財源総額を確保すべきであるとの主張がされることとなります。

　一方、一般財源総額のうちの交付税は、国から地方に移転される財源ですから、極めて厳しい財政状況にある国の財政当局にとってはできるだけ抑制すべきであるとの考え方になりがちです。その立場からは、「標準的な歳出」もできるだけ限定的に解釈して計上し、一般財源総額を抑制すべきであるとなります。

　このようなことから、法令や国の予算において水準が定められた経費などについてはそれほどの意見の相違は生じないものの、それ以外の経費については、どのような水準をもって「標準的な」経費であるかという点について、国の財政当局と地方団体の間で議論が分かれる場合が生じることとなります。

　そうした議論への対応も含めて、地方団体の安定的な財政運営に必要な一般財源総額や交付税総額を確保するという目的（あるいは、確保したという結果）を明確にする場合には、地方財政計画に「所要の（必要な）」歳出総額を計上するという説明をすることが多々あります。このような場合は、「標準的な歳出」と「所要の歳出」は同義となります。

　第１章においても、地方財政計画の歳出について、「標準的な歳出」

総額との言葉を用いつつも、必要とされる交付税総額を確保するという点に力点を置く場合には、「所要の歳出」総額という言葉が使われるのはそのためです。

　以上のとおり、「標準的な歳出」は、交付税制度や地方財政対策等についてのこれまでの説明ぶりの結果として、標準Aや標準Bといった概念を多義的に含むものです。
　したがって、「標準的な歳出」という言葉を用いる場合、標準Aと標準Bに明確に区分すべきとの考え方もありますが、「標準的な」という言葉を地方財政計画の歳出について用いる場合と基準財政需要額について用いる場合とは、それぞれ別の文脈においてのものであり、厳格に区分することがかえって分かりづらくする面もあります。
　これらを踏まえ、曖昧な印象を与えるかもしれませんが、標準Aと標準Bに読み分けていただくことを前提として、同じ「標準的な歳出」として整理することとしています。

第1章

4つの論点
交付税制度を理解するために

総額に関すること

1 交付税率が対象税目によって異なるのはなぜか

　現在、交付税の総額は、所得税と法人税の33.1％、酒税の50％、消費税の22.3％、地方法人税の全額とされています（交付税法第6条）。そのように決められているといえばそこまでですが、まず、対象税目が5つあります。これはどのようにして選んだものでしょう。また、対象税目の一定割合とされる交付税率については、コンマ0.1までの率もあれば、そうでないもの、さらには、一定割合ではなくて全額というものもあります。これらはどのようにして決められているのでしょう。交付税制度について、最初に抱きやすい疑問です。

　地方財政計画では約90兆円、決算では約100兆円の規模を有する地方財政の財源を確保するために必要とされる交付税総額は巨額です。交付税の対象税目とするそれぞれの国税について、その一定割合を地方の固有財源として所要額を確保するためには、まず、対象税目について、相当の税収規模が必要となります。また、国税には、景気に左右されやすいものもあれば、そうでないものもあります。これらを踏まえて、対象税目が決定されてきました。

　表1を見てみましょう。交付税の対象税目と交付税率の変遷を、制度の創設以来から整理したものです。制度創設当時の昭和29年度は、対象税目は所得税、法人税、酒税の3税であり、交付税率は、所得税及び法人税が19.874％、酒税が20％でした。所得税と法人税の交付税率はコンマ3桁と現行制度よりも複雑な率です。

　平衡交付金制度を廃止して交付税制度を創設するに際しては、平衡交付金と同様の方法により交付税総額の所要額が算定されました。そして、対象税目とされた3税の税収見込額に対して、その所要額を確保するた

I 総額に関すること

表1 対象税目と交付税率の変遷

(単位：%)

改正年度	所得税	法人税	酒税	消費税	たばこ税	地方法人税	法定率改正理由
昭和29	19.874	19.874	20				
昭和30		22					
昭和31		25					
昭和32		26					・地方財政の財源不足に対処するため、順次引上げ
昭和33		27.5					
昭和34		28.5					
昭和35		28.5+0.3※					
昭和37		28.9					
昭和40		29.5					
昭和41		32					
平成元				24	25		・昭和63年度の税制の抜本改革（消費税の創設等） 法定3税の減税に伴う交付税等への対応として消費税を対象税目化 ・国庫補助負担率の恒久化 国庫補助負担率の恒久化（経常経費）への対応としてたばこ税を対象税目化
平成9				29.5			・平成6年度の税制の抜本改革（地方消費税の創設・消費税率の引上げ等） 所得税の減税に伴う交付税の減等への対応として消費税の法定率を引上げ
平成11		32.5					・平成11年度の税制改正（恒久的な減税） 法人事業税の減税への対応として法人税の法定率を引上げ
平成12		35.8					
平成19		34					・平成18年度の税制改正 恒久化される法人事業税の減税への対応として法人税の法定率を変更
平成26				22.3		全額	・社会保障・税一体改革（消費税率の引上げ等） 社会保障四経費に則った範囲の社会保障給付における国・地方の役割分担等を勘案して消費税の法定率を変更
平成27	33.1	33.1	50		除外		・平成26年度の税制改正 地域間の税源の偏在性を是正するため地方法人税を創設
平成30							・交付税原資の安定性の向上・充実を図るための法定率の見直し

※ 0.3は臨時地方特例交付金

めの率として、最終的にこのような率に定められたのです。

　交付税の対象税目が所得税、法人税及び酒税とされたのは、これらが当時の国税の基幹税目であり、また、これらの税目を組み合わせることによって収入の伸張性と安定性を期待することができ、地方固有の財源として望ましいとされたことによります。

　すなわち、法人税は景気変動に対して最も敏感であり伸張性が極めて高いこと、一方、酒税は景気変動に対して安定的です。また、所得税は景気変動に対しては、その中間であり、しかも着実な伸びが期待されることが考慮されて選ばれたものとされています。

　当時、一般会計に計上された国税収入に占めるこれらの3税の割合は80％程度でした。特別会計に直接収入される地方法人税を除く現在の4税の割合も、ほぼ同程度です。

　なお、平衡交付金制度の前身の財政調整制度である配付税制度では、

その総額は交付税制度と同様に国税の一定割合と定められており、平衡交付金制度に移行する直前では、対象税目は所得税及び法人税とされていました。交付税制度の創設に際しては、この2税に酒税が加えられたものです。

表1のとおり、その後、所得税、法人税、酒税の交付税率は統一され、地方財政の財源不足に対処するために、順次引き上げられました。そして、昭和41年度から昭和63年度までの23年間は、交付税率は32％に固定されていました。

平成に入ると、状況は変化し、対象税目が追加されたり除外されるとともに、交付税率もそれまで同一であったものが、税目によってばらばらになり、一見して複雑な印象を与えます。

これらは、その時々の税財政制度の見直しに伴い、最終的に交付税で必要財源を確保するため、あるいは、地方税の偏在是正を進めるための観点から行われた結果です。

例えば、平成元年度には、消費税とたばこ税が対象税目に追加され、交付税率はそれぞれ24％、25％とされました。これは、2つの大きな制度変更に伴い、必要な財源を確保するためのものでした。その一つは、昭和63年度の税制の抜本改革における交付税の対象税目の減税に伴い、その一定割合である交付税の総額も減少することから、新たに創設された消費税を対象税目に加えて、所要額を確保するために必要な交付税率を定めたものです。もう一つは、当時、国と地方の間で大きな議論を呼んだ補助率カットの問題が決着し、生活保護費等の経常経費について国庫補助負担率の見直しが恒久化されたことに伴い、その財源確保のための対応策として、たばこ税を対象税目に加えて、所要額を確保するために必要な交付税率を定めたものです。

消費税の交付税率は24％、たばこ税は25％と、1％しか違わないことから、「なぜ、わざわざこのような差をつける必要があるのか」と感じるかもしれません。しかし、留意すべきは、それぞれの国税収入が巨額

であるということです。平成元年度の税制改革に伴う地方財政措置においては、交付税により対処すべき減収分は１兆450億円として消費税（あわせて創設された消費譲与税分を除く）の24％分とされましたから、１％分は435億円でした。一方、国庫補助負担金改革に伴い国のたばこ税の25％を交付税として確保すべきとされた影響額は2,300億円であり、１％分は92億円でした。このように対象税目の収入の総額が様々であることから、それぞれの目的から必要とされる財源を確保するためにその一定割合を交付税とすると、交付税率が複雑なものとなることは避けられないともいえます。

　また、平成26年度には、消費税の交付税率が29.5％から22.3％に改正されるとともに、地方法人税の全額が加えられました。消費税の交付税率は、一見引き下げられたように見えますが、社会保障・税一体改革において、年金、医療、介護、子育てという社会保障４経費の財源を国と地方で確保するために、消費税率の国と地方の合計が５％から８％に引き上げられました。このなかで、交付税総額を確保する観点から、増額された消費税総額の一定割合を交付税率としたものであり、交付税率は引き下げられた形ですが、交付税として確保される消費税の一定割合の額そのものは増額されたのです。

　さらに、地方消費税の引上げにあわせて、地域間の税源の偏在を是正する観点から、法人住民税の一部が国税化されて地方法人税とされ、その全額を交付税原資とすることとされました。

　このように交付税の対象税目と交付税率は、その時々の税財政制度の見直し等のなかで様々な変遷をたどって現在に至っているものです。したがって、現在の一見して複雑な印象を与えがちな姿は、交付税総額を確保するための結果としてまずは受け止め、具体的な関心に応じて、その時々の制度改正の内容に当たってみるという対応が必要です。

2 「地方財政対策」と「地方財政計画」の関係は

　実務において地方財政制度にかかわると、日々向かい合う言葉として、「地方財政対策」と「地方財政計画」があります。この２つは同義語として使われていることもあれば、そうでないように見えることもあります。どのように理解すればいいのでしょうか。

　地方財政計画とは、交付税法第７条の規定に基づき、毎年度、内閣が国会に提出するとともに、一般に公表しなければならない「翌年度の地方団体の歳入歳出総額の見込額に関する書類」をさすものです（第３章２（205ページ）を参照してください）。

　翌年度の予算の概算要求が８月末に各府省庁から財務省に提出されるのにあわせて、地方財政計画の策定作業も始まります。そのなかで、地方団体により実施される事業や地方財政にかかわる様々な制度改正等に伴い必要となる国庫負担金等を確保するなどの措置にあわせて、翌年度に見込まれる歳出総額を賄う財源として国税の一定割合とされる交付税総額では不足すると見込まれる額を解消させる措置が講じられます。一般的に、これらの措置をまとめて地方財政対策と呼びます。

　例年、12月中下旬頃には地方財政対策によって翌年度の交付税総額が確定して、国の一般会計に所要額が計上されると、それらも含めて政府予算の概案が確定します。その後、国における各事務事業についての予算計上額の精査にあわせて、地方負担額を精査して地方財政計画を整理する作業が続けられ、２月上旬頃には、地方税法や交付税法の改正法案とあわせて、地方財政計画が国会に提出されるとともに一般に公表されます。

　このように、交付税法に基づき作成されて提出や公表されるのが地方財政計画ですが、地方団体においても年末から翌年度の予算編成作業が本格化します。そのなかで、国庫負担金等のあり方や交付税総額の動向は重大な関心事項であり、年末に示される地方財政対策の内容は、地方

団体の予算にも大きな影響を与えるものです。

　すなわち、地方財政対策は、地方財政計画を策定していくなかで交付税総額等の必要な地方財源を確保するための重要なプロセスであるとともに、地方団体にとっては、予算編成作業のスケジュールのなかで実質的に極めて重要なものです。

　地方財政対策と地方財政計画の策定の関係を時系列的に整理するとこのような関係になります。そのため、地方財政対策が決着し、それを踏まえて地方財政計画が確定すると、地方財政対策の内容も含めて地方財政計画という言葉が使われることが多いですが、その後も地方財政対策という言葉が地方財政計画と同義で使われることも見られます。

　ただ、必ずしも「地方財政対策＝地方財政計画」というものでもなく、地方財政対策の方が地方財政計画よりもその射程範囲が広い面があるともいえます。地方財政対策は、翌年度の地方財政の全般について、どのような対策を施したかというものです。一方、地方財政計画は、地方財政全てについての計画であるかのような言葉ですが、交付税法に基づく歳入歳出総額の見込みであり、地方税収入を補完する交付税総額を確保する観点から、租税で賄う一般会計等のベースで策定されるものです。

　したがって、地方財政計画には、公営企業や国民健康保険、介護保険等の公営企業会計等に対して一般会計等から負担する繰出金は計上されますが、これらの特別会計の全体が計上されるものではありません。例えば、国民健康保険事業について、国がどのような支援措置を行うかは、地方団体の財政運営にとっては重大な関心事です。国から直接この特別会計に対して支出される措置については、地方財政対策のなかでは整理されますが、地方財政計画に計上されるものではありません。

　地方財政対策と地方財政計画の関係をあえて整理すると以上のとおりですが、違いにこだわるべき実質的な必要はなく、「地方財政対策を踏まえて策定されるのが地方財政計画である」との整理で十分と考えられます。

3 地方財政計画の歳入と歳出のそれぞれの見込みはなぜ均衡するのか

　交付税法の規定を文字どおりにとらえると、各年度において、国税の一定割合として導き出される交付税総額が、厳密に所要額に一致することを求めていないようにも見えます。あわせて、「地方財政計画」といえば、「計画」である以上は歳入と歳出は均衡していることが求められそうですが、法に定める「歳入歳出の見込み」であれば、必ずしもそうである必要はないようにも考えられます。

　交付税法第10条第2項においては、各地方団体について算定した基準財政需要額が基準財政収入額を超える額（財源不足額）の総額が、その年度の国の予算に計上された普通交付税総額を超える場合は、法に定めるルールで割り落としてその分を減額すると規定されています。

　一方、第6条の3第1項では、財源不足額の総額よりも国の予算に計上された普通交付税総額が多い場合には、その多い部分を特別交付税の総額に加算すると規定されています。

　そして、同条第2項では、毎年度の普通交付税総額が財源不足額の総額と著しく異なることとなった場合には、地方財政もしくは地方行政に係る制度の改正又は交付税率の変更を行うものとされています。

　これらの規定を見ると、そもそも交付税総額が毎年度の所要額と一致することは必ずしも想定されておらず、足りなければその分を割り落として交付し、余れば特別交付税に加えて配分し、過不足の状況が著しい場合には、地方行財政制度の改正や交付税率の見直しで対処するとも読めそうです。

　とすれば、毎年度の地方財政の収支の均衡を目指して、交付税の所要額を確保するために膨大なエネルギーが費やされる必要があるのかという疑問が湧いてくるかもしれません。

　その答えは、次のとおりです。

I　総額に関すること

　まず、これまで、そもそも普通交付税の総額が財源不足額の総額より多いためにその部分が特別交付税に加算されるというようなことがほとんどありませんでした。交付税総額の94％は普通交付税ですから、大まかにいえば、国税の一定割合である交付税総額に余裕が発生することがない状態がほとんどであったということです。

　一方で、交付税総額が足りないということは、地方団体にとっては、翌年度の一定の歳出水準についての財源が保障されないということです。すなわち、国の予算に地方が実施する事務事業に対する補助負担金を計上しても、地方団体においては財源不足のためにそれらを執行できない可能性があるということとなり、国の予算の実効性そのものも問題となります。かつて現実に生じかけたことがありましたが、そのような予算案は認められないことになりかねないものとなります。もちろん、補助事業に限らず、地方団体の単独事業の執行にも影響が出てきます。そのため、地方財政計画は交付税の所要額が確保され収支が均衡していることが求められてきたのです。

　しかも、交付税制度は平衡交付金制度を見直して創設されたものです。平衡交付金制度にあっては、平衡交付金法第6条第1項で、平衡交付金の総額は、その年度において基準財政需要額が基準財政収入額を超えると認められる地方団体のその超過額の合算額を基礎として定めることとされ、第2項において、地方財政委員会が所要の総額を国の予算に計上するよう内閣に勧告しなければならないとした上で、その際に、第7条に基づいて策定された翌年度の歳入歳出見込額の書類等を内閣に送付しなければならないとされていました。

　このように、平衡交付金制度においては、翌年度の歳入歳出見込額の書類すなわち地方財政計画は交付金の所要額を見積もる極めて重要な書類であり、平衡交付金を含めると、当然に歳入と歳出が均衡していることが前提でした。

　交付税法は、この平衡交付金法を改正することにより作られたもので

す（序章2(5)（8ページ）を参照してください）。第6条は、交付税総額は国税の一定割合と改正されましたが、第7条の地方財政計画の規定はそのまま残りました。しかも、国税の一定割合のみでは交付税総額が不足することがほとんどであったことから、当然、法の運用の継続性の一環としても、地方財政計画は収支が一致すべきものであり、第10条第2項に基づく普通交付税の割落としによる減額は微修正のための規定として機能してきたわけです（Ⅲ2（79ページ）を参照してください）。

なお、交付税総額は国税の一定割合の総額では不足する状態が続いてきたわけですが、交付税法第6条の3第1項に規定する、財源不足額の合計よりも普通交付税の総額が多い、すなわち普通交付税が余るということを前提とすることが、そもそも制度のあり方としてどうなのかという議論はあるでしょう。その質や量も含めて行政サービスの水準と国民負担の関係についてのあり方が厳しく問われるなかで、少なくとも大幅に余るという状況までを前提とすることが妥当かどうかという問題です。

その意味では、地方税収を相当程度に確保し、地方財政計画の歳出を国の歳出改革の取組にあわせてできるだけ合理化・効率化した形で見積もり、なお法定率分のみではいくばくかの財源不足分が発生する場合には、所要額を地方財政対策で確保して、交付税の交付を通じて地方団体に財源保障するという運用が、国民経済上はより効率的といえるものです。そのためにも、まずは、現在の巨額の地方財源不足を構造的に解消していくことが求められます。

4 一般財源総額確保とは
(1) 国と地方の税源配分の状況

地方財政の安定的な運営を維持するため、地方団体が自らの判断で自由に使うことができる一般財源の所要額が確保されることが極めて重要です。地方財政計画において一般財源とは、地方税、地方譲与税、地方特例交付金及び交付税に加えて、交付税の代替財源としての臨時財政対

策債とされています。そのなかで、地方税は、最も基幹的な収入として確保されるべきものです。そこで、地方税収がどのような状況にあるのか確認しましょう。

　図2は、平成28年度の国・地方を通じた純計の歳出規模、図3は、同年度の国と地方間の税財源配分を整理したものです。国と地方の歳出については、最終支出ベースで整理されています。地方団体が実施する様々な国庫補助・負担事業等に対しては、その財源として国から国庫補助・負担金等が支出されますが、それも含めての最終的な支出は地方団体が行うことから、最終支出ベースでは、国負担分も含めて地方の支出として整理しています。逆に国の直轄事業に対して地方が負担するようなものについては、地方負担分も含めて国の支出として整理しています。要するに、その財源の出所にかかわらず、最後に支払ったのが国か地方か

図2　国と地方の純計歳出規模（平成28年度決算・最終支出ベース）

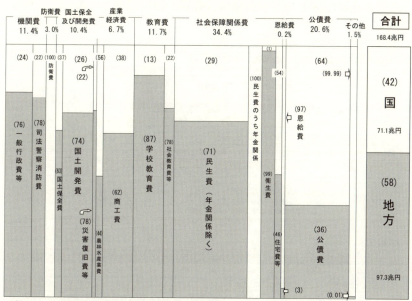

（注）　（　）内の数値は、目的別経費に占める国・地方の割合
　　　計数は精査中であり、異動する場合がある。

という観点の整理です。

　我が国の内政を担っているのは地方団体であり、国民生活に密接に関連する行政は、そのほとんどが地方団体の手で実施されています。その結果、図２においても、年金関係や防衛費という国の専管事務については、全額が国の支出となっていますが、その他の経費については、公債費と恩給費等を除くほとんどの経費では、地方の支出が多い状況です。その結果として、国と地方の支出の割合は42：58、おおむね２：３となっています。

　次に、図３です。平成28年度において、国民が納めた租税総額は97.5兆円でした。そのうち、国税が59.0兆円、地方税が38.6兆円と、国と地方の関係は60：40、３：２となっています。これが、国から地方に移転される交付税や国庫支出金等も財源として地方団体の事務事業が実施されることによって、図２のように、最終支出ベースで見ると、国と地方の割合はおおむね２：３と逆転することとなります。

　このように、国と地方の関係は、税収の段階では３：２であるのが、

図３　国と地方の税財源配分の構造（平成28年度）

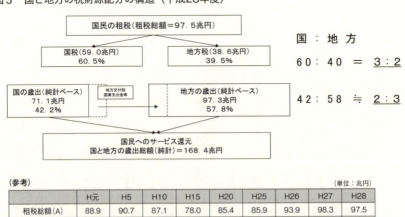

最終支出の段階では２：３となります。これは、納税する側からすると、国税として納めたものがどのように使われるのか、非常に分かりづらいこととなりますし、地方団体の歳出を賄うための財源としても、地方税と国からの移転財源の関係は複雑で分かりづらいものとなります。

政府の最重点の政策課題として推進する地方分権改革は、地方団体の自己責任と自己決定を目指すものです。財政的にいえば、自らが集めたお金を使って、自らの責任と判断で仕事をするということになります。

となれば、今後も社会保障関係などの住民に密着した行政サービスの提供が求められるなかで、国と地方の仕事の量の関係がそれほど変わらないとすれば、受益と負担の関係を一致させるために地方税の確保を徹底するという立場をとると、税収もそれにあわせて、国：地方＝３：２から２：３にもっていくことが望ましいともいえます。

ただ、地域的な偏在が少ない地方税体系を可能な限り構築していくとしても、一定の偏在はどうしても残ります。これを地方団体の間で水平的に調整するのではなく、現在の交付税制度のように国と地方の間での垂直的な調整で対応するとなると、そのための財源は国に残す必要があります。

また、国が本来的に負担すべき事業に対する財源措置はもとより、大規模災害等に際しての国からの国庫支出金は不可欠です。さらに、国から地方へ交付される国庫支出金の多くは、生活保護や医療、介護等の社会保障にかかわるものです。社会保障の本来的な負担は国と地方がどのような関係であるべきかについても、様々な考え方があるところです。このようなことを踏まえると、論理必然としての帰結ではありませんが、まずは、国と地方の税収割合を５：５とすることを目指すべきではないかという主張が、地方の側からもされているところです。

なお、図３には、もう一つの大きな問題が示されています。国民へのサービス還元と整理される国と地方の歳出総額の純計は168.4兆円です。国民の納めた租税総額は97.5兆円ですから、平成28年度は国と地方あわ

せて、租税総額の1.7倍の仕事をしたことになります。この隙間を埋める主な財源は、国債であり地方債です。バブル経済の崩壊後、税収が大幅に不足するなかで、このように国債や地方債に大きく頼る財政運営を続けてきた結果、国と地方の長期債務の合計額が1,000兆円を超えるという危機的な財政状態になっています。

　このように、国と地方の税源配分を考える場合、地方の側からすれば、前述のような理由からまずは5：5を目指すべきという考え方が示されるものですが、国の財政の立場からは、国が地方に比して巨額の収支不足を抱えるとともにその補塡のための特例公債を発行してきたことから、現在の国と地方を通じての収支不足の状況を前提として税源移譲の議論をするとした場合には、すでに発行済みの国債はもとより、今後発行される国債の償還能力をどのように確保するのかという、市場への説明も含めての難しい問題が指摘されるところです。

　この状況を改善するには、歳出を抑制することと歳入の増を図ることしかありません。高齢化が進むなかでますます増大する社会保障関係費を抑制するための社会保障制度の改革をはじめとして、歳出の構造改革を不断に続けていくことが求められています。あわせて、経済の活性化を図ることにより税収を増加させたり、消費税の引上げ等のような増税により税収を確保することも選択肢です。これらの最適な組み合わせを追求しながら、まずはプライマリーバランス（基礎的財政収支）の黒字化を図るとともに、我が国の経済規模に対する長期債務や財政赤字の割合を抑制していくことが強く求められるところです。

(2) 地方税財源の拡充のあり方

　(1)のとおり、国と地方の財政は、税収総額が絶対的に不足しているとともに、国と地方の最終的な財政支出の割合とは逆転した税源配分になっているという構造的な問題があります。

　このように、税収については、経済の活性化による増を図りつつも、

社会保障におけるサービス水準と税負担のバランスを図る観点からの増税等も必要です。あわせて、国と地方の税収配分についても、議論が必要です。

　今後も、国と地方の事務配分が現状とそれほど変わらないことを前提とすれば、受益と負担の関係をできる限り明確にして、地方団体の自律的な財政運営を確保するためには、「国：地方＝３：２」となっている税源配分について、まずは、「国：地方＝５：５」程度を目指そうというのが、現在の地方側の考える一般的な方向性といえます。

　国税と地方税の増収を図りつつ、国と地方の税源配分も国と地方の最終支出にあわせて見直していくということとなれば、国庫支出金だけではなく、交付税の所要額も減少していくことが見込まれます。

　現在の交付税総額は巨額であるが故に、その増減の動向が地方団体の財政運営に直接的かつ大きな影響を与えることから、毎年度、総額のあり方をめぐって厳しい議論となります。

　あわせてこのように巨額であるからこそ、財政的に弱い地方団体の財政運営に資するという算定結果の妥当性を確保するために、複雑で精緻な算定方法が求められるという面もあります。

　地方団体の財政運営の予見可能性をできる限り高めていくためにも、基本的な方向性としては、国庫支出金の見直しと縮減にあわせて、交付税に大きく依存する現状もできる限り見直し、偏在性の小さな地方税体系が中心となる財政運営を粘り強く追求していくことが望まれます。

(3) 一般財源総額の確保

　今後の地方税財源の確保の基本的な方向性としては、(2)のとおりですが、現実に巨額の財源不足が生じているなかにあっては、毎年度の地方財政計画における一般財源総額の確保が極めて重要です。

　交付税の法定率分のみでは財源不足が発生して収支が均衡しない状況にありますが、この財源不足分について様々な手法を尽くして財源を確

保して、最後に残った部分は、国と地方が折半で負担して、交付税所要額を含めた一般財源総額を確保するというのが、現在の基本的な財源確保のルールです。

　ここで、大切なことは、「一般財源の確保」は決して目標ではないということです。「一般財源の確保」という言葉の前段には、常に、「必要な歳出を賄うための」という言葉があって初めて成り立つものです。すなわち、「必要な歳出」とは何かを決めることが、「必要な一般財源の確保」の大前提です。

　このように地方の一般財源所要額やそれを前提とした財源不足額は、どの程度の仕事が必要であると見込むかによって決定されるものです。その際、標準的な歳出水準を交付税制度により財源保障するということが、地方財政計画の目的ですから、歳出の見積もりにおいては、国で定められる行政水準を超えないことが前提となります。

　例えば、教職員・警察官の人件費はそれぞれの法令に基づく標準定数で積算したもの、補助金の地方負担分は国の予算に即したもの、公債費は届出がされた地方債及び同意や許可がされた地方債に係るものについて計上します。単独事業については、決算の動向も踏まえながら、国の経済政策や予算編成方針とも整合性をとりつつ計上します。

　このようにして、必要と認められる歳出が確定すると、それにあわせて一般財源の所要額が決まり、地方財政対策によってそのために必要な交付税総額を確保することとなります。

　その際、地方税、地方譲与税、地方特例交付金と法定率分の交付税の合計額で所要の一般財源総額を賄うことができれば、問題はありません。ただ、国と地方の共通の問題として、大幅な税収不足のため、歳出と歳入の間に構造的に収支の不均衡が発生している状況にあっては、どうしても交付税が不足し、これらの合計額では所要の一般財源総額に足りない状況が発生しています。そのため、国からの交付税の特例措置にあわせて、地方団体においては交付税の代替財源としての特例債、すなわち

臨時財政対策債で対処するなどの特例措置を講じることが必要となっています。

なお、平成12年度までは、原則として交付税の不足分を交付税特別会計の借入れで対処していたことから、一般財源総額の確保は交付税総額の確保とほぼ同義であり、地方財政対策の最大の課題は、「交付税総額の確保」でした。

一方、平成13年度以降は、交付税の不足分は、国負担分については国からの加算措置、地方負担分については臨時財政対策債で対処することとなったことから、地方団体の財政運営にとっては、交付税総額よりも臨時財政対策債や地方税収の増減等も盛り込んだ一般財源総額が直接的な影響を持つようになりました。現在の地方財政対策の第一の課題を、「一般財源総額の確保」としているのはこのためです。

このように、本来であれば交付税で確保すべき額の一部について、特例債である臨時財政対策債で賄うという対応策をとらざるを得ない状況が続いています。一般財源の質の改善が求められる所以です。(2)の税財源の拡充は、このような現状を構造的に改善するために必要なのです。交付税総額ではなくて、一般財源総額の確保が地方財政対策の第一の課題とならざるを得ない状況となっていることそのものが、地方財政の構造的な問題を表しているものといえます。

(4) 一般財源総額の見直しが現実の財政運営に与える影響

(3)のとおり、一般財源総額の水準は、それによって賄われる歳出水準と裏腹の関係ですから、国の財政当局においては特例公債を財源とする特例的な加算措置等によって交付税総額を確保しているなかで、その加算額の抑制を図りたければ、地方の歳出規模を圧縮することができないかという点に関心が向かうこととなります。

そのなかで議論になりやすいのが、地方団体の実施する単独事業です。まず、単独事業というと、国の補助や負担を伴わない事業として、地

方団体が自由に実施するものというイメージで議論されがちです。しかし、単独事業の内訳を見ると、戸籍、住民基本台帳、消防、警察、高等学校等といった、国が法令で義務づけているもの、実施体制の標準などを定めているものが多くあります。また、公立の保育所のように、そもそも補助対象であったものを、一般財源化（Ⅱ1(2)④（51ページ）を参照してください）したものもあります。これらの事務事業について、義務づけや標準とされるサービス水準を見直すことなく、国の財政状況を理由に計画への計上額をカットするなどは、直ちにサービス提供の現場に混乱をもたらすこととなる乱暴な議論であり、地方団体から理解を得られるものではありません。

では、地方団体が独自に実施する子育て支援策、健康づくり、地域振興策等の単独事業の経費についてはどうでしょうか。それぞれの事業について、見方によっては、その妥当性が議論になるものもあるかもしれません。しかし、単独事業の一つひとつを国でチェックするということは、実質的に、国が地方の事業の査定をするということになります。地方団体は、必要に応じて様々な単独事業を実施していますが、その内容、優先順位等は、地方議会のチェックを経た予算に計上され、実施されるものです。その内容を国が改めてチェックするということは、地方団体における選挙で選ばれた首長と議会による意思決定の仕組みに信頼を置かないということにもなり、地方分権の理念との整合性はもとより、国は地方をどこまで信じるか、信じるべきなのかという根本的な問題となるものです。

これらを踏まえて、現在の地方財政計画においては、単独事業は、個々の事業の積上げにより計上するのではなく、総額ベースでの決算と計画の比較分析も踏まえ、いわば「枠」として計上するという方式をとっています。

ところが、これらを前提とすると、歳出を抑制するために出てくる指摘は、地方財政計画の歳出について、個別の事業の検証をせずに、いわ

I 総額に関すること

ば一律に削減率をかけて経費を圧縮すればどうかといったものとなりがちです。

　平成30年度の地方財政計画の歳出規模は86.9兆円ですが、これほど巨額であれば、例えば1兆円くらい何とか節約できるのではという議論です。現に、三位一体の改革（国庫補助負担金改革、税源移譲、交付税改革の3つを一体として進めるという三位一体の改革については、第2章Ⅰ1（136ページ）を参照してください）に際しても、交付税総額をまずいくら削減するという目標を設定すべきであるとの指摘もされました。これに対して、地方財政計画は法令等で定められた地方財政運営にかかわる制度を踏まえたものであり、そもそもマクロ経済のシミュレーションモデルのような議論をすべきものではないといった激論が交わされたところです。

　こうした議論で忘れてはならないのは、数量モデルのように数字を操作することが実際にどのような影響を及ぼすこととなるかについて、具体的なイメージを持つことの重要性です。例えば交付税で1兆円の縮減をしようとする場合には、地方財政計画の規模は86.9兆円であり、その1％程度のカットはできるのではないかとの感覚がありますが、地方財政計画の中身を個別具体に見る必要があります。

　まず、投資的経費では財源のかなりの部分が地方債ですから、事業費を圧縮しても一般財源ベースではそれほどの額は出てきません。そのため、削減の主たる検討対象は単独事業のソフト経費が中心となりがちです。

　しかし、前述のように、単独事業には、法令で義務づけられているものや一般財源化の結果といったものも多くあります。これらの事務事業は義務性が高いことから、その義務づけ等の見直しを行わないままで、経費を一律に削減するということは妥当ではありません。

　となれば、それほど義務性が高いものではなく地方団体の政策判断で裁量的に実施しているものについて、どの程度が削減の対象となりうる

のかということになります。しかし、これらの裁量性の高い事務事業こそ、各地方団体における現場のニーズに対処するために、様々な議論を経て創設されたものですから、地方団体の財政運営の現場では、国が交付税を大幅に抑制したことをもってそのような事業費のカットを直ちに実施することは、住民の理解を得るに至らず、極めて困難な状況に直面することとなってしまいます。

そこで、仮に単独事業の抑制を理由として交付税を減額したとしても、結果的には人件費の抑制によって収支を合わそうという傾向になりがちです。平成30年度地方財政計画の給与関係経費は20.3兆円であり、そのうち義務教育費教職員の給与に係る国庫負担分1.5兆円を除く18.8兆円から1兆円を捻出しようとすれば5.3％分です。しかし、給与費の削減も、一律で実施することについて直ちに理解を得ることは極めて困難であり、現実に削減するとなると、管理職の削減分を多くするなどの差をつけるといった事態が生じがちです。

平成16年度のいわゆる地財ショックといわれた交付税総額の抑制は、経済財政運営と構造改革に関する基本方針2003に、「改革と展望」の期間である平成18年度中に、地方財政計画において計上人員を4万人以上純減、投資的経費（単独）を平成2～3年度の水準を目安に抑制、一般行政経費（単独）を現在の水準以下に抑制という方向が示されたことを踏まえてのものでした。

その結果として、平成15年の年末に決定された平成16年度地方財政対策では、一般財源ベースで2.1兆円の削減となりました。地方財政計画における整理としては、人件費と一般行政経費（単独）、投資的経費（単独）の削減でしたが、現実の地方団体は、住民ニーズと向かい合い議論をした結果として必要とされる事務事業を実施していますから、そのような事務事業の多くについては、年末に国の方針で財源が抑制されたという理由で直ちに削減するというわけにはいきません。そのことを説明して理解を得るための一定の時間が必要となります。そのため、結局は

給与削減へのしわよせで対処せざるを得ないという地方団体が出てくるという事態に陥りました。

　このように、地方団体の提供する行政サービスについて、数字ありきでの機械的な歳出の見直しを求めてしまうと、結果として給与費等の内部管理費用に多くの負担を背負わせることになりかねないものです。

　また、地方団体が行う投資的経費の縮減は、地域経済に直接的な影響を与えます。給与の引下げも、地域の民間給与の水準に波及します。こうした実態を見据えての議論も忘れてはならないものです。

　あわせて、このような議論をすると、地方団体が独自の事業を行うのであれば、自助努力で超過課税等を行って財源を確保すべきとの指摘がされることもあります。しかし、そもそも財政的に余裕のない地方団体では、一般的に担税力が弱いものです。必要であれば超過課税をして財源を確保すれば良いという指摘については、そのような対応が担税力の弱い地域の住民の負担増をもたらし、その結果としてますます地方が疲弊することとなったために現在の財政調整制度が発達してきたという歴史的経緯も思い返す必要があります（序章2（1）（3ページ）を参照してください）。

算定に関すること

1 算定方法を簡素化・透明化すべきでは

　交付税の算定方法のあり方は、交付税制度の財源保障機能と財源調整機能をどの程度働かせるのかという問題と密接不可分の関係にあるものですが、算定方法の簡素化といった観点からは、主に基準財政需要額についてが議論となります。なお、基準財政収入額についての大きな論点である留保財源については、4（59ページ）で整理します。

　個々の地方団体の財政需要を標準化しつつもできるだけ丁寧に捕捉して、その財源を保障するとともに、財源の均衡化を図ろうとすれば、算定方法は複雑なものとなっていきます。一般的に、財政力の弱い地方団体側からは、できる限り財政需要を細分化した上で標準化（算式化）を行うという丁寧な算定をすべきであるという指摘がされるところであり、これまでの算定方法の改正もそのような方向に沿ったものが多くありました。

　しかし、その結果として、

- 交付税の複雑で膨大な算定の体系は極めて分かりづらく、ブラックボックス化している
- きめ細かな算定に基づく財源保障が長年続けられてきたことが、地方団体が自らの工夫や努力で財源を生み出していこうという改革意欲を削ぐ結果となっている

などの批判を招くことにもなりました。

　そこで、「地方分権推進計画」（平成10年5月閣議決定）や累次の「経済財政運営と構造改革の基本方針」等に基づいて、算定方法の簡素化に順次取り組んできたところです。

●簡素化と透明化

　算定方法の簡素化にあわせて、透明化を図るべきとの指摘もあります。算定方法の透明化の主たる対応策として、省令に定められた補正係数ではなく、交付税法に定められた単位費用による算定に改正することがあります。補正係数も法令の一形式である省令に定められるものですが、立法府で議論して成立した法律に定める単位費用による算定という形式の方が、より透明性の確保に資するという考え方に基づくものです。これまでも私学助成や公立大学の財政需要等については、交付税法に定めるそれぞれの単位費用に基づいて算定する方法に改正するという取組をしてきました。

　また、地方分権改革の一環として、交付税法の改正により意見申出制度が創設されました（第3章1(9)(204ページ)を参照してください）。これに基づいて地方団体から出される算定方法についての意見に対して、定められた手続に沿って対処することも透明化の一つです。その結果として、算定方法の複雑化をもたらすこともあります。このように、簡素化と透明化は、算定方法の見直しとして必ずしも同じ方向の結果をもたらすものではないことにも留意が必要です。

(1) 簡素化をめぐる考え方

　基準財政需要額の算定は、「各行政項目の単位費用×（測定単位×補正係数）」の合計額ですから、その簡素化を図るためには、行政項目（単位費用）や補正係数を整理することが考えられます（第3章4(1)(212ページ)を参照してください）。

　単位費用の数を減らすための統合としては、例えば、平成19年度に包括算定経費（いわゆる新型交付税）が導入される前の平成17年度の改正において、道府県分の投資的経費について、「その他の土木費」「企画振興費」「その他の諸費」を統合して「その他の諸費」とする対応がされました。

また、補正係数の削減として、道府県は市町村よりも個別の行政分野における団体間の財政需要のばらつきが小さいことを踏まえ、平成13年度においては146あった補正係数を平成19年度には73にまで半減するといった整理もされました。
　なお、算定方法の簡素化を求める指摘は、単に分かりづらいというだけではなく、国の制度に即して詳細なものとなっている算定が実質的な交付税の補助金化をもたらしており、それが地方団体の財政運営にモラルハザードを引き起こしているのではないかという問題意識と、それとは逆の、交付税は使途に制限のない一般財源であることから詳細に算定してもその内容を踏まえて使われないのであれば簡素化しても同じことではないかという問題意識の双方からも出されています。

① モラルハザードを引き起こさないために簡素化が必要ではないか
　例えば、義務教育に係る財政需要については、国庫負担制度に基づく地方負担分に即して算定し、交付税による手厚い財源保障を行っている結果、都道府県間で人口あたりの教職員数や学校数に大きなばらつきを生じさせることとなっているのではないか、あるいは、小規模校が統合されないのも、交付税算定が小規模校の改築等に対する国庫負担の実績に即したものとなっている、いわば交付税が補助金化しているからではないかとの批判がされることがあります。そして、これを解決するために、交付税については、人口による算定をするといった簡潔なものとして、適切な規模の学校運営が実現されるように促すべきではないかとも指摘されるものです。
　しかし、それぞれの都道府県について、国庫負担金の対象として建設された学校における学級編制を前提として、公立義務教育諸学校の学級編制及び教職員定数の標準に関する法律（以下「標準法」といいます）に基づく教職員数に見合う国庫負担金が国の予算に計上されているわけですから、このような国庫負担制度と異なる視点で算定をすることは、標

準法の趣旨に反することはもとより、地方団体に対して少なくとも法令により義務づけられた行政サービスを行うことを求める交付税法の趣旨にも反することとなるという問題点があります。

交付税制度は現に定められたそれぞれの制度に伴い標準的に生じる地方団体の負担について財源保障を行う仕組みであり、地方負担に係る交付税の算定には、その対象とする制度に即したものであることが求められます。

② 基準財政需要額の算定どおりに使われないのであれば何のための精緻な算定か

所管府省庁が法令による義務づけによらずに地方団体に対して実施を要請する事務事業については、地方負担額を基準財政需要額に詳細に算入しているにもかかわらず、その算定額と各地方団体の実施についての判断（実施の可否・事業量等）による支出額とが一致せず、支出額が算定額を相当程度下回ることがあります。これでは、詳細な算定をしている意味がないのではないかとの批判です。

しかし、交付税は使途に制限のない一般財源です。地方団体の担当部局が基準財政需要額に算定された事業について予算要求をする場合、査定側に対して、「これは交付税措置がされている事業であり措置額どおりの予算化を認めてもらいたい」と要求しても、すんなりと認められることの方がまれでしょう。

要求側は、あくまでもその事業の必要性や有効性を丁寧に査定側に説明して理解を求める努力をした上で、「なお、この事業は、標準的な経費として基準財政需要額にも算入されており、その額を踏まえても要求額は妥当なものである」という説明が求められます。

すなわち、一般財源である交付税で財政措置をしても、その事務事業が法令によって義務づけられていない場合は、その施策の実施の可否や具体的な内容については、あくまでも地方団体の判断に委ねられるとい

うことです。

したがって、国としてより確実に事業実施を求めるのであれば、法令による義務づけを行うことや、実施を条件として交付する補助金等によることを選択する必要があるということになります（もちろんその場合には、地方分権や補助金改革の観点から、様々な問題点が指摘される可能性があります）。

(2) 義務的経費をどう考えるか

交付税の算定については、(1)のとおり、継続的に簡素化に取り組んできたところですが、抜本的な簡素化を求める立場からは、基準財政需要額は人口や面積との相関関係が高いことから、基準財政需要額に算定されている経費のうち義務的なものの割合がそれほど大きくないとすれば、数多くの行政項目を設定して複雑な算定をするのではなく、人口や面積等の指標による簡素な算定をしても各地方団体の財政運営に支障を生じないのではないかとの指摘がされます。

そこで、まず、基準財政需要額において義務的な経費の割合がどの程度であるかの分析が求められます。そして、具体的な分析に際しては、「義務的経費」をどのように考えて整理すべきかが問題となるところです。

① 給与費

例えば、義務教育教職員の給与費については、小・中学校等を設置して義務教育を実施することは、地方団体の責務であり、教職員数については標準法により都道府県及び政令指定都市別の人員が導き出されることから、義務的経費とすることについては異論がないところでしょう。

警察や消防に係る給与費等についても、その実施や水準が法令等で定められていることから、同様と考えられます。

それでは、公立高等学校の教職員の給与費についてはどうでしょうか。「義務づけ」を厳格に解釈して、「実施しなくても違法とはいえない事務」

については義務づけされた事務ではないとの考え方に立つとすれば、「地方団体は法令により、高等学校を設置することを義務づけられているわけではない、したがって、高等学校教職員の給与費は義務づけられていない経費である」となってしまいますが、このような整理は妥当といえるでしょうか。

　これについては、実態も踏まえての判断が必要となります。現在、高等学校の進学率は97％程度であり、高等学校は実質的には義務教育化しているという状況にあります。全ての都道府県において、この高い進学率のニーズに応えるために、公立高校を設置するとともに、私学助成も行っているというのが現状です。

　私学助成も、その実施は法律上の義務ではありません。しかし、現在の都道府県の教育行政においては、公立高校の設置運営と私学の設置運営に対する助成は一体の関係であり、実施するしないの観点からすれば、実施をすることについてほぼ裁量の余地のない経費であるというのが実態です。

　このように、「義務的な経費」を厳密に「法令等により明示的に義務づけがされている経費」とすると、現実の財政運営にそぐわない分析となってしまいます。そこで、標準的な財政支出である基準財政需要額の分析に際しては、「法令的には義務づけではない（実施しないことが違法というわけではない）が、実質的には義務づけ度合いが高い経費」等を含めて義務的経費として分析することが妥当です。

　このような考え方を基本として分析を行うとしても、次のような問題が出てきます。

② 投資的経費

　例えば、国庫負担事業であっても、道路、河川、港湾等の公共事業をどの程度実施すべきかについて、あるべき事業量の水準を設定することは困難です。そのため、それぞれの地方団体の裁量による部分が多いこ

とから、公共事業は義務的ではない経費と整理すべきでしょうか。

これについては、マクロの観点とミクロの観点からのアプローチにおいて、結論が異なる可能性があります。マクロの観点から見れば、国において策定した計画等に基づきそれぞれの年度に必要であると見込み、国家予算に計上した公共事業の総量に対応して見込まれる地方負担額の総額は、「あるべき（あるいは標準的な）財政需要の総額」です。そして、現実的にも、国の予算はほぼ執行されます。したがって、総額的には、相当程度に義務的な経費ということとなります。

しかし、ミクロの観点から見れば、それぞれの地方団体の選択する事業、あるいはその量は様々です。投資的経費についての基準財政需要額は、事業費補正(注)等によるものを除くと、全国ベースで必要と見込まれる地方負担額の総額を標準団体レベルで平均した単位費用に基づき算定されるものですから、それぞれの地方団体の決算と基準財政需要額を比較するとばらつきがかなりあり、その観点からは義務的ではないという整理も可能です。

　　（注）事業費補正は、補正係数の一つであり、地方団体が実施する事業量に応じた経費を基準財政需要額に算入するために、投資的経費の財源とした地方債の元利償還金の一定割合を算入するものです。表7（222ページ）を参照してください。

ただ、公共事業の箇所づけは、長期にわたる継続的な事業も含め、地方団体からの申請と国の採択の積み重ねのなかで行われているものも多く、特に都道府県レベルとなると、毎年、大幅に事業量が変動するわけではありません。また、具体の事業内容について、国で詳細な基準が設定されているケースも多くあります。この意味においては、公共事業も義務的な色彩が強い経費であるともいえるものです。

③　運営費等

例えば、警察・消防については、給与費に加えて、それがなければ活

動が成り立たない装備や設備関係経費も義務的な経費といえるものです。小・中学校、高等学校等の施設の運営経費についても同様です。
　こうした考え方に立てば、国民健康保険、介護保険等の特別会計で負担すべき以外の業務に係る経費や徴税費等についても、義務的経費と分類されることとなります。

④　一般財源化経費
　国庫補助負担金を廃止して一般財源化した事務事業については、従来以上に地方団体の独自の判断が発揮できる度合いが高まりますが、その実施そのものについては、地方団体の事務として同化定着したものであり、ほぼ確実であろうと見込まれるものです。だからこそ、国庫補助負担金の廃止に伴う税源移譲等もされているわけです。そのため、一般財源化関係経費については、義務的な経費として整理されます。

　このように、経費の性格の分析においては境界域に属するものがあるところですが、単位費用の標準行政規模において見込まれる経費について、以上のような考え方に基づき整理すると、道府県分であれば9割程度が、市町村分であれば8割程度が義務的なものとして分類されます。道府県分の義務的経費の割合が高いのは、道府県分の方が義務教育教職員経費をはじめ人件費のウエイトが高いことなどによるものです。
　したがって、基準財政需要額についてその全てを人口や面積等の指標によって簡素な算定を行うとした場合、現在の算定額が減少することにより実際の財政需要に対して大きな財源不足が発生する地方団体においては、実施が義務的であるにもかかわらず適切な財源保障が行われないため、財政運営に深刻な支障が生じることとなります。

2　人口と面積による算定を開発すべきではないか
　算定方法の簡素化については以上のような問題があることは踏まえつ

つも、基準財政需要額を分析すると人口と面積でほぼ相関が説明できる以上は、財政運営に影響を与えないよう工夫した上で、可能な部分については人口と面積による算定を開発すべきではないかとの指摘があります。

そもそも基準財政需要額の算定の要素である測定単位は、人口や高齢者人口といった人口系が多いことから、人口と高い相関関係があるということは当然ですし、また、高い相関があるからこそ測定単位としているものなのですが、実際問題として人口と面積による算定をした場合に、義務づけられた行政水準に即して個々の行政項目の財政需要を積算した合算額である現在の基準財政需要額との間にどの程度の差が発生するかは別の問題です。

例えば、基準財政需要額の算定項目が、道府県分であれば人口系が8割程度、面積系が2割程度であることを踏まえ、単純に算定したものが表2です。

このように、各地方団体において現在の交付税額に対して大幅な変動が生じることから、全ての行政経費について、一律に単純な算定を行うことは現実的ではありません。また、地方団体に対して、地方行財政制度については何の変更もないにもかかわらず、算定方法を簡素化することが望ましいというだけの理由によって、大幅な利益や不利益が発生する算定方法へ改正することが妥当であるとする説明は困難です。

これらの問題点を踏まえつつも、仮に、基準財政需要額を構成する一部の行政項目について人口と面積により回帰分析をして、新たな算定式を作るとすれば、その基本形は、

$$S = a + bx + cy$$

となります。Sは対象とする行政項目の基準財政需要額、xは人口、yは面積、bが人口あたりの単価、cは面積あたりの単価です。

現行の基準財政需要額を是として算定すればこのような式が導かれますが、この式において、人口と面積に関係ない定額のaは、どのような

II 算定に関すること

表2 人口と面積による基準財政需要額の単純算定例（道府県分）

（人口8：面積2） （単位：億円）

区　分	H27 国調人口	総面積	平成30年度 基準財政需要額 （臨財債振替前）A	あん分結果 人　口 (0.8)	あん分結果 面　積 (0.2)	計 B	比　較 B－A　C	比　較 (%) C／A	団体数
41佐　賀	832,832	2,440.68	2,375	1,233	304	1,536	－838	－35.3%	
31鳥　取	573,441	3,507.13	1,980	849	436	1,285	－695	－35.1%	
47沖　縄	1,433,566	2,280.98	3,490	2,122	284	2,405	－1,085	－31.1%	3
36徳　島	755,733	4,146.80	2,319	1,118	516	1,634	－685	－29.5%	
32島　根	694,352	6,708.26	2,612	1,028	835	1,862	－750	－28.7%	
42長　崎	1,377,187	4,130.88	3,567	2,038	514	2,552	－1,014	－28.4%	
37香　川	976,263	1,876.77	2,325	1,445	234	1,678	－647	－27.8%	
18福　井	786,740	4,190.51	2,319	1,164	521	1,686	－633	－27.3%	
30和歌山	963,579	4,724.64	2,749	1,426	588	2,014	－735	－26.7%	
19山　梨	834,930	4,465.27	2,357	1,236	556	1,791	－565	－24.0%	
39高　知	728,276	7,103.86	2,509	1,078	884	1,962	－548	－21.8%	
16富　山	1,066,328	4,247.61	2,680	1,578	529	2,107	－573	－21.4%	9
17石　川	1,154,008	4,186.05	2,747	1,708	521	2,229	－518	－18.9%	
46鹿児島	1,648,177	9,187.01	4,396	2,439	1,143	3,582	－813	－18.5%	
29奈　良	1,364,316	3,690.94	2,943	2,019	459	2,478	－465	－15.8%	
35山　口	1,404,729	6,112.53	3,368	2,079	761	2,840	－528	－15.7%	
44大　分	1,166,338	6,340.73	2,966	1,726	789	2,515	－451	－15.2%	
38愛　媛	1,385,262	5,676.23	3,189	2,050	706	2,756	－433	－13.6%	
45宮　崎	1,104,069	7,735.32	2,992	1,634	962	2,596	－396	－13.2%	
25滋　賀	1,412,916	4,017.38	2,944	2,091	500	2,591	－353	－12.0%	
2青　森	1,308,265	9,645.64	3,544	1,936	1,200	3,136	－407	－11.5%	
24三　重	1,815,865	5,774.41	3,809	2,687	718	3,406	－403	－10.6%	10
8茨　城	2,916,976	6,097.19	5,562	4,317	759	5,076	－486	－8.7%	
6山　形	1,123,891	9,323.15	3,003	1,663	1,160	2,823	－180	－6.0%	
43熊　本	1,786,170	7,409.48	3,768	2,643	922	3,565	－203	－5.4%	
9栃　木	1,974,255	6,408.09	3,851	2,922	797	3,719	－132	－3.4%	
10群　馬	1,973,115	6,362.28	3,834	2,920	792	3,712	－122	－3.2%	
5秋　田	1,023,119	11,637.52	3,009	1,514	1,448	2,962	－47	－1.6%	6
15新　潟	2,304,264	12,584.15	4,957	3,410	1,566	4,976	19	0.4%	
28兵　庫	5,534,800	8,400.94	9,182	8,191	1,045	9,237	55	0.6%	
26京　都	2,610,353	4,612.20	4,376	3,863	574	4,437	61	1.4%	
27大　阪	8,839,469	1,905.14	13,136	13,082	237	13,319	183	1.4%	
33岡　山	1,921,525	7,114.32	3,672	2,844	885	3,729	57	1.6%	
13東　京	13,515,272	2,193.96	19,957	20,002	273	20,275	319	1.6%	
21岐　阜	2,031,903	10,621.29	4,202	3,007	1,322	4,329	127	3.0%	
40福　岡	5,101,556	4,986.52	7,929	7,550	620	8,171	242	3.0%	
3岩　手	1,279,594	15,275.01	3,662	1,894	1,901	3,794	132	3.6%	
23愛　知	7,483,128	5,172.92	11,093	11,075	644	11,718	625	5.6%	
20長　野	2,098,804	13,561.56	4,537	3,106	1,687	4,794	256	5.6%	
7福　島	1,928,417	13,783.90	4,324	2,854	1,715	4,569	245	5.7%	
22静　岡	3,700,305	7,777.42	6,037	5,476	968	6,444	407	6.7%	
34広　島	2,843,990	8,479.63	4,928	4,209	1,055	5,264	336	6.8%	
4宮　城	2,333,899	7,282.22	4,058	3,454	906	4,360	302	7.5%	
12千　葉	6,222,666	5,157.61	9,018	9,209	642	9,851	833	9.2%	16
11埼　玉	7,266,534	3,797.75	10,148	10,754	473	11,227	1,079	10.6%	1
14神奈川	9,126,213	2,416.17	10,558	13,507	301	13,807	3,249	30.8%	1
1北海道	5,381,733	83,423.84	12,165	7,965	10,380	18,345	6,180	50.8%	1
合　計	127,109,123	377,973.89	235,147	188,118	47,029	235,147	0	0.0%	47

（注）1．人口・面積は、平成30年度算定に用いた27年国勢調査、29年10月1日現在の面積による。
　　　2．平成30年度基準財政需要額には、錯誤額を含まないものである。

財政需要として整理されるのかという制度設計の根幹にかかわる問題についての整理が必要となります。

　現行の算定においては、段階補正により、人口規模により一般的に生じる行政コストのスケールメリット・デメリットを反映しています。回帰分析により、基準財政需要額と乖離が最小となるように導き出されたaは、人口が少ない地方団体のコストを反映し一定額を確保するものとも、人口が多い地方団体のコストを反映して適正なbを得るためのものとも説明できますが、これはあくまでも、現行の算定を前提としての分析でしかありません。

　このことは、個別の行政項目ごとに積み上げて得られた財政需要よりも、人口と面積で算式化して得られたものの方が妥当であるのはなぜかというそもそもの問題につながるものでもあります。すなわち、基準財政需要額について分析をして、新たにそれに代わるものとしての算式をつくった場合、「人口と面積のみに単純化した新たな算式により得られる財政需要額」の方が、「算定内容が適切であると見なして分析した基準財政需要額」よりも妥当であるとするのはなぜなのかという問題です。

　そうであっても双方の算定結果が同程度のものとなる場合には、簡素化を優先すべきという判断につながることも考えられますが、前述のとおり、人口と面積で現在の基準財政需要額を算定してみた表2の結果が示すとおり、算定額は大きく変動することから、現実的にはなかなか難しいと見込まれます。このように、地方団体の多くの事務事業について、法令等によって義務づけや基準づけ等がされている現状にあって、人口と面積のみによる単純な算定は、個々の行政制度において必要とされる財政需要に対する財源保障という観点からは多くの論点があるところです。

　また、交付額についてできる限り予見可能性が高いことが望ましいとの観点から、シンプルな算定式が求められるとしても、一旦、何らかの

算定式を制度化すると、時間の経過とともにそもそも何を算定対象としているのかの説明が曖昧になっていくことから、その妥当性について毎年、分かりやすく根拠を示して説明しない限り（それには一定の財政需要の積上げが必要とされるものです）、今度はその財政需要を単純化した算定式そのものがブラックボックスではないかとの批判がなされることとなりかねません。

　これらを踏まえつつ算定方法の抜本的な簡素化をできる限り追求することとすれば、1（2）（48ページ）に戻って、少なくとも義務的な性格が低い事務事業については、思い切った算定方法の簡素化という対処もあり得るものといえます。

　そこで、こうした経費を対象として、算定方法の簡素化を抜本的に進める観点から、人口と面積を基本とした簡素な包括算定方式（いわゆる新型交付税）を導入することとして、経済財政運営と構造改革に関する基本方針2006において、「地方団体の財政運営に支障が生じないよう必要な措置を講じつつ、簡素な新しい基準による交付税の算定を行うなど見直しを図る」とされました。

　これに基づき、単位費用に算入される経費には、義務的な性格が弱い行政分野に係るものが道府県分で少なくとも1割程度あることを踏まえて、平成19年度から、いわゆる新型交付税が導入されました。これは、基準財政需要額の算定方法の改正の一つであり、実務上は「包括算定経費」として整理されていますが、当時は、「新型交付税」という名称がつけられたことが示すように、かつてない抜本的な「算定方法の簡素化」の導入でした。

● 新型交付税の基本フレーム

　新型交付税の導入に際しては、その基本フレームとして、
・「国の基準づけがない、あるいは弱い行政分野」を対象とすることとしつつ、

・人口規模や土地の利用形態による行政コスト差の反映や、
・離島、過疎など真に配慮が必要な地方団体に対応する仕組みを確保することにより、
・地方団体の財政運営に支障が生じないように、
制度を設計することとしました。

　また、福祉や教育など国の基準づけが強い行政分野に係る財政需要については、現行の枠組みのなかで引き続き的確な算定を行うこととしました。

　これらによって、従来の算定方法による単位費用の数については、投資的経費を中心とした大幅な見直しや統合の結果、3割減となりました。

　1（2）（48ページ）で整理したとおり、道府県分の単位費用に算入される経費については、義務的性格の弱い経費が約1割程度と分析されるものです。ただ、全ての行政経費から、その部分を抜き出して新型交付税の設計をすると、結果的には、算定項目（単位費用）が新型交付税の分だけ純増してしまうこととなり、新型交付税の導入により、全体として見れば、算定がさらに複雑化するという問題が生じてしまいます。

　そこで、改めて、算定項目ごとの行政経費について着目して、それぞれの項目ごとに全体としてどの程度基準づけがあるかとともに、人口や面積とどの程度相関が認められるかについて精査し、投資的経費を中心として、抜本的に整理統合をすることとしました。

　これは、投資的経費の基準財政需要額については、人口や面積との相関が高いことに加えて、経常経費とは異なり、地方団体ごとの算定額と決算額の間では実態として、すでに相当のばらつきがあり、事業量のあり方としてみた場合には、義務づけや基準づけが弱い経費とも整理できることを踏まえてのものです。

　具体的には、道府県分、市町村分とも、国道管理についての政令市の特例や港湾施設の所在の有無により、仮に人口と面積による算定をした場合には制度や実態に即した算定ができず、現在の算定額に対して変動

額が極めて大きいことから財政運営に多大な影響が見込まれる「道路橋りょう費」と「港湾費」についてのみは、従来の仕組みによる算定をすることとしました。その上でその他の投資的経費と、経常経費のうち地方団体の地域振興関係経費、内部管理経費等の基準づけが弱い経費が主である「企画振興費」と「その他の諸費」を統合して、新型交付税とすることとしました。

なお、新型交付税の導入に際しては、離島、過疎など特に配慮が必要な地方団体に対応する仕組みを確保するとともに、喫緊の課題である行政改革や地域振興を進めていくためのインセンティブとなる算定等といった時代のニーズに即した政策課題に対処するため、これらの経費を抜き出し、新たな算定項目である「地域振興費」を創設して算定することとしました。

導入時における新型交付税は、人口と面積による算定を基本として、人口規模や土地の利用形態によるコスト差のみの反映により、公債費を除く基準財政需要額総額の1割程度にあたる巨額の財政需要を算定するものであり、算定方法の抜本的な簡素化として、従来の算定とは大きく異なるものとなりました。また、単位費用の数も3割減という、かつてない、大幅な簡素化が図られたところです。

今後も、必要な地方財源を的確に保障するという交付税制度の趣旨を踏まえ、地方団体とも十分に意見交換を行いつつ、算定方法の簡素化についても、実態に即した算定方法とバランスをとりつつ、適切に対処していくことが重要です。

3 単位費用は人口規模別等で設定されるべきでは

基準財政需要額の市町村分については、現在1,718ある全ての市町村について、人口10万人の標準団体に基づいて設定した一つの単位費用を用いて算定します。

一方、市町村の行政需要や行政コストは様々です。そのため、人口規

模による行政コストのスケールメリット・デメリットや、政令指定都市及び中核市の有する都道府県と同様の行政権能に伴う経費等については、補正係数により算定することとしています（補正係数については、第3章4（1）②（ⅲ）（219ページ）を参照してください）。

　これに対して、交付税の算定を透明化（1（44ページ）を参照してください）する観点から、現在の方法を改め、市については政令指定都市、中核市及びその他の都市、町村については人口規模別に数種類の標準団体を設定し、交付税法にそれぞれの単位費用を設定した上で算定すべきではないかとの指摘があります。

　政令指定都市や中核市といった特別の行政権能を有する市、あるいは人口規模別に、それぞれに標準団体を設定して算定するという方式は、一見、より分かりやすくなるようにも考えられます。

　ただ、現実にそのような算定をするとした場合、例えば、政令指定都市の人口は70万人から370万人までありますから、いずれかの規模について標準団体を設定しても、行政コストのスケールメリット・デメリットを人口段階に応じて連続的に反映させるために補正係数を設定して算定する必要は、現在と変わらないものです。このように、人口10万人規模以外の標準団体を複数設定して、単位費用を設定しても、交付税法の単位費用の別表一つをとってみても形式的には現在の何倍もの分量が必要となることはもとより、必要となる補正係数の数はそれほど変わらないと見込まれることから、全体としての算定の体系は現状より複雑化することとなります。

　さらに、それぞれに設定された単位費用をめぐって、他との比較のなかで、いずれが有利か不利かといった議論が発生することも見込まれます（制度を設計する政府においてそうならないように努めるべきであるといえばそこまでですが）。

　このように、単位費用を政令指定都市や中核市、あるいは人口規模別に設定することは、できるだけ省令ではなく法律に基づいた算定を行う

という透明化の観点からは、一つの案といえるものですが、算定方法の簡素化や分かりやすさを求める観点などからは、さらに、十分な検討の必要があるものです。

4 留保財源とは

　基準財政収入額は、標準的な税収見込額に0.75を乗じて算定することが基本です。残りの0.25の部分は、交付税による財政調整の対象外として留保されることから、一般的にこの部分を留保財源といいます。

　　（注）地方財政計画は、留保財源を含む地方税収の総額と交付税総額等の合計額で一般財源ベースでの歳出と歳入の収支が均衡していますので、留保財源見合いの歳出も含めて地方財政計画に計上された標準的な歳出と整理されます。一方、地方税は使途に制限がありません。個々の地方団体の実態として、特に、留保財源部分については、地方財政計画に計上されない歳出の財源に充てられることもありえます。

　留保財源という仕組みを設定することで、個々の地方団体でどのような財政運営の差が生じるかについて単純化したケースで分析することとして、序章の5（15ページ）で用いた3市からなる地方財政計画で整理します。以下のとおり、3市は税収入が異なるものの、基準財政需要額は2,500と同じであるとします。

	基準財政需要額①	税収入②	基準財政収入額③ ②×0.75	交付税④ ①-③	財源総額 ②+④
A市	2,500	2,800	2,100	400	3,200
B市	2,500	2,000	1,500	1,000	3,000
C市	2,500	1,200	900	1,600	2,800
合計	7,500	6,000	4,500	3,000	9,000

　この場合、留保財源の総額は

　　　税収入総額　6,000　×　0.25　＝　1,500

です。

一般財源総額見合いの歳出総額は財源総額と同額の9,000、基準財政需要額は7,500ですから、基準財政需要額は歳出総額を全体として、
　　　7,500　÷　9,000　＝　0.833
に圧縮していることになります
　すなわち、
　　　基準財政収入額　＝　地方税収入（⇒留保財源ゼロ）
としない限り、
　　　基準財政需要額の総額
　　　　＜　地方財政計画の一般財源総額見合いの歳出総額
という関係になります。
　このため、基準財政需要額については、地方財政計画の歳出のなかでも警察、消防、義務教育、社会保障のように法律で定められた義務づけの度合いの高い経費については、算式化できる範囲で可能な限り算入し、商工業や農林水産業の振興経費や、庁舎管理をはじめとする内部管理経費等のように、各地方団体の判断や裁量によって様々な事業内容が存在したり事業量が相当程度に異なりうるものについては、それぞれの経費に応じて算入割合を引き下げて算入することを基本としています。

　想定のケースでは、歳出9,000を構成する事務事業が大きく２分類されるものとして、以下のとおりであるとします。
① 　義務的な性格が高い事務事業：x_1、x_2、x_3…………x_n　　　計6,600
② 　義務的な性格が低い事務事業：y_1、y_2、y_3…………y_n　　　計2,400
　　　（注）単位費用に算入されている経費を分析すると、義務的な性格が高い経費は８割から９割程度であることから、このケースでも、基準財政需要額7,500に対しておおむねその程度の割合（0.88）として設定しています（１（２）（48ページ）を参照してください）。

　この場合、義務的な性格が高い事務事業は全額算入するとすれば、義務的な性格が低い事務事業の算入率は全体として0.375となり、

$$\text{基準財政需要額計} = 6,600 \times 1.0 + 2,400 \times 0.375$$
$$= 7,500$$

ですから、A市、B市、C市の行政内容が同じとすると、それぞれの基準財政需要額は

義務的な性格が高い経費　2,200
　　＋　義務的な性格が低い経費　300　＝　2,500

となります。

そして、留保財源（税収入×0.25）は、A市が700、B市が500、C市が300ですから、義務的な性格が低い事務事業については、基準財政需要額により各地方団体に財源が保障された額である300に、それぞれの留保財源を加え、A市については1,000、B市については800、C市については600の財源で、y1からynの仕事を実施することができることになります。

これらの事業費の3市の平均は800（＝2,400÷3）ですから、A市は、y1からynの仕事を平均水準の1.25倍（＝1,000÷800）の事業量で実施するという選択もあれば、例えば、y8については、サービスの質や量を特別に提供する等の対応が可能となるものです。

一方、C市は、y1からynの仕事を平均水準の0.75倍（＝600÷800）の事業量で実施するという選択もあれば、例えば、y5やy9の仕事は実施しないという選択もあり得るものです。もちろん、C市の判断により、他の事業量をさらに抑制した上で、例えばy4のみは平均水準以上の事業量と質の両方を確保するといった選択もあるように、その対応は様々です。

次に、なぜ留保財源という仕組みが用いられているのかについて、さらに理解を深めるため、留保財源を税収入の0.4、0（留保財源なし）とした場合について整理します。

【留保財源が税収の0.4の場合】

この場合は、以下のとおりとなります。

基準財政収入額計　6,000×0.6（=1.0−0.4）　=　3,600
基準財政需要額計　=　交付税　+　基準財政収入額
　　　　　　　　　=　3,000+3,600　=　6,600
各市の基準財政需要額　=　6,600÷3　=　2,200

	基準財政 需要額①	税収入②	基準財政 収入額③ ②×0.6	交付税④ ①−③	財源総額 ②+④
A市	2,200	2,800	1,680	520	3,320
B市	2,200	2,000	1,200	1,000	3,000
C市	2,200	1,200	720	1,480	2,680
合計	6,600	6,000	3,600	3,000	9,000

　これまでの説明では基準財政需要額を2,500としていたにもかかわらず、各市の基準財政需要額として算定されるのは2,200となります。ここは、Ⅲの「総額と算定の関係」にもかかわる分かりづらい部分です。
　まず、個別の地方団体の交付税の算定においては、

　　　交付税　=　基準財政需要額　−　基準財政収入額

です。すなわち、

　　　交付税　=　基準財政需要額　−　（地方税　−　留保財源）
　　　　　　　=　基準財政需要額　−　地方税　+　留保財源

です。
　この算定式を見ると、留保財源を増加させれば、交付税も増加することになります。
　ただ、これはあくまでもミクロレベルのものです。繰り返しになりますが、マクロレベルで必要な交付税総額は、地方財政計画で必要な歳出総額が決まり、それを賄うために必要な一般財源総額が決まると、そこから地方税総額を差し引いたものです。
　したがって、地方財政計画で必要な一般財源総額が決まり、交付税総額が決まると、

交付税総額
　　　＝　基準財政需要額総額　－　地方税総額　＋　留保財源総額
基準財政需要額総額
　　　＝　交付税総額　＋　地方税総額　－　留保財源総額
　　　＝　3市のケースでは一定額　9,000　－　留保財源総額

となり、留保財源総額が増加（減小）すると基準財政需要額総額は減少（増加）するという関係となります。

　このように、交付税法において「合理的かつ妥当な水準」と定義される基準財政需要額という言葉からは、基準財政需要額とは変わりようのない一定のものとの印象を与えうるものですが、地方財政計画の歳出規模とそれに伴う交付税総額が変わらないことを前提にすれば、基準財政需要額総額は留保財源をどの程度に設定するのかと表裏一体の関係にあります。

　留保財源を税収の0.25から0.4へと増加させた場合に、基準財政需要額が2,500から2,200へ減少するということはこのためです。ここは、十分に留意が必要です。なお、これは、言い換えると、留保財源の見直しは、基準財政需要額総額には影響しますが、交付税総額には影響しないということです。このことについては、改めて後述します。

　さて、義務的な性格が高い事務事業の総額6,600を前提とすれば（60ページ）、基準財政需要額に最低限必要な額は2,200となります。交付税制度は、法令で定められた行政水準等を提供するための財源保障を行うことを前提とするものである以上、義務的な性格が高い事務事業に係る標準的な経費については、画一的な算定結果の妥当性を検証しつつ可能な限り基準財政需要額に算入することが基本です。このように、基準財政需要額は変動しうるものですが、「合理的かつ妥当な水準」として決まるものであり、どのような数値にでも増減できるものではありません。

　このケースでは、基準財政需要額は2,200ですから、義務的な性格が

高い事務事業（x1…………xn）のみが基準財政需要額に算入されて、財源保障されることとなります。このため、3市は留保財源のみで、義務的な性格が低いy1からynの仕事を実施することとなります。言い換えると、留保財源の割合として設定できるのは0.4が上限であるということとなります。

　義務的な性格が低い事業費の3市の平均は800、留保財源（税収入×0.4）は、A市が1,120、B市が800、C市が480ですから、A市は、y1からynの仕事を平均水準の1.4倍（＝1,120÷800）の事業量で実施するという選択もあれば、例えば、y2からy8については、サービスの水準をさらに上げて提供する等の選択も可能となるものです。

　一方、C市は、y1からynの仕事を平均水準の0.6倍（＝480÷800）の事業量で実施するという選択もあれば、例えば、y5やy9、y13の仕事は実施しないという選択もあり得ることとなります。

【留保財源が0の場合】

　この場合は、以下のとおりとなります。

　　　基準財政収入額計　6,000×1.0　＝　6,000
　　　基準財政需要額計　＝　交付税計　＋　基準財政収入額計
　　　　　　　　　　　　＝　3,000＋6,000　＝　9,000
　　　各市の基準財政需要額　＝　9,000÷3　＝　3,000

	基準財政需要額①	税収入②	基準財政収入額③ ②×1.0	交付税④ ①－③	財源総額 ②＋④
A市	3,000	2,800	2,800	200	3,000
B市	3,000	2,000	2,000	1,000	3,000
C市	3,000	1,200	1,200	1,800	3,000
合計	9,000	6,000	6,000	3,000	9,000

　3市の財源総額は全て3,000であり、義務的な性格が強い事務事業に

あわせて低い事業についても全団体で均等に財源保障されることになります。

すなわち、交付税の算定結果においては、3市全ての財源総額は同額となり、完全に税収入の差は調整され、その多寡にかかわらず、同レベルの仕事ができることとなるものです。

このように、3市の税収入の差を完全に調整しようとすれば、留保財源はゼロとすることが必要となり、留保財源の割合を上げれば、3市の財源総額の差は拡大します。交付税制度による財源の調整は、留保財源率の設定により、税収額のどの程度を留保財源とするかが、大きな意味を持つものといえます。

それでは、この仕組みを導入している理由は何でしょうか。

一つは、現実的な理由からです。このモデルでは、3市全ての基準財政需要額が同額であると仮定しました。しかし、現実の市町村の数は1,718です。そして、基準財政需要額の算定は複雑化しているとはいえ、各行政費目の単価（単位費用）に、一定の補正により調整した人口等（測定単位）を乗じた、機械的な算定による結果の合算額です。

一方、義務的な性格が弱い経費y_1からy_nについては、例えば企業立地政策一つをとっても、全市町村でその全ての事業を同じレベルで実施しているものでもありません（実施していないケースもあります）。このように、そもそも全ての財政需要を算式で反映することも不可能です。こうした基準財政需要額の算定技術上の限界を勘案して、各地方団体に一定の財源的な余裕を残すことが必要となります。それを、税収の一定割合（留保財源）として確保しているわけです。

もう一つは、政策的な理由からです。税収の差は、地域の経済力等の様々な要因で発生するものですが、一方で、国として、全国どの地域においても一定水準の行政サービスが提供されることを求める以上、その差を交付税で調整することが必要です。

ただ、税収を全て交付税の算定に反映するとすれば、地域振興に努力

して企業誘致を成功させたり、地域の産業を活性化させた結果として地方税収が増加しても、不交付団体は別にして、増加部分は全て交付税の減少となり、財源総額は全く増加しないこととなります。そうなれば、地方団体側としては、地域を振興してもその努力は全て交付税の減少となることから、いわば努力が報われない結果となり、努力して税源涵養をしようとする意欲やインセンティブが失われてしまいます。これでは、国全体としても大きな損失であり、不合理な結果です。このことを避けるために、税収の一定割合は、交付税による財源調整の対象外とすることが求められるものです。

そして、税収が好調な団体にとっては、留保財源の割合は多いほどいいということとなります。しかし、税収は、常に好調というものでもありません。減収局面に入ると、留保財源の割合が多いほど、減収分の調整は少なくなることから、財政運営にダメージを受けやすいものです。

これらの諸々を勘案して、留保財源を確保するための税率（基準税率）は設定されているわけです。ちなみに、制度の発足時には市町村分は0.7（留保財源0.3）、道府県分は0.8（留保財源0.2）であったものが、現在はともに0.75となっています。

現段階においては、この率は、妥当ではないかと考えられますが、社会保障経費が拡大するなかでx_1からx_n経費のウエイトが高まっていることや地方団体間の税収格差が拡大傾向にあることなどから、特に財政力の弱い地方団体からは、留保財源率を引き下げて交付税での財源調整を強化すべきという意見が強まりつつあります。一方で、地方創生をはじめそれぞれの地域振興にこれまで以上の取組が求められるなかにあっては、むしろ、頑張って努力した結果である地方団体の税収の増分をその団体の手許に確保するために、留保財源率を引き上げるべきであるとの指摘も根強いものがあります。

いずれの考え方に重きを置いて留保財源の割合を設定するかは、この相反する要請を踏まえてのバランスの問題です。各地方団体の一般財源

総額に直結する課題ですから、仮に見直しを実施するとすれば、一般的には、全体として税収が増加している局面で実施することが現実的と考えられます。

●留保財源の見直しは交付税総額には影響しない

　留保財源の見直しに際して、留保財源の割合を引き上げる（引き下げる）と基準財政収入額が減少する（増加する）ことから、見直しによって交付税総額を増加させたり、減少させたりすればどうかといった誤解に基づく指摘がされることがあります。

　これについては、交付税総額の決定の基本となるのは、地方財政計画の歳出の総額であるということを改めて確認する必要があります。

　すなわち、全国の地方団体が標準的な仕事をした場合に地方財政全体としてどの程度の歳出が見込まれるかという観点から、地方財政計画の歳出が決定され、そのために必要な財源としての地方税収が決まると、交付税の所要額が決まるという関係にあるのです。このように、交付税の総額は、どの程度の歳出を見込むかにかかわるものです。

　一方、留保財源率の見直しは、３市の単純化したケースでも歳出総額9,000を前提として分析しているように、地方財政計画の歳出には関係しません。むしろ、地方財政計画の歳出を前提として、そのなかからどの程度の歳出を基準財政需要額として算定するかに影響するものです。言い換えれば、留保財源率を見直しても、そのことは地方財政計画の歳出は影響しませんから交付税総額も変わらず、基準財政需要額のみが増減するということです。

　なお、ここに不交付団体の水準超経費が加わると問題はさらに複雑になります。これについては、Ⅲの４（86ページ）を参照してください。

5　不交付団体を増加させるべきでは

　地方の自立や分権型社会を目指していくなかにあって、それぞれの地

方団体の歳出はその税収で賄うことができることが理想的なあり方です。したがって、交付税に頼らない団体（不交付団体）の増加を目指すことは、基本的・本来的な方向といえます。

交付団体となるのか不交付団体となるのかは、基準財政需要額と基準財政収入額の差引きであり、行財政規模と税収との相関関係の結果です。不交付団体となる要因は様々ですが、全ての地方団体には、数多くの行政サービスを一定水準で提供することが求められていることから、一般的には税収が大きな要因となるものであり、次のような税目が多額である場合等に類型化できます。

・大規模な発電所等の所在による固定資産税
・企業収益の好調による法人事業税、住民税法人税割
・個人所得の高水準と企業収益の好調による、住民税所得割と法人税割、法人事業税
・個人所得の高水準と地価の高水準による、住民税所得割、固定資産税

表3は、交付税制度創設以来の不交付団体数の推移です。市町村を見ると、昭和の大合併後の市町村数がほぼ安定した時期では、昭和40年度の190団体、平成の大合併前では、バブル期の昭和63年度の189団体が、それぞれ最も多くなっており、平成の大合併後では、平成19年度の186団体が最も多くなっています。

その後、リーマンショックによる税収の悪化等もあり不交付団体は大幅に減少しましたが、現在は、デフレ脱却を目指す様々な経済政策の結果、税収は増加に転じ、不交付団体の数も増加傾向となっています。

一般的には、経済の活性化がもたらす地方税収の増が持続することとなれば、国と地方を通じての歳出抑制努力等ともあいまって、不交付団体はある程度の増加をしていくことが見込まれます。

ただ、都市部においても高齢化が進行していくなかにあって、財政的に豊かな地方団体であっても基準財政需要額に算入される社会保障関係

経費の増加が大きくなるという新たな要素が加わり、税収が増加しても、不交付団体が直ちには大きく増加しないという状況になりつつあることが注目されます。

いずれにしても、今後、不交付団体がさらに増加していくためには、地方税収総額の増、すなわち、経済の活性化による増収やそれと組み合わせての増税、あわせて、国と地方の歳出割合が2：3となっていることに対応しての、国と地方の税収の配分割合（現状は、国：地方＝3：2）の見直しが必要です。

6 特別交付税が分かりづらいとされるのはなぜか

特別交付税について、普通交付税とは別の観点からその算定が分かりづらい、不透明であるとの指摘がなされることがあります。これについては、算定についての予見可能性を高めるためにも、できる限り標準的な算式化をして、機械的に算定していくべきであるとの考え方がある一方で、普通交付税の画一的な算定を補完するものである以上、できる限り丁寧に個別の財政需要を捕捉したきめ細かな算定を行うべきであるとの考え方もあります。

特別交付税は、普通交付税の画一的な算定方法では捕捉されない経費について算定するものです。交付税法においても、特殊事情を「考慮して」交付すると規定している（第15条第1項）ことが、実態を踏まえたきめ細かな算定を行う特別交付税の性格を示しています。

このような特別交付税の性格から、特別交付税の算定においては、「特別交付税に関する省令」において、対象事業を定義してその算入割合や単価が明記されている項目と、「人口急増地域及び児童生徒急増地域であるため、特別の財政需要があること」等のように、対象の経費、算定方法等が定型的に定められず、包括的に定められている項目があります。

また、特別交付税の総額は毎年度の交付税総額の6％と定められていることから、算式に即して算定する項目以外の経費については、後述す

表3　交付・不交付団体数の推移（当初算定ベース）

区分		昭和29年	30年	31年	32年	33年	34年	35年	36年	37年	38年	39年
県分	交付	(91.3) 42	(93.5) 43	(93.5) 43	(93.5) 43	(93.5) 43	(93.5) 43	(93.5) 43	(91.3) 42	(91.3) 42	(91.3) 42	(91.3) 42
	不交付	(8.7) 4	(6.5) 3	(6.5) 3	(6.5) 3	(6.5) 3	(6.5) 3	(6.5) 3	(8.7) 4	(8.7) 4	(8.7) 4	(8.7) 4
	計	46	46	46	46	46	46	46	46	46	46	46
市町村分	交付	(92.7) 8,232	(94.6) 4,925	(94.3) 4,399	(94.5) 3,653	(96.1) 3,519	(95.2) 3,411	(94.6) 3,335	(94.9) 3,313	(94.7) 3,277	(94.9) 3,250	(95.0) 3,227
	不交付	(7.3) 649	(5.4) 279	(5.7) 266	(5.5) 213	(3.9) 143	(4.8) 172	(5.4) 191	(5.1) 177	(5.3) 183	(5.1) 173	(5.0) 171
	計	8,881	5,204	4,665	3,866	3,662	3,583	3,526	3,490	3,460	3,423	3,398
合計	交付	(92.7) 8,274	(94.6) 4,968	(94.3) 4,442	(94.5) 3,696	(96.1) 3,562	(95.2) 3,454	(94.5) 3,377	(94.9) 3,355	(94.7) 3,319	(94.9) 3,292	(94.9) 3,269
	不交付	(7.3) 653	(5.4) 282	(5.7) 269	(5.5) 216	(3.9) 146	(4.8) 175	(5.5) 195	(5.1) 181	(5.3) 187	(5.1) 177	(5.1) 175
	計	8,927	5,250	4,711	3,912	3,708	3,629	3,572	3,536	3,506	3,469	3,444

区分		53年	54年	55年	56年	57年	58年	59年	60年	61年	62年	63年
県分	交付	(97.9) 46	(97.9) 46	(97.9) 46	(95.7) 45	(93.6) 44	(97.9) 46	(95.7) 45	(91.5) 43	(91.5) 43	(93.6) 44	(91.5) 43
	不交付	(2.1) 1	(2.1) 1	(2.1) 1	(4.3) 2	(6.4) 3	(2.1) 1	(4.3) 2	(8.5) 4	(8.5) 4	(6.4) 3	(8.5) 4
	計	47	47	47	47	47	47	47	47	47	47	47
市町村分	交付	(98.6) 3,209	(98.3) 3,200	(98.0) 3,191	(97.6) 3,177	(97.5) 3,172	(96.5) 3,141	(95.8) 3,119	(94.9) 3,088	(94.5) 3,074	(94.7) 3,081	(94.2) 3,056
	不交付	(1.4) 47	(1.7) 55	(2.0) 64	(2.4) 78	(2.5) 83	(3.5) 114	(4.2) 136	(5.1) 165	(5.5) 179	(5.3) 171	(5.8) 189
	計	3,256	3,255	3,255	3,255	3,255	3,255	3,255	3,253	3,253	3,252	3,245
合計	交付	(98.5) 3,255	(98.3) 3,246	(98.0) 3,237	(97.6) 3,222	(97.4) 3,216	(96.5) 3,187	(95.8) 3,164	(94.9) 3,131	(94.5) 3,117	(94.7) 3,125	(94.1) 3,099
	不交付	(1.5) 48	(1.7) 56	(2.0) 65	(2.4) 80	(2.6) 86	(3.5) 115	(4.2) 138	(5.1) 169	(5.5) 183	(5.3) 174	(5.9) 193
	計	3,303	3,302	3,302	3,302	3,302	3,302	3,302	3,300	3,300	3,299	3,292

区分		14年	15年	16年	17年	18年	19年	20年	21年	22年	23年	24年
県分	交付	(97.9) 46	(97.9) 46	(97.9) 46	(97.9) 46	(95.7) 45	(95.7) 45	(95.7) 45	(97.9) 46	(97.9) 46	(97.9) 46	(97.9) 46
	不交付	(2.1) 1	(2.1) 1	(2.1) 1	(2.1) 1	(4.3) 2	(4.3) 2	(4.3) 2	(2.1) 1	(2.1) 1	(2.1) 1	(2.1) 1
	計	47	47	47	47	47	47	47	47	47	47	47
市町村分	交付	(97.6) 3,113	(98.0) 3,076	(97.2) 2,964	(95.9) 2,249	(90.7) 1,651	(89.7) 1,618	(92.2) 1,649	(94.7) 1,683	(97.6) 1,653	(97.2) 1,666	(97.3) 1,665
	不交付	(2.4) 78 【104】	(2.0) 64 【114】	(2.8) 84 【136】	(4.1) 95 【146】	(6.5) 118 【169】	(7.8) 140 【186】	(7.8) 139 【177】	(5.3) 94 【151】	(2.4) 41 【74】	(2.8) 48 【58】	(2.7) 47 【54】
	計	3,191	3,140	3,048	2,344	1,820	1,804	1,788	1,777	1,694	1,714	1,712
合計	交付	(97.6) 3,158	(98.0) 3,122	(97.3) 3,010	(96.0) 2,295	(93.4) 1,696	(92.1) 1,663	(92.3) 1,694	(94.8) 1,729	(97.6) 1,699	(97.2) 1,712	(97.3) 1,711
	不交付	(2.4) 79	(2.0) 65	(2.7) 85	(4.0) 96	(6.6) 120	(7.9) 142	(7.7) 141	(5.2) 95	(2.4) 42	(2.8) 49	(2.7) 48
	計	3,237	3,187	3,095	2,391	1,816	1,805	1,835	1,824	1,741	1,761	1,759

（注）　当初算定時の数であり、不交付団体には調整率を乗じた結果普通交付税の交付を受けないこととなった団体を含む。
　　　不交付団体には、一本算定は不交付団体であるが合併特例の適用により交付税が交付される団体を含む（H9以降）。
　　　上段（　）はシェアである。市町村分不交付団体数の下段【　】は臨時財政対策債振替後における不交付団体数である。

Ⅱ 算定に関すること

	40年	41年	42年	43年	44年	45年	46年	47年	48年	49年	50年	51年	52年
	(91.3)	(91.3)	(91.3)	(91.3)	(91.3)	(91.3)	(91.3)	(91.3)	(91.5)	(91.5)	(91.5)	(93.6)	(95.7)	(97.9)
	42	42	42	42	42	42	42	42	43	43	43	44	45	46
	(8.7)	(8.7)	(8.7)	(8.7)	(8.7)	(8.7)	(8.7)	(8.5)	(8.5)	(8.5)	(6.4)	(4.3)	(2.1)
	4	4	4	4	4	4	4	4	4	4	3	2	1
	46	46	46	46	46	46	46	47	47	47	47	47	47
	(94.4)	(95.3)	(95.2)	(96.6)	(97.8)	(98.2)	(98.2)	(98.5)	(98.5)	(97.7)	(97.5)	(98.3)	(97.9)
	3,202	3,212	3,153	3,185	3,214	3,220	3,197	3,242	3,228	3,195	3,176	3,200	3,187
	(5.6)	(4.7)	(4.8)	(3.4)	(2.2)	(1.8)	(1.8)	(1.5)	(1.5)	(2.3)	(2.5)	(1.7)	(2.1)
	190	160	159	113	71	60	60	49	49	76	81	56	69
	3,392	3,372	3,312	3,298	3,285	3,280	3,257	3,291	3,277	3,271	3,257	3,256	3,256
	(94.4)	(95.2)	(95.1)	(96.5)	(97.7)	(98.1)	(98.1)	(98.4)	(98.4)	(97.6)	(97.5)	(98.2)	(97.9)
	3,244	3,254	3,195	3,227	3,256	3,262	3,239	3,285	3,271	3,238	3,220	3,245	3,233
	(5.6)	(4.8)	(4.9)	(3.5)	(2.3)	(1.9)	(1.9)	(1.6)	(1.6)	(2.4)	(2.5)	(1.8)	(2.1)
	194	164	163	117	75	64	64	53	53	80	84	58	70
	3,438	3,418	3,358	3,344	3,331	3,326	3,303	3,338	3,324	3,318	3,304	3,303	3,303

	平成元年	2年	3年	4年	5年	6年	7年	8年	9年	10年	11年	12年	13年
	(91.5)	(91.5)	(91.5)	(91.5)	(97.9)	(97.9)	(97.9)	(97.9)	(97.9)	(97.9)	(97.9)	(97.9)	(97.9)
	43	43	43	43	46	46	46	46	46	46	46	46	46
	(8.5)	(8.5)	(8.5)	(8.5)	(2.1)	(2.1)	(2.1)	(2.1)	(2.1)	(2.1)	(2.1)	(2.1)	(2.1)
	4	4	4	4	1	1	1	1	1	1	1	1	1
	47	47	47	47	47	47	47	47	47	47	47	47	47
	(94.3)	(94.5)	(94.7)	(95.6)	(95.0)	(95.2)	(95.3)	(95.6)	(96.3)	(96.3)	(97.4)	(97.6)	(97.6)
	3,059	3,066	3,068	3,094	3,073	3,079	3,082	3,091	3,109	3,114	3,145	3,152	3,131
	(5.7)	(5.5)	(5.3)	(4.4)	(5.0)	(4.8)	(4.7)	(4.4)	(3.7)	(3.7)	(2.6)	(2.4)	(2.4)
	186	179	171	142	163	156	152	141	121	118	84	77	78
													【95】
	3,245	3,245	3,239	3,236	3,236	3,235	3,234	3,232	3,230	3,232	3,229	3,229	3,209
	(94.2)	(94.4)	(94.7)	(95.6)	(95.0)	(95.2)	(95.3)	(95.7)	(96.3)	(96.4)	(97.4)	(97.6)	(97.6)
	3,102	3,109	3,111	3,137	3,119	3,125	3,128	3,137	3,155	3,160	3,191	3,198	3,177
	(5.8)	(5.6)	(5.3)	(4.4)	(5.0)	(4.8)	(4.7)	(4.3)	(3.7)	(3.6)	(2.6)	(2.4)	(2.4)
	190	183	175	146	164	157	153	142	122	119	85	78	79
	3,292	3,292	3,286	3,283	3,283	3,282	3,281	3,279	3,277	3,279	3,276	3,276	3,256

	25年	26年	27年	28年	29年	30年
	(97.9)	(97.9)	(97.9)	(97.9)	(97.9)	(97.9)
	46	46	46	46	46	46
	(2.1)	(2.1)	(2.1)	(2.1)	(2.1)	(2.1)
	1	1	1	1	1	1
	47	47	47	47	47	47
	(97.2)	(96.9)	(96.6)	(95.6)	(95.6)	(95.5)
	1,671	1,665	1,659	1,642	1,643	1,641
	(2.8)	(3.1)	(3.4)	(4.4)	(4.4)	(4.5)
	48	54	59	76	75	77
	【48】	【54】	【59】	【76】	【75】	【77】
	1,719	1,719	1,718	1,718	1,718	1,718
	(97.2)	(96.9)	(96.6)	(95.6)	(95.7)	(95.6)
	1,717	1,711	1,705	1,688	1,689	1,687
	(2.8)	(3.1)	(3.4)	(4.4)	(4.3)	(4.4)
	49	55	60	77	76	78
	1,766	1,766	1,765	1,765	1,765	1,765

るとおり、各地方団体から示される特殊財政事情に係る必要額の合計が総額を上回る状況にあることからも、個別具体の特殊財政需要を精査し、最終的には、全体の総額に合わせるための調整をする必要があります。これを、地方団体側からすると、例えば、災害等により12月に多額の特別交付税を交付されても、３月分でその他の財政需要に必要とされる経費について総額に合わせるための調整が行われることから、結果的には交付総額として必要額の全額を交付されていないという受けとめ方をされうるものです。

　これらを踏まえ、算定方法、算定データの把握をできる限り工夫することにより、これまで算式化されていない経費についても対象を明確化しつつ算式化が進められてきました。一方で、大きな災害が発生した場合には、その翌年度以降においても被災地方団体の残事業や財政状況等を勘案して、一定の措置を講じる必要がある等のように、全ての経費について定型的な算式化を図ることも困難なところがあります。

●**普通交付税・特別交付税・留保財源の関係**
　特別交付税の算定についてさらに掘り下げて考えるためには、普通交付税、特別交付税、留保財源の関係について整理する必要があります。
　まず、普通交付税との関係においては、特別交付税の対象となる経費は、可能であれば普通交付税により対処すべきものですが、普通交付税の機械的な算定では適切な算定ができないものです。逆に言えば、特別交付税で算定している経費であっても、それが普通交付税の算定で対処可能となれば、普通交付税に移し替えることもあります。もちろん、その際には、算定が複雑化しすぎないという普通交付税における価値判断も必要となります。
　具体的にＡという経費について考えてみると、この問題はなかなか複雑です。まず、Ａという経費は基準財政需要額に算入されているが、ある地方団体にとっては、機械的な算定と実際の財政需要の乖離が大きい

ので特別交付税でさらに対処すべきであるという場合には、普通交付税の算定状況を見ながらどの程度を特別交付税において算定すべきかという検討がされます。

一方、Aという経費が基準財政需要額に算入されていない場合には、その経費は、そもそも普通交付税で算定の対象とすべきものであるかどうか、すなわち、基準財政収入額の算定において地方税収についてはその75％が算入されることにより留保される25％分（留保財源）やその他の財政収入により賄うべきと考えられる財政需要であるのか、普通交付税では技術的に算定できないために特別交付税により措置されるべきと考えられる財政需要であるのかが問題になります。

図4は、普通交付税、特別交付税、留保財源の関係をイメージとして把握するために、平成30年度の普通交付税の算定結果を概数により単純化したものです。

基準財政需要額45.6兆円は、臨時財政対策債分を控除後の数値です。税収は40.6兆円、そのうち不交付団体の財源超過額分1.3兆円分を含む基

図4　普通交付税・特別交付税・留保財源の関係（平成30年度）

※普通交付税・特別交付税・留保財源の関係をイメージとして把握するため、平成30年度の普通交付税の算定結果を概数により単純化したもの

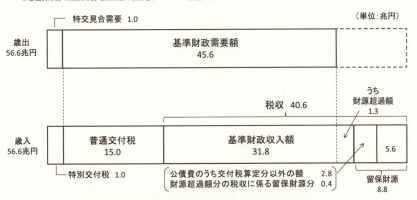

準財政収入額が31.8兆円、留保財源は8.8兆円です。

> （注）基準財政収入額と留保財源の関係が75：25にならないのは、地方譲与税、三位一体の改革に伴う税源移譲分の個人住民税、消費税が5％から8％に引き上げられたうちの地方消費税分が100％算入されることによります。

4（59ページ）で見たとおり、基準財政需要額の算定においては、全ての財政需要が算入されるわけではありません。財政需要によってはその一定割合が算入され、算入されなかった部分については、留保財源により賄うことと整理されます。

その主な経費として公債費があります。公債費の算定は、各地方団体の発行した地方債のうちその元利償還金の一定割合を基準財政需要額に算入することとされているものについて、実際の元利償還金の額や標準的な発行条件から理論計算した元利償還金の額を用いて行うものです。その算入割合は様々ですが（Ⅲ2（79ページ）を参照してください）、元利償還金の額は実際の償還額に一致又はほぼ一致しますから、普通交付税に算入すると定めた割合を超えた部分について、さらに特別交付税で措置することはありません。なお、公債費以外にもこのような整理がされる経費はありますが、ここでは、単純化して省略することとします。

一方、例えば、除排雪に必要な経費は、積雪度によって設定した地域区分に応じて、過去の経費の状況も踏まえてあらかじめ基準財政需要額に一定額を算入します。一方、雪の降り方は年によって地域ごとにも差があります。そこで、現実にかかった除排雪の経費が基準財政需要額を上回る部分については、普通交付税で捕捉しきれない特別な財政需要として、その一定割合を特別交付税により措置することとしているものです。

普通交付税の算定上、公債費のうち留保財源により賄うことと整理される総額は2.8兆円です。また、不交付団体の財源超過額分の税収に係る留保財源分0.4兆円（＝1.3兆円×0.25/0.75）は水準超経費の一部分として除く必要があります。

したがって、これらを除いた財政需要としては、

　　8.8兆円　－　（2.8兆円　＋　0.4兆円）　＝　5.6兆円

が、留保財源により賄う経費の最大値と整理されます。

　また、特別交付税は1.0兆円であることから、特別交付税により措置されるべき財政需要は1.0兆円です。

　一方、地方団体からすれば、普通交付税により措置されなかった財政需要については、できる限り留保財源によるのではなく特別交付税によって措置されることが望ましいこととなります。そのため、地方団体側から特別交付税による措置を求められる可能性がある財政需要は、最大で、

　　1.0兆円　＋　5.6兆円　＝　6.6兆円程度

となります。

　1.0兆円という特別交付税の総額は巨額であり、特に災害の発生が少ない年度においては、特別交付税を配り切るのではなく翌年度に繰り越すべきであるとの指摘がされることもあるところですが、各年度の算定に際して、地方団体から示される特別交付税で措置すべき特別な財政需要を合算すると、その年度の特別交付税の総額を大きく上回る状況にあります。これは、普通交付税・特別交付税・留保財源が、以上のような関係にあることがその要因としてあげられるとともに、結果として特別交付税の算定が分かりづらいという印象を与える原因となっているとも考えられます。

　特別交付税の算定については、これらのことも踏まえ、できる限り、その仕組みについての分かりやすい説明を重ねていくことも必要です。

総額と算定の関係

1 財源保障の対象はナショナルミニマムに限定すべきでは

　地方団体は、自らが集める財源によって自らの判断と責任で仕事を実施することが目指すべき方向であり、財政調整制度はいわば次善の策であることから、その運営はできる限り抑制的であるべきとの立場からの視点に加えて、現在の国と地方を通じての極めて厳しい財政状況を踏まえると、地方財政計画に歳出を計上して交付税により財源保障を行う行政水準は、ナショナルミニマムに限定すべきではないかという考え方です。

　また、かつて、国と地方ともに右肩上がりで税収が増加する状況が長く続いたことからそれを財源として国民や住民の多様化する行政ニーズに対応してきた結果、バブル経済崩壊後の税収の状況からすれば財源保障をする水準を引き上げすぎている、あるいは、高止まりになっているのではないかという問題意識からの論点であるともいえます。

　なお、バブル景気の前後で、地域づくりや景気対策の一環として、後に「ムダなハコモノ」とされた様々の公共施設が、交付税措置の手厚い地方債によって推進されたことに対する批判等から、このような指摘がされたこともありました。

　交付税法第3条第3項では、地方団体は、その行政について、合理的かつ妥当な水準を維持するように努め、少なくとも法律又はこれに基づく政令により義務づけられた規模と内容とを備えるようにしなければならないとしています。

　また、第20条の2第1項においては、関係行政機関は、その所管に関係がある地方行政につき、地方団体が法律又はこれに基づく政令により義務づけられた規模と内容とを備えることを怠っているために、その地

方行政の水準を低下させていると認める場合においては、その地方団体に対し、これを備えるべき旨の勧告をすることができることとした上で、第3項において、地方団体が勧告に従わなかった場合においては、関係行政機関は、総務大臣に対し、その地方団体に対し交付すべき交付税の額の全部もしくは一部を減額し、又はすでに交付した交付税の全部もしくは一部を返還させることを請求することができるものとしています。

これらの規定からも、交付税の財源保障の対象は少なくとも法令で定められた行政水準を意味することとなりますが、例えば、標準法に基づいて義務教育の教職員数を定めているように、法令で定めているレベルは、「ミニマム（最低水準）」というよりも「標準」というものも数多くあります。言い換えれば、義務的な経費はナショナルミニマムではなく、むしろ、ナショナルスタンダードであるといえるものです。

したがって、ナショナルミニマムについてのみ財源保障を行うという制度設計は、現行法令に基づく制度体系からはそもそも困難であり、仮にそのような対応をしようとしても、その実態は、義務的色彩の強い標準的な経費に限定するということとなります。

> （注）義務的な経費や標準的な経費とは、法令等に基づいて規模や内容等が定められたものであるとすると、一般的には、多くの都道府県や市町村で行われる事務事業に係るものとなります。
> 　一方、災害が発生すると、それに対応するための災害救助費や災害復旧事業費は、発生団体にとっては、まさに義務的な経費です。しかし、これらの経費は、そもそもどの程度発生するのか見込むことが難しいものですから、年度途中の予期せぬ財政事情に対応するためのいわば予備費的な経費として地方財政計画に計上される追加財政需要額の一部として財源を確保しています。また、個々の地方団体の国庫支出金や地方債で賄えない財政負担分に対しては、普通交付税ではなくて特別交付税の算定を通じて財源措置がされることとなります。
> 　この災害関連経費のように、何らかの災害が発生すれば、どの地方団体でも、それに応じて一定の対応をすることが義務づけられる、あるいは標準的であるといった経費も含まれることに留意が必要です。

そこで、仮に、地方財政計画の歳出に義務的な経費のみを計上し、歳

入に地方税収の全額を計上した上で、不足分を交付税で賄うとした場合には、地方税収は、義務的な経費のみを賄うための財源となります。それぞれの地方団体が住民ニーズに対応して、まちづくりや地域振興策をはじめ独自の政策を自主財源である地方税収入で実施していくことが地方自治の基本であるにもかかわらず、裁量的な経費に使う余裕がなく国の法令等に基づく義務的な経費のみに充当される地方税とはそもそも何かという問題が出てきます。

また、法令に基づき事務事業を実施することをはじめ、行政サービスの企画立案や執行のためには、組織や人員の体制を整えたり、庁舎を維持管理するなど行政の執行のために当然に必要とされる経費もあります。これらについては、地方団体の裁量が大きく反映されるものですが、まさに税収で財源が確保される必要があることもいうまでもありません。

したがって、地方財政計画の歳出には義務的な経費にあわせて、一定の裁量的な経費（執行そのものについての義務性は強いが、その方法については裁量度が高い経費を含む）について、標準的な経費として計上する必要があります。これによって、地方財政の安定的な運営に必要な財源が総額として確保されることとなります。

> （注）Ⅱ4（59ページ）では、説明の便宜として、「義務的な経費」を「義務的な性格が高い事務事業」、「裁量的な経費」を「義務的な性格が低い事務事業」としているものです。

繰り返しになりますが、仮に、義務的な経費のみを基準財政需要額の算入対象とすれば、地域振興、産業振興等のように地方団体がそれぞれの裁量で実施する施策については、留保財源のみで対応するということとなります。これは、地方団体間における格差の更なる拡大を容認するものです。

すなわち、地方財政全体としては、裁量的な経費の財源が確保されているとしても、それが基準財政需要額に算入されないとなれば、財政力の低い地方団体は留保財源が少ないことから、基準財政需要額で算定さ

れる義務的な事務事業を実施する以外の財源はほとんど確保されないこととなります。その場合には、財政力の弱い団体は、実質的には法令等により義務づけられた最低限の仕事ができるだけであり、実態として国の機関と変わらないことになりかねません。

　地方団体には、「まちづくり（それぞれの地域において個性あるまちの姿をつくっていく営み）」が重要な仕事として求められますが、その多くは、ナショナルミニマム（あるいはスタンダード）とは一線を画する裁量的な単独事業です。その財源が基準財政需要額への算入を通じて一定レベルで保障されないことは、そのレベルそのものの妥当性の議論はともかくとしても、分権型社会を追求するという基本的な方向からも問題でしょう。

　このように、ナショナルミニマムはもとより、地域の独自施策に使いうる財源についても、標準的な経費として地方財政計画の歳出への計上と交付税の基準財政需要額の算定を通じての一定の財源保障が必要です。

2　算定結果の合計と地方財政計画で確保した総額はなぜ一致するのか

　平成30年度の普通交付税の7月算定結果は、交付団体の基準財政需要額が40兆9,004億円、基準財政収入額は25兆8,128億円であり、その差引きの財源不足額は15兆876億円です。これに対して、地方財政対策に基づき当初予算で確保した普通交付税総額は15兆480億円ですから、396億円不足することとなります。この部分を交付税法第10条第2項の規定に基づき、各交付団体の基準財政需要額に応じて減額して、交付額が決定されます。

　このように、平成30年の7月時点で、各地方団体について算定された結果である基準財政需要額の総額と基準財政収入額の総額は、それぞれ約41兆円、約26兆円と極めて巨額のものです。その差引きとして導き出される財源不足額、すなわち、普通交付税として交付すべき額の総額と、

前年の12月時点における地方財政対策で見積もった普通交付税の所要額がここまで一致することについて（算定に基づく財源不足総額÷普通交付税の総額＝1.00263）、なぜなのかという疑問が出てくるかもしれません。

これについては、これまでの留保財源の説明等が参考となります。すなわち、留保財源がゼロではない限り、

　　　基準財政需要額総額　＜　一般財源総額見合いの歳出総額

という関係になります。

したがって、単純に整理すれば、「基準財政需要額総額÷一般財源見合いの歳出総額」によって得た率で、歳出を割り落としたものを各地方団体の基準財政需要額とすれば、当然、交付税総額と財源不足総額とは一致することとなります。

しかし、地方財政計画に計上されるそれぞれの事業の義務づけの度合いや、地方団体でどの程度実施されているか等は、現実には様々です。単純に全ての経費を同じ率で圧縮したものを基準財政需要額としてしまうと、税収の相対的に少ない地方団体にとっては義務的な事業の実施のために必要な財源保障が十分にされないこととなります。そのため、それぞれの事業の内容や実施状況、また、地方団体からの算定に関する意見等も踏まえ、どの程度の算入率が妥当であるかについて、事業ごとに整理していくことが求められますが、膨大な作業が必要となります。これについては、平衡交付金制度における算定以来の様々な工夫の積み重ねによって、現在の算定に至っているものです。

　　（注）例えば元利償還金の算入率は、それぞれの地方債の性格に基づき、一般的な公共事業について原則としている22.2％から、高率とされている過疎対策事業債の70％、補助災害復旧事業債95％、臨時財政対策債100％まで等と様々です。

さて、地方財政計画の歳出としては、義務的な経費を含む標準的な歳出の所要額を見込んでおり、その歳出と地方税や交付税等の歳入は一致しているわけですから、歳出を賄うための交付税総額そのものは適切な

額です。

　したがって、基準財政需要額と基準財政収入額の差である財源不足額の合算額が、地方財政計画に計上された普通交付税総額と大きく異なる場合には、それは、基準財政需要額の算定か基準財政収入額の算定に問題があるということになります。

　まず、基準財政収入額の算定に問題があれば、基本的には基準税率の設定の仕方に問題があるということとなります。しかし、基準財政収入額の根幹を決める基準税率は簡単に変化させるべきものではない規範性が高いものとして扱われてきました。このため、基準税率は、頻繁に改正するという選択はされません。

　そこで、もっぱら基準財政需要額の算定が問題となります。法令や予算で一定の義務づけ等がされている経費や、人件費などは、単位費用をはじめとする基準財政需要額の積算のなかで適切に反映することが比較的容易です。その上で、その他の一定の裁量度のある経費について、決算の状況等も踏まえつつ、一定の割合で基準財政需要額に反映することで、国の予算に計上された普通交付税総額とほぼ一致するように算定することが可能となっているものです。特に、裁量的な経費については、現実の地方団体の経費の状況を調査するとともに、算定方法について、地方団体からも、毎年度様々な改正意見が出されます。これらも踏まえた結果として、現在のような算定ができているわけです。

　このように、「合理的かつ妥当な水準」の行政経費である基準財政需要額は、標準的な経費として計上された地方財政計画の歳出のなかから、法令や予算等で一定の義務づけがされている経費を重点的に算定した結果として、地方財政計画で確保された交付税総額と一致するという仕組みになっているものです。

　なお、合理的かつ妥当な水準に要する経費として交付税法に定められる単位費用は、毎年度の制度改正や国の予算に即した地方負担額の変動にあわせて改正されます。また、各算定項目について、どのような補正

係数を用いて算定するかについても、交付税法に定められた上で具体の算定方法については総務省令に委ねられます。すなわち、何をもって合理的かつ妥当な水準であるかは、立法府における審議を経て定められる交付税法の内容として担保されることとなります。

> （注）基準財政需要額についても一般的には「標準的な歳出」と説明されますが、ここでは、論点を明確にするために、「合理的かつ妥当な水準」と交付税法の定義に即した言葉を用いたものです（序章6（17ページ）を参照してください）。

そして、仮にこのような基準財政需要額の算定をしても、その結果として、財源不足額の合計額と国の予算に計上された普通交付税総額が大きく異なることとなった場合には、どのような制度的な対応が考えられるでしょうか。

それは、普通交付税と特別交付税の割合の見直しです。地方財政計画における歳出と歳入が均衡している以上、地方財政計画により確保された交付税総額で地方団体の財政需要は賄えるはずですから、基準財政需要額と基準財政収入額の算定がともに問題なしとの判断に立てば、普通交付税と特別交付税の割合に問題があることとなります。

なお、仮に、このような見直しを行うに際しては、基準税率にしても、普通交付税と特別交付税の割合にしても、1％の見直しにより1,000億円単位で額が変動するものです。個々の地方団体の財政運営に予期せぬ支障が生じないように、細心の注意を払い、地方団体の理解を十分に得ながら対処する必要があると考えられます。

3　水準超経費とは

地方財政計画の「第9表　歳出の種類ごとの総額及び前年度に対する増減額」において、歳出の項目として一番下に計上されているのが、「Ⅷ　地方交付税の不交付団体における平均水準を超える必要経費」、いわゆる「水準超経費」です。この言葉も、分かりづらい印象を与えるものです。しかも、平成30年度の地方財政計画では1兆8,400億円と巨額です。

水準超経費は、交付税の総額と算定の双方に深くかかわるものです。一般的には、地方財政計画に不交付団体における基準財政収入額が基準財政需要額を上回る部分（財源超過額）の税収見合いの歳出を計上しないと、その分だけ交付団体に必要な交付税総額を減額してしまうことを避けるためのものと説明されます。

　そこで、水準超経費とはどのような考え方で計上されるものであるかについて、改めて、次の３市の交付団体からなる地方財政計画を使って、順を追って整理します。

	基準財政 需要額①	税収入②	基準財政 収入額③ ②×0.75	交付税④ ①−③	財源総額 ②+④
Ａ市	2,500	2,800	2,100	400	3,200
Ｂ市	2,500	2,000	1,500	1,000	3,000
Ｃ市	2,500	1,200	900	1,600	2,800
合計	7,500	6,000	4,500	3,000	9,000

　なお、歳出総額9,000を構成する事務事業は、大きく以下のとおりに２分類されるものとします（Ⅱ４（59ページ）を参照してください）。

　　①　義務的な性格が高い事務事業：x_1、x_2、x_3…………x_n　　計6,600
　　②　義務的な性格が低い事務事業：y_1、y_2、y_3…………y_n　　計2,400

　このように、地方財政計画の歳出総額9,000の財源として、地方税は6,000、交付税は3,000が計上されます。不交付団体がない場合には、歳出に水準超経費は存在しません。

　次に、Ａ市、Ｂ市、Ｃ市における他の条件は全て同じであるという前提で、Ａ市の税収入が4,000となったケースについて考えてみましょう。この場合は、以下のようになります。

	基準財政 需要額①	税収入②	基準財政 収入額③ ②×0.75	交付税④ ①−③	財源総額 ②+④
A市	2,500	4,000	3,000	—	4,000
B市	2,500	2,000	1,500	1,000	3,000
C市	2,500	1,200	900	1,600	2,800
合計	7,500	7,200	5,400	2,600	9,800

A市においては、

　　基準財政需要額 − 基準財政収入額

　　= 2,500 − 3,000 = △500

ですから、A市には交付税は交付されず、不交付団体となります。

　この場合、仮に、A市、B市、C市の必要な歳出総額を9,000のままとしてしまうと、問題が発生することとなります。

　すなわち、3市の歳出の合計は9,000で、税収入の合計は7,200ですから、必要な交付税総額は、1,800（=9,000−7,200）となってしまいます。

　一方、A市の税収入が増加したからといって、B市とC市の財源保障のために必要な交付税総額は2,600（=1,000+1,600）であることは変わらない（変える理由がない）ですから、このままでは、A市に増加した財源800（=税収の増加額1,200−交付されていた交付税額400）が、B市とC市の交付税総額を削減してしまうという不合理な結果となってしまいます。

　これを解決するためには、どうすればいいでしょうか。それは、地方財政計画の歳出にA市の財源増加分800（=4,000−3,200）見合いの歳出として800を追加することです。これによって、3市の歳出総額は9,800となり、税収入は7,200ですから、B市とC市に必要な交付税総額として、これまでと同様に2,600（=9,800−7,200）が確保されることとなります。

　地方財政計画に計上した歳出9,000は、地方団体が標準的に必要とする歳出、すなわち、地方税と交付税の合算額により財源が確保されるも

のとして計上したわけですが、基準財政需要額を超える基準財政収入額を有する地方団体がある場合は、超過分の地方税収見合いの歳出として、交付税制度で想定する歳出の水準を超えた経費分の歳出800を別に計上しないと、交付税を交付される他の地方団体に必要とされる交付税総額をその分800だけ削減してしまうという問題が生じることとなります。このことを防ぐために計上する経費が、水準超経費なのです。

この3市のケースのように、水準超経費は、算定の結果として不交付団体となったものからその額が導かれるわけですが、現実の地方財政計画の歳出は、算定が行われる前年度の年末に決めなければなりません。そこで、実務的には、前年度の不交付団体の算定結果を用いて一定のルールで導き出した額を水準超経費として、地方財政計画に計上するという扱いをしています。

このように、地方財政計画の歳出の一部を構成する水準超経費は、交付税の総額を適切に確保するための要素として機能するものですが、その計上に際しては、前年度の不交付団体の算定結果を用いて推計するという関係になっているものです。

　　（注）ここでは、単純化したモデルのなかで、水準超経費は800として整理しました。一方、現実の地方財政計画における水準超経費については、前年度の不交付団体の財源超過額見合いの税収入を基礎として算定した額を計上します。その考え方に立つと、A市の財源超過額は500ですから、その見合いの税収入667（＝500÷0.75）が水準超経費算定の基礎数値となります。
　　　このように、800と667をどのように考えるのか、さらに言えば800と667の差133は、地方財政計画の歳出においてどのような整理となるのかが問題となります。
　　　これは、水準超経費がなぜ必要であるのかという考え方と、実際の地方財政計画においてどのように水準超経費を計上すべきかという実務上の課題のはざまに生じる問題であり、丁寧な整理が必要です。本稿では次の4での説明を含め、そこまでは言及せずに、水準超経費の必要性について理解していただくことを主眼とした整理にとどめるものです。

それでは、不交付団体の水準超経費について、具体的にはどのような

事務事業があるのでしょうか。一般的には、基準財政収入額が基準財政需要額を超える部分の見合いの税収分を財源として、義務的な性格が低い事務事業（y_1………y_n）について、交付団体の水準を超えた量で実施することや、交付団体ではできることならやりたいと考えても財源の制約からなかなか実施に踏み切れない事務事業（z_1………z_n）を実施することなどが考えられます。

しかし、不交付団体の予算や決算から、現実の事務事業について、一つひとつその水準や業務量を分析して、この部分は水準超経費見合いであると具体的に線引きを行うことは、（z_1………z_n）の類型に入るものについてはある程度は可能とはいえ、（y_1………y_n）に入るものについては、例えばそのなかのy_8についてどの程度までの事業量であれば交付団体ベースの留保財源見合いであり、どの程度の事業量となれば水準超経費に分類されることとなるのかなどの問題があり、極めて困難です。

4　総額と水準超経費や留保財源との関係をどう考えるか

水準超経費については、一般的には3（82ページ）の説明で、おおかたは理解をいただけるものですが、これまでの説明からすれば、様々な疑問が生じることも考えられます。それらは、実務に関連する問題としては直ちにこだわる必要はないものとはいえ、交付税制度の基本的な仕組みにかかわるものといえます。

ここでは、その一端について整理をします。

3の説明で、最初に疑問となりうる部分は、そもそもの交付税総額の設定についての考え方です。交付税総額は必要な歳出総額を賄う財源として、地方税総額で不足する部分について確保されるものとしてきました。

3のA市の税収入が4,000の場合を考えてみましょう。3市の税収の合計は7,200です。3では、この場合、A市の財源増加分800がB市とC市の交付税総額を800削減することとなり不合理であると整理しましたが、もともと歳出総額は9,000が妥当であるとした以上、なぜ「交付税

総額は必要な歳出総額を賄う財源として、地方税総額で不足する部分について確保されるもの」との基本に戻って、1,800で妥当であるとできないのでしょうか。

そこで、交付税総額を1,800とするとどのような問題が生じるかについて、さらに具体的に検討することとします。

交付団体全体では、「交付税総額＝基準財政需要額総額－基準財政収入額総額」ですから、2,600の交付税総額を1,800にするためには、基準財政需要額総額を800減額（圧縮）するか、基準財政収入額総額を800増額する必要があります。あわせて、その両方を組み合わせるということも考えられます。ここでは、3つのケースに単純化して検討します。

ケース1　基準財政需要額を減額（圧縮）

基準財政需要額は減額されますから、A市には交付税は配分されません。B市とC市の交付税総額を1,800にするための両市の基準財政需要額をそれぞれxとすると、次の式により、x＝2,100が導かれます。

$$(x - 2{,}000 \times 0.75) + (x - 1{,}200 \times 0.75) = 1{,}800$$
$$2x - 2{,}400 = 1{,}800$$
$$2x = 4{,}200$$
$$x = 2{,}100$$

すなわち、各市について2,500が妥当であるとしていた基準財政需要額を圧縮して2,100と設定することにより、次のとおりとなります。

	基準財政需要額①	税収入②	基準財政収入額③ ②×0.75	交付税④ ①－③	財源総額 ②＋④
A市	2,100	4,000	3,000	—	4,000
B市	2,100	2,000	1,500	600	2,600
C市	2,100	1,200	900	1,200	2,400
合計	6,300	7,200	5,400	1,800	9,000

数字の上では、これで全体は均衡します。しかし、2,500の水準で妥当であるとしている基準財政需要額を2,100と大幅に減額するということは、可能でしょうか。

まず、義務的な性格が高い事務事業（x1…………xn）の総額は6,600ですから（83ページ）、各市の基準財政需要額について少なくとも2,200（＝6,600÷3）が確保されないとなれば、交付税法において「各地方団体の財政需要を合理的に測定するために、様々な規定に基づいて算定した額」（第2条第3号）とされている基準財政需要額の根幹にかかわる問題となります（Ⅱ4（59ページ）を参照してください）。

このように、3市の基準財政需要額について2,500が妥当であるとして歳出総額を9,000としたままで、A市の税収入が大幅に増加したことを理由に減額して2,100が妥当であるとすることには、制度上の無理があります。

あわせて、交付税制度は、長期にわたって継続してきた仕組みですから、B市とC市は、その財政需要に変化がない場合には、税と交付税の合計額が翌年度においても同程度確保されるものとして財政運営の見通しを立てるものです。

仮に、このようにそれぞれ400（B市：3,000－2,600、C市：2,800－2,400）と大幅に減少するとすれば、財源保障機能は適切に発揮されず、財政運営に支障が生じたり、場合によっては財政的に破綻する可能性に直面することとなり、その結果妥当性からも問題です。

ケース2　基準財政収入額を増額

次に、歳出総額としては9,000としたままで、各市の基準財政需要額についても2,500で維持するとすれば、交付団体全体では、「交付税総額＝基準財政需要額総額－基準財政収入額総額」ですから、交付税総額の減少に対応するためには、基準財政収入額を増額する必要があります。この場合もA市は不交付団体であり、次の式から基準財政収入額を増額

するための率 y = 1.0 が導かれます。

$$1,800 = 2,500 \times 2 - (2,000 + 1,200) \times y$$
$$3,200\,y = 3,200$$
$$y = 1.0$$

この場合は、次のとおりとなります。

	基準財政 需要額①	税収入②	基準財政 収入額③ ②×1.0	交付税④ ①-③	財源総額 ②+④
A市	2,500	4,000	4,000	—	4,000
B市	2,500	2,000	2,000	500	2,500
C市	2,500	1,200	1,200	1,300	2,500
合計	7,500	7,200	7,200	1,800	9,000

　数字の上では、これで全体は均衡しますが、税と交付税の合計額は、B市では500（＝3,000－2,500）、C市では300（＝2,800－2,500）と大幅に減少しますから、ケース1以上に、B市は厳しい状況に直面することとなり、結果妥当性に大いに問題があります。

　なお、このケースでは、たまたまですが、y＝1.0となり、留保財源が存在しないこととなり、B市とC市は義務的な性格の低い事務事業の財源はゼロとなってしまいます。Ⅱの4（59ページ）でみたとおり、歳出総額（標準的な財政需要の総額）を9,000とするのであれば、留保財源をゼロとする場合には、各基準財政需要額は3,000（＝9,000÷3）でなければなりませんから、制度的にも無理があることとなります。

ケース3　基準財政需要額の減額（圧縮）と基準財政収入額の増額のそれぞれ同規模での組合せ

　ケース1と2の中間パターンです。この場合もA市は不交付団体ですから、B市とC市の基準財政需要額をそれぞれ200ずつ減額し、2,300とするとともに、両市の基準財政収入額総額を400増額するための率 z を

設定することとして、次の式から $z=0.875$ が導かれます。

$$1,800 = 2,300 \times 2 - (2,000+1,200) \times z$$
$$3,200\,z = 2,800$$
$$z = 0.875$$

この場合は、次のようになります。

	基準財政 需要額①	税収入②	基準財政 収入額③ ②×0.875	交付税④ ①−③	財源総額 ②+④
A市	2,300	4,000	3,500	—	4,000
B市	2,300	2,000	1,750	550	2,550
C市	2,300	1,200	1,050	1,250	2,450
合計	6,900	7,200	6,300	1,800	9,000

　数字の上では、これで全体は均衡しますが、両市の税と交付税の合計額は、それぞれケース1と2の中間値となり、B市では450（＝3,000−2,550）、C市では350（＝2,800−2,450）と大幅に減少しますから、両市が厳しい状況に直面し、結果妥当性に問題があることに変わりありません。

　また、この場合は、基準財政需要額と基準財政収入額の双方の算定方法の改正の妥当性が問われることとなりますが、ケース1と2の間で様々な選択肢がありうることからも、選択した結果が制度的に最善のものであると説明することは、ケース1と2以上に困難なところがあります。

　毎年度において地方団体の標準的な財政需要に対する財源保障を安定的に行うことを目的とする交付税制度においては、基準財政需要額や基準財政収入額は、前年度までの算定との継続性が求められます。

　したがって、全ての条件が同じであり、A市の税収のみが変動する場合、以上の3つのケースで整理した課題が示すとおり、歳出総額を変更しないことの結果としてB市とC市の交付税額を減額する合理的な理由がないことから、3（82ページ）のような整理で、必要な歳出総額を確

保するために水準超経費を計上することとしているわけです。

このように整理した上で、更なるケースも検討してみましょう。

【A市の税収が5,800の場合】

もう一度、3において最初に前提とした交付団体3市からなる地方財政計画に当てはめて整理します。

この場合、3市の税収の総額は9,000（＝5,800＋2,000＋1,200）ですから、歳出総額と税収は一致して、水準超経費の考え方を援用しない場合には、交付税は不要となります（留保財源という考え方も出てきません）。

しかし、各市は少なくとも義務的な性格が高い事業2,200（＝6,600÷3）を実施しなければなりません。B市とC市に対しては、両市の税収の合計額が3,200（＝2,000＋1,200）ですから、最低でも1,200（＝2,200×2－3,200）の交付税総額は確保される必要があります。

しかし、これでは、妥当であるとされていた基準財政需要額2,500による財源保障がされませんから、従来の基準財政需要額の水準が正しいという立場に立てば、むしろ最低でも1,800（＝2,500×2－3,200）の交付税が確保される必要があります。この場合は、次のとおりとなります。

	基準財政需要額①	税収入②	基準財政収入額③ ②×1.0	交付税④ ①－③	財源総額 ②＋④
A市	2,500	5,800	5,800	—	5,800
B市	2,500	2,000	2,000	500	2,500
C市	2,500	1,200	1,200	1,300	2,500
合計	7,500	9,000	9,000	1,800	10,800

A市については、3,300（＝2,500－5,800×1.0）の財源超過額が発生しますが、水準超経費としては1,800（＝10,800－9,000（当初想定した歳出総額））が計上されることとなります。

繰り返しになりますが、地方団体の財政運営における最大の関心事は、

一般財源総額（ここでは単純化して税と交付税の合計額）がどの程度の水準で確保されるかです。基準財政需要額を2,500として財源保障をしても、留保財源分が0.25ではなくゼロとすると、B市では500、C市では300、財源総額が減少するため、これまでのような財政運営はできないどころか、財政破綻に陥りかねないこととなります。

そこで、これまでと同様に各市についての留保財源は0.25必要であるとすれば、次のとおりとなります。

	基準財政 需要額①	税収入②	基準財政 収入額③ ②×0.75	交付税④ ①−③	財源総額 ②+④
A市	2,500	5,800	4,350	―	5,800
B市	2,500	2,000	1,500	1,000	3,000
C市	2,500	1,200	900	1,600	2,800
合計	7,500	9,000	6,750	2,600	11,600

水準超経費は2,600（＝11,600−9,000）となります。これは、A市の財源増加分2,600（＝5,800−2,800−400（交付されていた交付税分））でもあり、3の説明における水準超経費の姿に戻ることとなります。

このように、水準超経費は、本来的には、その年度の算定から導かれるものですが、算定の前年度の年末には水準超経費を見込んだ上で必要な交付税総額を確保するという現実の制度運営では、一定の算定方法でこれまでの計上額との継続性のバランスを図りながら、妥当な数値を導き出していくこととしているものです。

すなわち、現実の地方財政対策においては、まず、水準超経費以外の歳出総額を見込みます。あわせて、地方税収の見込額も確定させます。これらの対前年度伸び率を用いて、不交付団体の前年度算定結果（基準財政需要額と基準財政収入額）から水準超経費の額を見込むものです。

各地方団体の基準財政需要額の算定は、長期間にわたるこれまでの制

度運営の積み重ねの結果を踏まえて行われるものです。

　そして、財政運営の現場では、地方行財政制度や社会経済情勢における特別の変化や大災害の発生等がない限りは、基本的にこれまでの制度運営を前提として、前年度数値の増減見込みにより予算を編成します。したがって、仮に、留保財源を変更したり基準財政需要額の算定を変えた結果として交付税額が激変するとなれば、財政運営に予期しない大きな支障を来すこととなります。

　そのため、水準超経費も含め、毎年度の地方行財政制度の改正や国の予算を踏まえて見積もられた地方財政計画から導き出される交付税総額やその算定方法については、基本的に前年度の制度運営との継続性を十分に踏まえるとともに、予定される制度改正の内容や方向性の周知を図るなど、地方団体の財政運営の予見可能性に留意しつつ、よりよい仕組みを探求し続けることが求められます。

　さて、水準超経費をどう分析するかは、交付税制度の仕組みをどう考えるかについての様々な視点を提供してくれるものですが、ここまで整理したケースは、あくまでも仕組みの論点を明確にするために思い切って単純化したものです。

　ケースとして用いた、A市の税収が2,800から4,000や5,800になるというのも、その観点からの、現実の数値とは大幅に異なる仮定です（平成30年度地方財政計画では、水準超経費は1兆8,400億円と巨額とはいえ、一般財源総額62兆6,497億円に対しては2.9％程度です）。47都道府県、1,718市町村からなる現実の地方財政においては、不交付団体へこのような巨額の税源が偏在することそのものが避けられなければなりません。まず、税制度において地域間の偏在是正のための様々な対応が講じられ、その上で財政調整制度である交付税制度においてどのように対応するかが検討されるべきものです。

　現実の地方財政計画においては、歳出・歳入のいずれについても、毎

第1章　4つの論点：交付税制度を理解するために

年度様々な変動が発生しますが、大きな制度改正や経済情勢の変化がない限り、それぞれの数値も大きく変動することにはならないものです。

　一例として、交付団体である基準財政需要額が同規模の3市からなる地方財政計画について、景気変動に伴う税収の変動や高齢者の増加等に伴う歳出総額の増加を現実の動きに近い形で整理してみると、次のようになります（2,500であった基準財政需要額をどのような考え方で2,533と設定するかについては、2（79ページ）を参照してください）。

　　　税収　　A市　2,800　→　3,000
　　　　　　　B市　2,000　→　2,100
　　　　　　　C市　1,200　→　1,100
　　　　　　　計　　6,000　→　6,200

　所要の歳出総額　　9,000　→　9,150
　所要の交付税総額　2,950（＝9,150−6,200）
　基準財政需要額総額
　　＝　交付税総額　＋　基準財政収入額総額
　　＝　2,950　＋　4,650（＝6,200　×　0.75）
　　＝　7,600
　各市の基準財政需要額　　2,533（＝7,600÷3）

	基準財政 需要額①	税収入②	基準財政 収入額③ ②×0.75	交付税④ ①−③	財源総額a ②+④	前年度b	伸び率% (a/b−1) ×100
A市	2,533	3,000	2,250	283	3,283	3,200	2.6
B市	2,533	2,100	1,575	958	3,058	3,000	1.9
C市	2,533	1,100	825	1,708	2,808	2,800	0.3
合計	7,600	6,200	4,650	2,950	9,150	9,000	1.7

　このように、3市においては、地方財政計画における歳出総額の増に

Ⅲ 総額と算定の関係

加えてそれぞれ税収の変動があるなかで、「税収＋交付税額」の伸び率に一定の差が生じます。

　地方団体の財政部局においては、各分野における行財政制度の仕組みが変わらない限りは、交付税の算定方法は大きく変化しないことを前提に、翌年度の税収動向や算定の基礎となる数値の変動などを踏まえて交付税額を見込みます。あわせて、義務的な性格が低い事業を中心に事業の取捨選択を行ったり、行政改革等による財源の確保といった工夫をしながら収支の均衡を図りつつ、財政運営を行っているのです。

仕組みに関すること

1 財源調整機能と財源保障機能
(1) 交付税制度は財源調整機能に特化すべきでは

　交付税制度の仕組みについての基本的な論点の一つとして、(3)(100ページ)でも後述するとおり、その財源保障機能を廃止して、財源調整機能のみに特化すべきであるという指摘があります。

　そこで、現行の地方財政制度において、財源調整機能と財源保障機能はどのように設計されているのか整理します。

　我が国においては、法令等により、地方団体に多くの事務事業の執行を義務づけているところですが、義務づけられた事務事業について、全国どの地域においても一定水準で実施されることを担保するために、それらの経費についての財源保障をするという法体系をとっています。これについては序章の3(11ページ)で整理したとおりですが、改めて確認します。

　まず、地方自治法第232条第2項において、「法律又はこれに基づく政令により普通地方公共団体に対し事務の処理を義務づける場合においては、国は、そのために要する経費の財源につき必要な措置を講じなければならない」とされています。

　あわせて、地方財政法第13条第1項において、「地方公共団体又はその経費を地方公共団体が負担する国の機関が法律又は政令に基づいて新たな事務を行う義務を負う場合においては、国は、そのために要する財源について必要な措置を講じなければならない」とされています。

　これらの一般的な規定を前提に、地方財政における財源調整機能と財源保障機能を具体的な制度として定めたものが、交付税法です。

　まず、第1条に、この法律の目的として、「地方団体が自主的にその

財産を管理し、事務を処理し、及び行政を執行する権能をそこなわずに、その財源の均衡化を図り、及び地方交付税の交付の基準の設定を通じて地方行政の計画的な運営を保障することによって、地方自治の本旨の実現に資するとともに、地方団体の独立性を強化することを目的とする」と規定しています。

この規定にある「財源の均衡化」を図ることが「財源調整機能」、「地方行政の計画的な運営を保障」することが「財源保障機能」です。

このように、交付税制度を規定する法律において、その目的として、「財源調整機能」と「財源保障機能」の両機能を働かせることによって地方自治の本旨の実現に資することが明記されているわけです。そして、交付税法においては、この目的を実現するための具体的な規定が置かれています。

第6条において、各年度の交付税の総額は所得税及び法人税の33.1％、酒税の50％、消費税の22.3％、地方法人税の全額の合計額とされています。

第7条において、内閣は毎年度、翌年度の地方団体の歳入歳出総額の見込額に関する書類（いわゆる「地方財政計画」）を作成し、国会に提出するとともに、一般に公表しなければならないとされています。

この歳入歳出の見込額は、合理的かつ妥当な水準の行政サービスを行うための財源を保障するという交付税制度の目的から、地方財政の全ての歳入歳出を計上するわけではなく、あくまでも標準的な水準の歳入歳出を計上するものとされています。

第3章の3（207ページ）のとおり、地方財政計画の策定過程において、翌年度の地方財政の収支が見込まれ、第6条に規定された交付税総額で収支が均衡するかについて検証されます。交付税制度創設後のほとんどの年度において、同条で規定された交付税総額では収支不足が見込まれたことから、それに対処するための方策が講じられてきました。

このように、交付税法においては、地方財政全体として、標準的な行

政水準の提供のために必要な財源総額が確保される仕組みとされています。これが、「マクロ面での財源保障」です。

この、総額として財源保障が図られるように確保された交付税を各地方団体に交付するに際し、第10条において、

　　各地方団体に対して交付すべき普通交付税額
　　　＝　基準財政需要額　－　基準財政収入額

すなわち、各地方団体において「合理的かつ妥当な水準の行政サービスを提供するために必要と見込まれる経費」から、「標準的に見込まれる税収等」を差し引いた額を、交付税として交付することを基本とすることとされています。

なお、地方財政法第11条の2において、義務教育、社会福祉、公共事業、災害復旧事業等の国庫負担事業の地方負担分については、交付税の額の算定に用いる基準財政需要額に算入するものとされており、国と地方がその役割分担に基づいて、いわば「割り勘的に」負担し合うこととされている経費の地方負担分については、交付税において財源保障を行うべきことが、特に法定化されています。

これらの規定は、各地方団体において標準的に見込まれる必要経費についての財源を保障するもの、すなわち、「ミクロ面での財源保障」を定めるものです。

観点を変えて整理すると、標準的に見込まれる経費については、各地方団体において見込まれる税収入の多寡にかかわらず、財源を保障するということですから、必要と見込まれる経費が同じであれば、税収入の少ない地方団体には多くの交付税が、税収入の多い地方団体には少ない交付税が交付されることになり、各地方団体の地方税と交付税を加えた財源は、地方税収入に比べて、格差が縮小、すなわち財源が均衡化されます。この機能が「財源調整機能」と整理されるものです（序章5（15ページ）を参照してください）。

このように、現行制度は、ミクロ面での財源保障と表裏一体の機能と

して財源調整がなされる仕組みとされているものです。

さらに、ミクロ面でどの程度の財源保障機能と財源調整機能を発揮しうるかは、留保財源のあり方にかかわるものであるとともに（Ⅱ4（59ページ）を参照してください）、マクロ面での財源保障機能（交付税総額）に大きく左右されるものです。必要な歳出総額が地方財政計画に計上されることにより、総額として交付税の所要額が確保されないと、個別団体への算定の結果として十分な財源保障を行うことはもとより、適切な財源調整機能を発揮することはできません。このように、マクロ面での財源保障機能も財源調整機能と一体不可分のものです。

(2) 地方団体独自の判断で実施する事業は財源保障の対象外とすべきでは

(1)のとおり、法令によって義務づけられた多くの事務事業が全国どの地域においても一定水準で提供されることや国庫補助負担金の対象となる事務事業の実施を担保するために、それらに必要とされる経費についての財源保障が講じられています。

交付税制度による財源保障の対象は、こうした経費に限定すべきであり、他の経費、すなわち、職員の給与費や地方団体が独自の判断で実施する経費は、地方団体独自の財源である税収入等で賄うべきであるという指摘もあります（Ⅲ1（76ページ）を参照してください）。

この考え方に立つと、義務教育の教職員や警察官等を除く地方団体の職員の給与費や、総務費といわれる庁舎管理費、まちづくりや地域の活性化等のために地方団体が独自の判断で実施する事務事業の財源などは、交付税制度における財源保障の対象外となります。

これは、現実問題としても制度の考え方としても無理のある指摘です。すなわち、序章の4（13ページ）で見たとおり、都道府県の決算を見ると、地方税収のみでは元利償還金を返済できない団体もあります。また、法令で義務づけられている事務事業や国庫補助負担金の対象となる事務事

業を実施するのは、地方団体の職員です。これらの職員の給与の財源が保障されないと、事業の実施そのものができません。

あわせて、交付税が地方団体の独自施策に係る部分を一定レベルで財源保障しないとなると、地方が自らの責任で徴収する地方税収入を、実質的にはそのほとんどが国から求められる仕事をするための財源に充てるのみという団体が数多く出てきます。これは、自主財源である地方税のあり方にかかわる問題となり、地方団体からの理解は得られないでしょう。

となれば、地方税収の一定割合、あるいは地方税のうちの一定の税目について、国からの義務づけの強い事務事業の財源を賄うものと整理するとの考え方も出てくるかもしれませんが、そもそも一般財源である地方税について、具体的にどのような考え方で税目によってこのような区分を設けるかという線引きは、極めて困難です。

以上のように、地方税収が大幅に不足している状況や地方の基本的な自主財源としての地方税の性格等を考えても、給与費や地方の独自施策等も含めて財源保障する仕組みが求められることとなります。

(3) 財源調整機能と財源保障機能は分離しうるものか

交付税制度においては、財源調整機能と財源保障機能は一体不可分のものとして制度設計されており、財源調整機能とは地方団体間の財源の均衡化を図る機能、財源保障機能とは標準的な水準の歳出についての財源を保障する機能として整理されます。

そして、交付税制度は、地方団体の標準的な歳出を、個別事業ごとにではなくて、それらを合算した上で総体として財源保障し、あわせて財源調整することを目的とするものです。

このような交付税制度の財源保障機能を廃止して、財源調整機能のみに特化すべきであるという指摘があります。一例を挙げると次のとおりです。

- 財政需要と財政収入の差額を補塡する財源保障機能が、個々の地方団体において、健全な財政運営を自らの力で維持していこうというインセンティブを欠如させている。
- その結果、財政支出が増加していくため、マクロレベルではそれらの財源を保障していくために交付税総額が膨張していくという問題をもたらしている。
- 一方では、将来の人口減少や高齢化の進展、公共施設の老朽化対策等に巨額の経費が見込まれることから、当面は必要最小限度の事業しか行わないことによって、事業量の有無にかかわらず交付される交付税の一部を基金として積み立てている額が増大しており、財政資金の効率的な運用という観点からも問題がある。
- このようなことを踏まえると、交付税制度における基準財政需要額から基準財政収入額を差し引いた財源不足額を補塡するという差額補塡方式の財源保障機能を廃止し、財源調整機能に特化した新たな財政調整制度を構築していくべきである。

　この指摘は、交付税制度の財源保障機能が結果として交付税総額の増加をもたらすことにより国家財政の圧迫要因となっているという文脈でなされることが多いものですが、その背景には、地方財政に対して国としてどのように向かい合うべきかという基本的な視点の違いがあるという点にも留意が必要です。

　すなわち、内政の安定的な運営を図るために地方団体に対する財政移転の仕組みについて検討するに際しては、大きく二つの立場があるといえます。

　一つは、いわばハードな制度設計ともいうべき立場です。あらかじめ定めた一定のルールに従って確保した資金を、国は地方に支出し、それが各地方団体において足りても足りなくても、その範囲で、自らの工夫で対応してもらいたいというものです。いわば、毎年度、あらかじめ定められたルールに基づいて一定額を、いわば渡し切りとして移転し、そ

の資金が一定のレベル以上に足りない場合、あるいは余剰が生じる場合が続くと、その内容を見直すというものです。どちらかというと、国は地方団体の主体性を最大限尊重し、個々の財政運営からは一定の距離を置くという考え方です。

これに対して、もう一つは、いわばソフトな制度設計ともいうべき立場です。毎年度の財政需要の変化に応じて、所要額を見積もり支出するものです。国として地方に多くの仕事を義務づけている以上、それらが全国で一定の水準で実施されることを担保することが求められることを踏まえ、国としての責任を丁寧に果たすことに重きを置く考え方です。

現在の交付税制度は、交付税総額を国税の一定割合とすると法定することにより、まず一定額を当然に確保した上で、地方財政計画において見込まれる交付税総額の所要額と比較して必要な措置を講じるものであり、いわばハードとソフトの両面をハイブリッド化させた制度ともいえるものです。この仕組みは、我が国における財政調整制度の発展の歴史的な経緯のなかで選択されて現在に至っているものです（序章2（3ページ）を参照してください）。財政調整制度のあり方を考える際には、このように様々な立場があることを踏まえつつ、何がより有効かつ妥当な対応なのかという複眼的な思考が必要となります。

さて、「財源保障機能を廃止する」という主張は、具体的な制度設計をどうするのかという観点から整理すると、「財源保障機能を基本的には視野に入れない制度設計」、あるいは「現行交付税制度の財政需要と財政収入の差額を補塡するという仕組みを廃止する」等の主張であるということができます。

そこで、現行制度の差額補塡方式による財源保障機能を廃止して、財源調整機能に特化した新たな財政調整制度を構築していくべきであるという考え方について見てみましょう。

具体例としてはいろいろな考え方がありますが、制度設計の最も単純なパターンは、

Ⅳ 仕組みに関すること

　　各地方団体への配分額
　　　＝　一人あたりの税収格差是正額　×　人口
となります。
　このような制度設計とすれば、形式的には、財政需要への対応という概念は出てきません。しかし、一方では、人口一人あたりの税収格差をどの程度まで解消することが社会的な公平性に適うのかという問題に対する答えを出さない限りは、具体の制度設計をして個別の地方団体へ必要と見なされる額を交付することについての理解や合意を得ることは困難です。
　例えば、単純に全ての地方団体における一人あたりの税収格差を是正して、一人あたりの「税収＋交付額」を、全国の一人あたり平均税収額まで確保するとして、機械的に算定をしてみたものが、表4です。
　この結果から明らかなとおり、現在の交付税配分額とは、大幅に乖離が発生することとなります。これでは、多くの地方団体の財政運営は直ちに破綻します。このような乖離が発生する最大の理由は、地方税収がそもそも絶対的に不足している状況であるとともに、現行交付税制度においては人口規模等による一人あたりの行政コスト等の差を反映していますが、税収格差の是正のみに着目した場合には、その点への配慮がなされないことによります。
　このように、現実に制度として設計しようとすると、一人あたりの税収額の格差を是正するとしても、どの程度の是正をすることが適切なのかについてを判断するためには、「どの程度の行政サービスの提供が可能となるのか」という基準なくして判断することは、なかなか困難であることが分かります。
　このことは、国から地方への財政移転を行うに際しては、それがどのような制度であれ、「総額においても個別団体への配分においても」「この程度の行政サービスの提供が可能である（財源が保障されている）」との説明が何らかの形でされることが必要であることを意味しています。

第1章 4つの論点:交付税制度を理解するために

表4 一人あたりの税収による単純計算例

	1人あたり税収(円) A	30.1.1住基人口 人口(人) C	(B−A)×C (億円) D	H30当初決定額交付税額(億円) E	D−E (Dがマイナスの場合は▲E) F	F/E	財政力指数
沖縄県	95,852	1,471,536	677	2,040	▲1,363	▲66.8%	0.35
長崎県	100,401	1,379,003	571	2,190	▲1,619	▲73.9%	0.34
奈良県	103,295	1,371,700	529	1,544	▲1,015	▲65.7%	0.43
鹿児島県	105,674	1,655,888	599	2,646	▲2,047	▲77.4%	0.34
和歌山県	106,275	975,074	347	1,702	▲1,355	▲79.6%	0.33
宮崎県	108,403	1,112,008	372	1,688	▲1,316	▲78.0%	0.34
高知県	108,530	725,289	242	1,824	▲1,582	▲86.8%	0.27
熊本県	108,973	1,789,184	588	2,067	▲1,479	▲71.6%	0.40
秋田県	109,944	1,015,057	324	1,928	▲1,604	▲83.2%	0.31
鳥取県	111,717	570,824	172	1,339	▲1,167	▲87.2%	0.27
大分県	114,303	1,169,158	322	1,772	▲1,450	▲81.8%	0.38
山形県	114,399	1,106,984	304	1,685	▲1,382	▲82.0%	0.36
島根県	114,454	691,225	189	1,800	▲1,611	▲89.5%	0.26
埼玉県	117,461	7,363,011	1,795	1,649	146	8.8%	0.77
愛媛県	117,494	1,394,339	339	1,437	▲1,097	▲76.4%	0.43
佐賀県	118,304	833,272	196	2,033	▲1,836	▲90.4%	0.35
徳島県	119,588	757,377	169	1,465	▲1,297	▲88.5%	0.33
岩手県	121,789	1,264,329	254	2,138	▲1,885	▲88.1%	0.37
青森県	124,760	1,308,707	224	2,142	▲1,919	▲89.6%	0.34
福岡県	125,062	5,130,773	861	1,668	▲807	▲48.4%	0.64
千葉県	125,191	6,298,992	1,049	2,499	▲1,450	▲58.0%	0.78
山口県	125,960	1,396,197	222	6,199	▲5,977	▲96.4%	0.45
北海道	126,124	5,339,539	839	1,717	▲878	▲51.1%	0.44
兵庫県	126,615	5,589,708	851	2,460	▲1,609	▲65.4%	0.64
岡山県	126,648	1,920,619	292	1,572	▲1,280	▲81.4%	0.53
新潟県	126,836	2,281,291	342	2,960	▲2,618	▲88.4%	0.46
長野県	127,778	2,114,140	297	1,976	▲1,678	▲85.0%	0.51
京都府	127,959	2,563,152	356	1,711	▲1,355	▲79.2%	0.59
岐阜県	128,276	2,054,349	279	1,660	▲1,381	▲83.2%	0.54
滋賀県	128,866	1,419,635	184	1,136	▲952	▲83.8%	0.56
茨城県	133,689	2,951,087	241	1,718	▲1,477	▲86.0%	0.65
広島県	133,840	2,848,846	228	1,260	▲1,032	▲81.9%	0.61
山梨県	134,355	838,823	63	1,681	▲1,619	▲96.3%	0.42
香川県	134,657	993,205	71	1,076	▲1,005	▲93.4%	0.49
神奈川県	136,348	9,171,274	504	1,270	▲766	▲60.3%	0.90
富山県	137,053	1,069,512	51	922	▲871	▲94.4%	0.48
三重県	137,722	1,834,269	76	1,805	▲1,729	▲95.8%	0.59
福島県	138,450	1,919,680	65	1,375	▲1,310	▲95.3%	0.55
栃木県	140,511	1,985,738	26	1,196	▲1,170	▲97.8%	0.65
群馬県	141,165	1,990,584	13	1,168	▲1,155	▲98.9%	0.65
石川県	141,190	1,150,398	7	1,229	▲1,222	▲99.4%	0.50
宮城県	143,239	2,312,080	▲32	1,326	▲1,326	皆減	
静岡県	144,712	3,743,015	▲107	1,439	▲1,439	皆減	
大阪府	146,694	8,856,444	▲430	2,438	▲2,438	皆減	
福井県	150,140	790,758	▲66	1,264	▲1,264	皆減	
愛知県	168,754	7,551,840	▲2,033	711	▲711	皆減	
東京都	233,208	13,637,346	▲12,460	0	0	—	
合 計	141,840	127,707,259	0	82,524			

↑B

B:全国の一人あたり平均税収額

言い換えると、制度の目的そのものには財源保障を入れないこととしても、制度の合理性や妥当性を説明するためには財源保障への言及が不可欠であるということです。

このように、財政需要から財政収入を差し引いた部分に着目して財源保障なり財源調整をする制度ではなく、財源調整のみを行うことを目的とする制度を創設するとしても、地方団体にどの程度の仕事量を求めることが妥当なのか、言い換えれば、「どの程度の仕事量」による「どの程度の財政需要」に着目して一人あたりの税収格差を是正するのかということを勘案せざるを得ない、すなわち、どの程度の行政水準の執行を財源保障するのかという判断が求められることとなります。

もう一度、財源保障機能と財源調整機能の関係を整理してみましょう。

① 何らかの財政需要に着目して、その財源の保障をするために、国から地方に対して財政移転を行うと、移転された財源は、団体間の財源格差の調整機能もあわせて発揮するものです。

② 何らかの財源調整を意図して国から地方に対して行われる財政移転は、その妥当性を説明するために、どのような財政需要についての財源を保障することが可能であるのかについての説明を求められます。

③ 両機能の相対的な主従関係は別として、①と②は同じことを言い換えたものでもあります。すなわち、何らかの財源保障を行う際には、それがどの程度の財源調整機能を発揮するかを視野に入れつつ制度設計するものであり、何らかの財源調整を行う際には、それがどのような財政需要を保障するものなのかを視野に入れつつ制度設計を行うものなのです。

このように整理されますが、財政調整制度のあり方についての様々な指摘や提案は、これらの両機能について、どの程度の重きを置くかの考え方によって異なることとなります。

いずれにしても、国から地方に移転される財政資金の総額及び配分方

法の妥当性は、配分の結果として、教育、福祉をはじめ、国が地方に対して義務づけている多くの行政サービスの円滑な提供はもとより、地方団体の独自施策の執行も含めて、現実に個々の地方団体の安定的な財政運営が、どの程度の水準で可能となりうるものかどうかで判断するしかないものといえます。

　財源調整機能と財源保障機能を分離した制度として、例えば、各国においても、一人あたりの税収格差を調整する交付金と、特定の行政分野におけるコストの差を調整する交付金に分けて配分するという仕組みがあります。これは2つの交付金によって全体としてみると両機能を働かせるものであり、両機能を明示的に分離した交付金をつくることそのものに意義を見出すという考え方を別にすると、交付税制度と、実質的な機能は同じものといえます。

　なお、一人あたりの税収格差を調整する交付金を設定する場合、どの程度まで調整するかは、合意を得ることが極めて難しい議論となりうるものです。そして、特定の行政分野におけるコスト差を調整する交付金は、それらも踏まえて設定する必要があります。

　一方、交付税制度は、地方財政計画によって、まず財源確保すべき歳出の総額の枠を決めて、そのなかで必要とされる一般財源総額の一部として確保された交付税総額を、基準財政需要額と基準財政収入額により算定して、各地方団体に配分します。そして、基準財政収入額の算定においては、各団体に対して税収の25％が留保されます。これらの仕組みによって、一人あたりの税収格差の調整に一定の幅が設けられるとともに、必要な財源は保障されます。

　このように、財源調整機能と財源保障機能を分離すると、仕組みとして形式的には分かりやすいという考え方もありますが、現実の運営においては、交付税制度のように、留保財源という工夫とともに両機能を一体とした仕組みで運用した方が円滑な運営が図られるという面もありま

す。これらを含めて、どのような仕組みを採用するかは、まさに、政策選択であるともいえるものです。

(4) 国の負担すべき事務事業は国で全額負担すべきでは

　国と地方の役割分担をさらに明確化する観点からは、両者を完全に切り分けることとして、国の責任において実施を求める事務事業は、全額国が負担すべきとの指摘もあります。

　例えば、義務教育は、国、都道府県、市町村が複層的に責任と負担をしているものですが、経費の一定割合をそれぞれ国庫支出金や財源保障の対象とはせずに、国が全額財源を負担すべきであるとの考え方です。

　確かに、事務事業の責任を明確化すべきという立場を徹底した場合にはあり得るものですが、義務教育の実施は全て国の責任であるとして全額を国の負担とするのであれば、そもそも市町村が学校の設置者である必要はなく、国が自らの責任で国立の小学校・中学校を設置運営する方が、より分かりやすい仕組みといえます。

　一方で、明治以来、小学校や中学校における人材の育成は、国家のみならず地域の人材育成という観点から実施されてきたという我が国のこれまでの歴史の積み重ねがあります。

　また、地方分権の推進を国の基本的な政策としている以上は、市町村でできることはできる限り市町村で実施する、それが難しい場合に、都道府県、さらには国へと実施を求めていくという「補完性の原理」が優先されるべきであり、これとも方向を逆にするものでしょう。

　また、仮に、市町村立の小・中学校を前提として、教職員給与費と学校の設置運営費について全額を国費で賄うこととした場合には、現在の学校の運営はそれぞれの地方団体の工夫に基づく部分もあり、全国で様々ですが、国費の対象となる仕事しかしない、あるいはできないこととなりますから、工夫をすることに意味がなく、よりよい運営をしようという意欲を減退させる原因となる可能性が大きいでしょう。

このように、この指摘をどう考えるかは、単にお金の流れを分かりやすくするというだけではなく、地方分権をどのように推進すべきか、あるいは、地方団体が自ら実施すべき仕事とは何かという基本的な制度論にかかわるものです。

(5) 今後どのように考えるべきか

我が国におけるこれまでの沿革はもとより、諸外国の例からも、どのような財政調整制度を選択するのか、すなわち、財源調整機能と財源保障機能をどのように設定するのかの解は、決して、ア・プリオリに存在するものではありません。その国の地方制度の歴史、政治形態、経済財政状況、地方団体に求めるサービスの質及び量等によって様々な選択肢があり得るものです。

交付税制度は、税源偏在の著しい地方団体の財政力格差を調整し、国が地方団体に義務づける数多くの住民サービスの安定的な提供に中心的な役割を果たすものとして創設された、国と地方の財政関係における基礎的な制度です。

一方で、どんなに評価される制度も、その制度が長期間続くことによって、制度そのものとしては当初想定していなかったような結果を生み出す原因となっているとして、問題点が指摘されることが出てきます。

財政需要と財政収入の差額を補塡するという仕組みが長期にわたって続けられてきた結果として、個々の地方団体の財政規律が弱められてしまったという、交付税のモラルハザード論もその一つでしょう。

こうした批判も踏まえつつ、今後の財政調整制度を考えていくためには、交付税制度そのものが、中長期的に持続可能な制度であるとともに予見可能性の高い制度であることを追求し続けることはもちろんですが、現在の都市と地方の格差等の状況を踏まえると現実には難しいこととはいえ、偏在度の是正に留意しつつ地方税の増収をできる限り図り、地方税収のウエイトを高めていく必要があります。

Ⅳ 仕組みに関すること

　現行の交付税制度において、数多くの算定式による緻密な財源保障が求められる要因の一つとして、交付税の地方財政に占めるウエイトが極めて大きいことが挙げられます。巨額の財政資金を単純な方式で配分するとした場合、様々な行政コストの差に直面する地方団体の理解を得ることは現実にも不可能でしょう。

　　（注）地方の固有財源である交付税とは全く次元の異なるものですが、お金の配分について、次のようなケースを考えてみるとイメージとして分かりやすいかもしれません。

　　　成人して働いている3人の子供が、総額で30万円の生前贈与を受ける場合、いろいろ意見は出るかもしれませんが、一般的には、均等に10万円ずつ受け取るということにそれほど争いは生じないでしょう。

　　　しかし、これが、300万円、3,000万円となっていった場合にはどうでしょうか。3人のそれぞれからは、現在の仕事での収入の差、子供や配偶者の状況、健康状態、これまで親からどのような支援をされてきたか等々、様々な状況について配慮すべきであるとの主張が強まっていく可能性が高いと見込まれます。

　　　自分たちが受け取る権利を持つ資金の配分だからこそ、その資金が受け取る側にとってどの程度の重みをもつかの度合い（額の多寡）が大きくなればなるほど、公正であると了解し合うことができるためには、様々な要素への対応が求められるのです。

　　　なお、このケースでは3人の収入がそれなりのレベルであることが前提です。仮に3人の収入が生計を維持していく上でのぎりぎりのレベルであるとすれば、30万円の配分であっても、各人からより多くの配分を求める主張がなされ厳しい議論になることは十分に想定されます。この点も、示唆を与えてくれます。

　中長期的には、地方団体のあり方について、規模も含めての構造的な検討を進めつつ、できる限り地方税のウエイトを高め、交付税に依存するウエイトを下げていく方向を目指さない限り、財源保障機能の是非をめぐる議論は、現実の必要性を離れた観念的な論争になってしまいがちな面があります。

　国として、地方団体に事務事業の執行を求め、それについてどの程度の財源保障と財源調整をするのかという制度設計は、最終的には、国家

の地方団体に対するかかわり方、統治のあり方の問題ともいえるものです。

　我が国の公共サービスの提供における地方財政のウエイトの高さ、そして本格的な財政調整制度である地方配付税制度が昭和15年度に創設されて以来の発展過程を考えた場合、国と地方の財政関係の根幹にかかわる財政調整制度の議論においての判断基準となるべきものは、人口減少や深刻な少子高齢化が進行していくなかにあって、「危機的な状況にある国家財政・地方財政の構造をともにどのように改善するのか」にあわせて、国と地方が足並みをそろえて対処していくためにも、「国と地方の役割分担とその遂行に必要な相互の信頼関係をいかに維持するか」という視線が不可欠です。

2　地方財政計画の年度間調整を行うべきでは

　地方財政計画は、交付税法第7条に基づき作成し、それによって交付税総額の所要額を見込む役割を持つものですから、計上される歳出歳入は、地方団体の現実の財政需要や収入をそのまま反映したものではなく、標準的な行政水準や税収等を前提に整理されます。したがって、地方財政計画とそれぞれの地方団体の財政運営の結果としての決算の総額とは、ある程度は異なることが想定されます。

　これに対して、

- 地方税収は、前年末に決定された経済見通しに基づいて計画に計上されるが、景気動向によって計画額よりも増加したり減少したりすること
- 国庫補助事業は、予算の枠内で執行することから決算の段階では必ず不用額が発生するものであり、それに伴い計画に計上した地方負担額も決算の段階では減少すること
- 地方団体の実際の財政運営は過去に積み立てた基金を取り崩して財源を確保する一方で翌年度以降の財源の確保のための積立ても行っ

ていること

等から、こうした実態を計画に反映すること、言い換えれば、計画に見込んだ項目ごとの数値と決算との差等について一定の年度間調整をすべきではないかとの指摘があります。

　現在の地方財政計画は、「翌年度の見込額」について策定するものと交付税法に定められていることからも、過去の決算等を反映しての年度間調整を想定していないものですが、仮に指摘される項目について翌年度の見込みに反映しようとする場合には、技術的にも様々な問題が発生します。

　まず、税収です。ｎ年度の地方財政計画の前提となる地方財政対策で地方税収が見込まれるのは、ｎ－１年度の12月です。この時点で判明している決算はｎ－２年度分となります。すなわち、地方財政対策や地方財政計画に決算を反映する場合には、その決算は２年前のものとなります。これは、ｎ年度の景気が下降気味で税収が思わしくないと見込まれるときに、その２年前の税収の決算が計画を上回るものとなれば、その分が年度間調整で増額され、地方税収の見込みはその分だけ減少しないこととなります（必要な交付税総額はその分だけ減少することとなります）。

　そして、これらを踏まえて地方財政対策によってどのように交付税が確保されるかは、12月中下旬ぎりぎりまで見通せません。これは、各地方団体にとって秋口から本格化していく翌年度の予算編成作業の大きな障害となります。

　あわせて、長期的に見れば、税収の決算額と計画計上額の上振れと下振れはほぼ相殺されているのが現状です。したがって、２年前の税収の決算額を地方財政計画で調整することについては、慎重な検討が必要です。

　また、補助事業の地方負担額には確かに不用が発生します。一方、年度途中の補正予算に伴う地方負担の増分の多くは建設事業に係るものであり、その部分については交付税を増額することなく、基本的にその全

額を地方債で賄っています。これらも含めて、どのように整理することが妥当であるのかという問題も検討が必要です。

　基金についても、同様です。地方財政計画において、2年前の決算における基金の増減状況を見ながら、地方財政全体としてどの程度の繰入れや積立てが行われるのかについて、地方団体の理解が得られる形で計上することは、極めて困難です。なお、基金は税収の動向、補助金の決定結果はもとより、その年度の財政運営全体を踏まえて積立てや取崩しを行うものですから、例えば税収と基金の両方で年度間調整を行うとすれば、一部重複の可能性もありうるものです。

　さらに、決算の変動を計画に反映することとすれば、特に、決算の変動が大きい場合には、地方財政計画の持つ翌年度の地方財政の姿を示す指針という本来の趣旨に合致するものといえるか、また、翌年度の支出額のみが計上された国の予算との関係も分かりづらいものとなるという、基本的な問題もあります。

　このように、地方財政計画において年度間の調整を行うことは困難ですが、いかに地方財政計画の内容が翌年度の標準的な歳出と歳入を的確に反映しているものとするかという見積もりの方法については、不断の検討を重ねることが必要です。

3　交付税による国の政策誘導はあるのか

　交付税の算定に際して、一定の政策判断に基づいて、ある経費については手厚く、あるいは、その逆に算定することによって、地方の固有財源である交付税を、国が政策誘導に使うことは問題であるとの批判がされることがあります。

　これについては、まず、政策誘導とは何かということについての整理が必要です。国が法律で地方団体に対して何らかの事務事業の実施を義務づけることは、まさに政策です。そして、それらの事務事業の実施によって、全国どこに住んでも一定水準の行政サービスを受けられること

を財政的に担保する仕組みとして交付税制度があります。その意味では、交付税で行政経費の財源保障を行うことそのものが、広い意味での政策誘導であるとの指摘もできることとなります。

　一方で、例えば、小・中学校等の設置運営や教職員の給与を負担するための経費等を財源保障することは、必ず実施することが求められる義務教育について、財政的な面からの担保をするものです。したがって、義務教育の実施そのものについては、交付税による政策誘導はないともいえます。

　これに対して、例えば、公共事業の財源に充てた地方債の元利償還金について一定割合を基準財政需要額に算入をするといった場合、公共事業の事業量は、それぞれの地方団体の判断によるものですから、算入率が高い事業ほどその実施が推進され、算入率が低い事業ほどその実施が抑制されうるものです。このように、その実施の可否も含めて、どの程度の事業量を実施するかについて、交付税の算入率は大きな判断要素となり得ます。その点において、これらの算定については、義務教育等よりも政策誘導の度合いが強いという指摘が出てくることとなります。

　このため、公共事業の財源に充てた地方債の元利償還金の基準財政需要額への算入（事業費補正）については、平成14年度に抜本的な見直しを行うとともに地方分権改革推進委員会第4次勧告（平成21年11月）において可能な限り縮減すべきとされたことなども踏まえ、これまで対象事業の縮小や算入率の引下げが行われてきました。

　ただ、近年、過去に整備された公共施設等の多くが更新期を迎えるなかで、財政的に弱い地方団体が最低限の対応が可能となるよう、事業費補正を拡充すべきではないかとの指摘もされるようになりました。そのため、一定の財政措置の拡充もされましたが、今後、人口減少が進むなかでの施設の最適配置を見据えた老朽化対策等について、どのような財政措置が必要であるかについては、十分な検討が求められるものです。

また、最近では、行政改革に努力して成果を生み出している地方団体には、その頑張りに応えて交付税を増額すべきであるとの指摘を踏まえた算定も取り入れられています。これについて、国が地方団体に対して行政改革の推進という政策誘導をしているとの指摘がされることもあります。

　こうした算定についても、例えば地方税の徴収率が高い団体は、標準的に見込まれる以上に徴税事務に力を入れて対処している実態を踏まえるなど、あくまでも交付税法に求められる合理的かつ妥当な水準として算定されるものであり、しかも、それらの算定の結果として交付される交付税は使途の制限のない一般財源ですから、それをもって政策誘導とみるのかどうかという問題もあるところです。

　いずれにしても、交付税の算定の対象となる事務事業については、地方団体で実施すべき内容が法令等により相当程度まで決まっているものもあれば、それぞれの地方団体の判断に相当程度委ねられるものもあります。これらについてどのような算定をするかについてが、地方団体の政策選択に際しての一つの判断要因となることは否めないものでしょう（一方で、基準財政需要額の算定どおりに使われないことへの不満が示されることがあるのも事実です（Ⅱ1(1)(45ページ)を参照してください))。

　交付税法に定められた地方団体の意見申出制度に基づき示される意見をはじめ、地方団体からの様々な指摘を十分に踏まえつつ、交付税法の体系のなかで、何が合理的かつ妥当な水準であるのかということについて、常に検討がされる必要があります。

4　交付税を所与の財源と見込むことがモラルハザードの原因では

　財政需要と財政収入の差額を補塡する財源保障機能が、健全な財政運営を自らの力で維持していこうという個々の地方団体におけるインセンティブを欠如させる、言い換えれば、財政運営におけるモラルハザード

を引き起こす要因となっているという指摘です（1(3)(100ページ) を参照してください)。

　交付税制度そのものは、地方団体の安定的な財政運営を確保する重要な仕組みであるとしても、それが長く続くと、地方団体は交付税を所与の財源として見込んでの財政運営を行うため、結果としてその自主的な財政運営の努力を低下させるのではないかというものです。

　この問題を検討する際に見落とされやすいものとして、交付税制度には、地方団体の行政改革を促す仕組みが内在していることを確認する必要があります。

　第1に、各地方団体に交付される普通交付税は、基準財政需要額から基準財政収入額を差し引いたものですが、基準財政需要額は、標準的な人件費や行政経費を算定するものであり、各地方団体の実経費や実人員を算定するものではありません。したがって、行政改革の努力をすれば、その分、他の行政経費に活用しうる財源が確保されることとなります。

　行政改革をすると交付税が減額されるとの指摘がされることがありますが、その多くは誤解です。例えば、基準財政需要額は各地方団体の実人員で算定されていないからこそ、定数削減するとその分の財源が確保できるわけです。

　なお、行政改革の一環として公共事業費の事業量を抑制すると、その財源として発行する地方債も抑制されますから、交付税に算入される元利償還金もその分は減額されることとなります。ただ、交付税に算入されるのは元利償還金の一部です。算入外の部分は、その地方団体の留保財源による負担となりますから、事業量の抑制に伴い交付税が減少しても、その額以上にその団体の負担は軽減されるものです。

　第2に、基準財政収入額は、標準的な税率や徴収率で地方税収を算定するものです。したがって、超過課税分は、全てその地方団体の財源となります。また、平成28年度から、算定に用いる徴収率は、全国平均ではなく、上位3分の1の平均を用いることとしましたが、いずれにして

も、算定水準より高い徴収率を確保すれば、その分の財源が確保されることとなります。

　第3に、普通交付税は、各地方団体の収支差を補塡するものではありません。普通交付税の決定期限は交付税法第10条第3項に基づき、8月末日とされていますが、例年は、7月下旬頃に決定されています。各地方団体においては、普通交付税の決定額も踏まえ、年度途中の行政課題の変化に対応するために、それぞれの財政状況のなかで、決定後の8月以降も複数回の補正予算を編成することが一般的です。このように、交付税は、年度末の収支尻を合わせるための財源補塡をする仕組みではありません。

　　（注）普通交付税の再算定が行われる年度もありますが、国の補正予算に伴う歳出や税収の見直しにあわせて行われるものであり、これも年度末の収支尻を合わせるためのものではありません。

　第4に、留保財源があります。普通交付税の算定においては、標準的な地方税収の75％が基準財政収入額として基準財政需要額から控除されます。逆に言えば、税収の25％は、交付税による財源調整の対象外となります。したがって、まちづくり、企業誘致、地域の活性化等に取り組み、税収が増加すれば、その25％は新たな財源として手元に残ることとなります。

　以上のように、交付税制度には、行政改革や税源の涵養努力を促す仕組みが内在するものですが、複雑な基準財政需要額の算定による財源保障が手厚すぎるという指摘がなされることがあります。また、交付税制度には行政改革を促す仕組みが内在するといっても、少なくとも標準的な行政水準を達成するために必要な財源について地方団体の努力とは関係なく保障することは、やはり、モラルハザードの原因となるのではないかとの指摘が出てくることもあります。

　しかし、国が地方団体に対して、教育や社会保障関係をはじめ多くの事務事業を義務づけているなかにあって、それらのサービスが、全国ど

こであっても国民に等しく一定水準で提供されることが求められるからこそ、一定の財源を保障することが求められるのです。

したがって、財政調整制度においては、国としての財源保障と地方の効率的な財政運営や財政規律の維持との関係について、常にその最適な組合わせを追求していくしかないということになります。

あわせて、地方団体においても、それぞれの財政状況やサービス水準を、できる限り分かりやすい形で住民に公開するとともに、他団体との比較を示すことも重要です。制度が住民や国民の理解を得て持続可能なものであるためには、コスト意識を持って財政運営に取り組んでいるということについて、不断の努力によって住民に示していくことが求められます。

このように、交付税制度には、行政改革や税源の涵養努力を促す仕組みが内在するものですが、そのことを前提としつつも、
・各地方団体の頑張りの程度にかかわらず一律に同じ算定方法であることは問題である
・各地方団体の頑張りを反映した算定をすべきである
との指摘もされるところです。

一方、基準財政需要額は、あくまでも標準的な行政経費を算定するという交付税法の規定に則したものでなければなりません。これらを踏まえて、現在、次のような算定が導入されています。

(1)「人口減少等特別対策事業費」における「取組の成果」を反映した算定

地方団体が自主性・主体性を最大限発揮して地方創生に取り組み、地域の実情に応じたきめ細かな施策を実施することを可能にする観点から、平成27年度以来、地方財政計画に「まち・ひと・しごと創生事業費」が1兆円計上されてきました。

これについては、「地域の元気創造事業費」（4,000億円程度、うち100億円程度は特別交付税）と「人口減少等特別対策事業費」（6,000億円程度）により、基本的に普通交付税で算定することとしています。

　「人口減少等特別対策事業費」については、人口を基本として必要な経費を算定することとした上で、まち・ひと・しごと創生の「取組の必要度」と「取組の成果」を反映します。

　例えば、人口の減少率が平均に比べて大きな団体は、一般的にその分だけ地方創生の「取組の必要度」が高いと考えられますので、標準的な経費を割り増します。一方、人口の増加率が平均に比べて大きな団体は、一般的にその分だけ地方創生の取組に多くの経費を投入して成果を出したと考えられますので、標準的な経費を割り増すことによって交付税の増額をします。この「取組の成果」による算定は、頑張りを反映したといえるものです。

　地方創生は息の長い取組が必要とされるものです。当面は、「取組の必要度」について重点的に算定することとして、「取組の必要度」に応じた算定については5,000億円、「取組の成果」に応じた算定については1,000億円で始まりました。平成29年度から3年間かけて、段階的に「取組の必要度」に応じた算定から「取組の成果」に応じた算定に1,000億円シフトするなど、今後は、状況を見ながら、「取組の成果」にシフトしていくこととしています。

(2) トップランナー方式

　歳出の効率化を推進する観点から、民間委託等の業務改革を実施している地方団体の経費水準を基準財政需要額に反映させるものです。

　平成28年度算定から導入されたものであり、平成30年度算定では、多くの団体で業務改革に取り組んでいる学校用務員事務、道路維持補修・清掃等、本庁舎夜間警備、公用車運転、学校給食、プール管理、庶務業務の集約化、情報システムの運用、青少年教育施設管理、公立大学運営

等18業務を対象としています。

　これらの業務については、民間委託等の業務改革を前提とした経費水準で基準財政需要額に算入しますので、業務改革を実施している団体には必要な額が財源保障されますが、実施していない団体においては、基準財政需要額への算入額では実際に必要となる経費に足りませんから、何らかの工夫により財源を捻出する必要があります。この意味で、業務改革を実施している団体について、頑張りを反映した算定といえるものです。

　なお、トップランナー方式に基づく算定により基準財政需要額は減少します。一方、業務改革の努力をすれば、その努力分だけ地方団体全体の財源が減少することになれば、努力へのインセンティブがなくなります。そのため、この減少分は、地方団体の他の政策課題である社会保障や公共施設の維持補修費等の拡充に活用することとして、それらの経費について基準財政需要額の算入額を増額しているところです。

5　国庫負担金と交付税の関係は

　国庫負担金の対象となる事業の地方負担分を交付税の基準財政需要額に算定するのであれば、最初から全額を国費で配分すればいいのではとの疑問も出てきます。

　例えば、道府県分の義務教育教職員給与費の基準財政需要額は、国庫負担金を除いた教職員一人あたりの経費に基づいて算定しています。

　あるいは、東日本大震災に対処するための震災復興特別交付税のように、復旧・復興事業に係る地方負担分を実質的に解消するというものもあります。

　このような仕組みを見ると、わざわざ国庫負担金と交付税措置を組み合わせる必要があるのかという疑問が出てきます。

　これについては、国庫負担金の性格や仕組みについて確認する必要があります。すなわち、国庫負担金とは、次の３つの類型の事務事業には

国も責任があることから、必要な経費に対して国がいわば割り勘的に全部又は一部を負担するものです。
① 地方団体が法令に基づいて実施しなければならない事務であって、国と地方団体相互の利害に関係がある事務のうち、その円滑な運営を期するためには、なお、国が進んで経費を負担する必要があるものとして定められる義務教育職員の給与、生活保護に要する経費等（地方財政法第10条）
② 地方団体が国民経済に適合するように総合的に樹立された計画に従って実施しなければならない法律又は政令で定める道路、河川、港湾等の土木その他の建設事業に要する経費（同法第10条の２）
③ 災害救助事業、公共土木施設の災害復旧事業等に要する経費（同法第10条の３）

　国庫負担金は、その対象事業に対して、国の責務として一定割合を負担するものであり、国の負担部分以外が、事業を実施する地方団体の負担となります。本来的に、その負担部分は地方税によって賄われることが望ましいのですが、国庫負担金の対象となる事業の地方負担分も含め、各地方団体が、標準的に必要とされる経費の総額を地方税収では賄いきれない場合に、その補塡のための地方固有の財源として交付税が交付されるものです。
　このように、交付税は、それぞれの標準的な行政経費についての合算額と各地方税収入の合算額の差額から導かれるものですから、一般財源としての性格に鑑みると、どの事業に対応して配分されるというものではありませんし、どの事業に対応しているかを特定することも不可能です。各国庫負担金は、それぞれの対象事業に対して、国がその責任において支出するものですが、交付税は、算定対象となる経費の合算額から、税収等の合算額を引いた額として、使途を制限されずに配分されるものです。

だからこそ、基準財政収入額が基準財政需要額を上回る場合には交付税は交付されませんが、交付税が交付されない地方団体に対しても、それぞれの対象経費について、国庫負担金は国の責任として当然に支出されるものです。

　国庫負担金も交付税も、資金の流れという意味では、国からの財政移転ですが、国庫負担金はそれぞれの事業に対して国が一定割合を負担する責任を有していることから地方団体に交付するものであるのに対して、交付税は、本来的には地方税で地方が負担すべき経費が賄われることを理想としつつ、その不足分の総額を税の代替措置として、地方団体に交付するものです（仮に、国が全額負担するとした場合の論点については、1（4）（107ページ）を参照してください）。

　震災復興特別交付税も同様に整理されるものです。すなわち、東日本大震災に対しては、特別措置法に基づき、かつてない手厚い財政措置が講じられています。

　一般的に、災害が発生した場合には、国庫からの支援を適切に講じた後であっても、なお、一定の負担が被災団体に生じることから、それらをその年度の地方税収や基金等で賄うことは現実的にも不可能です。そのため、公共土木災害復旧事業等においては、地方負担分は一旦その全額を地方債により財源を確保して、後年度に発生する元利償還金の償還という形で、負担の平準化を図ります。

　一方、東日本大震災の復旧・復興については、国の手厚い財政措置によってもなお生じると見込まれる巨額の地方負担を見ると、その財源を地方債で一旦代替しても、後年度に平準化された元利償還金の額も依然として巨額のため、各年度の元利償還金に手厚い交付税措置を講じても、財政的に弱い被災団体が多いという実情を考えると、措置をされない部分の財政負担に対応しきれないのではないかとの問題が生じました。

　そこで、復旧・復興について別枠で財源が確保されたことから、各年

度において被災団体の負担とされる部分について、地方債の対象となる経費も含めて、通常収支とは別枠で創設することとした震災復興特別交付税で全額措置することが妥当であると整理されたものです。

普通交付税は、財政需要の合算額から地方税収入の合算額を控除したものを交付するものであり、個別の事業にそれぞれの負担率で対応する国庫負担金とは本質的に異なるものと説明しましたが、震災復旧・復興という特定の事業については、震災復興特別交付税の措置と国庫支出金の措置が実質的には同じである度合いがより強いのではとの指摘もあるでしょう。

しかし、地方団体が本来負担すべき部分を共有財源としての交付税で措置することと、国が本来負担すべき部分として国庫支出金で措置することは、本質的に異なるものです。

そして、被災団体において実施する震災復興特別交付税の対象となる事業は多種多様です。国の直轄事業や国庫負担事業の地方負担分にあわせて、地方が単独で実施する災害復旧事業、税や手数料等の減免によって生じる財源不足、復旧・復興に携わる職員の採用や他団体からの派遣受入れに伴う経費、風評被害対策、産業や生業の復興に係る経費等々があり、これらの負担について、あるものは実額で、あるものについては標準単価の設定をして算定した額でといったように、それぞれの事業の性格にあわせて地方負担を積算し、その合算額はその年度に標準的に確保される地方税収では賄えないものとして、原則として、その全額について震災復興特別交付税の対象としています。

震災の発生からの5年間（平成23～27年度）は集中復興期間として、その間の被災団体の負担分については、その全額を震災復興特別交付税の対象としました。

その後の5年間（平成28～32年度）の復興・創生期間においては、被災団体の負担分のうち直轄事業・補助事業に係るものについては、その全額を震災復興特別交付税の対象とすることを原則としつつ、復興事業

のうち全国共通の課題への対応という性質を合わせ持つ事業については、その地方負担分の95％を対象とすることとしました。

さらに、地域振興策や将来の災害への備えといった全国共通の課題に対応する事業については、国の負担分について復興特別会計から一般会計に移行した上で、地方財政措置についても通常の事業と同一の取扱いとすることと見直しました。震災復興特別交付税に係るこれらの見直しは、地方が本来負担すべき部分について行ったものです。

6 「地方共有税」として特別会計へ直入すべきでは

交付税が地方団体の共有の固有財源であるという性格を形式的にもより明確にするために、交付税の原資となる国税収入の一定割合については、その名称も「地方共有税」として、国の一般会計を通すことなく、地方譲与税と同様に、国税収納金整理資金から、直接、交付税特別会計に繰り入れるべきであるとの指摘です。

これについては、実質的な問題意識もあります。すなわち、現在の交付税は、地方法人税を除いて、一旦、一般会計の歳入に計上された国税収入の一定割合が、地方交付税交付金として歳出に計上された上で、交付税特別会計に繰り入れられます。その結果、交付税は、地方の固有財源であるにもかかわらず、社会保障関係費、国債費に次いで一般会計の歳出の大きなウエイトを占めるものとして、あたかも国の経費であるかのように一般会計の予算編成の議論に巻き込まれることに対する、地方側からの強い問題意識です。

特別会計への直接の繰入れという措置については、地方分権推進委員会第2次勧告（平成9年7月）で「引き続き検討していく必要がある」とされ、「地方分権推進計画」でも、この第2次勧告を踏まえ、引き続き検討することとされましたが、国の財政当局の理解を得られず、現在に至っています。

財政当局の反対理由と、それに対して特別会計への直入（直接の繰入れ）

を推進する側の考え方は次のとおりです。

　反対理由の1として、交付税は一般会計のなかで、社会保障関係費、国債費に次ぐ巨額の支出項目であり、これを一般会計から除くと、一般会計の規模が国の財政の実態を反映しなくなるとの考え方があります。

　しかしながら、交付税はそもそも地方の固有財源です。国が地方に代わって徴収している地方譲与税は、一般会計を通していません。また、特別会計は現在でも14あり、現在の一般会計が、国の財政の全体像を示しているかについては議論があります。

　反対理由の2は、交付税の対象税目は、国税の基幹税目であり、その一部が特別会計に直入されると、一般会計を見ただけではこれらの税収額の全体が一覧で分からなくなるという「一覧性の確保」からのものです。

　これについては、反対理由の1ともかかわりますが、地方譲与税なども特別会計に直入されていますし、平成26年度に創設された地方法人税もその全額が特別会計に直入されています。地方法人税は、そもそも地方税である法人住民税の一部を交付税原資化したものですから、国税収入の一覧性についての過去からの継続性の維持という観点からすれば、むしろ、特別会計に直入することが望ましいとなりますが、いずれにしても、一覧性の確保という問題も、程度問題ということができます。

　反対理由の3として、交付税は、法に基づき、普通交付税については4月、6月、9月、11月の4回に分けてほぼ4等分で交付すること、特別交付税については12月にその約3分の1、3月にその約3分の2を交付することを義務づけられていますが、特別会計に直入するとなると、各交付時期においてその原資となる国税の収納額にばらつきがある結果、法定額が交付できなくなる可能性があるというものです。

　これは、かなり技術的な指摘ですが、交付時期に交付すべき額の原資が不足する場合は、特別会計において一時借入れ等の資金繰りをすれば対応可能です。その利子を国と地方のいずれが負担するかについては、

そもそもの制度設計をしている国の責任から国が負担するのか、地方の固有財源に係るものであるとして地方が負担するのかについては議論があるところです。また、現行の仕組みを見直して交付時期ごとの交付額を収納済みの交付税原資の範囲内で柔軟に決めるという制度設計もあるところです。あわせて、その年度の交付額は、予算に計上された額を交付するものですが、翌年度以降に講じられることとなる決算と予算の調整についても、何らかの決まりを設ける必要があります。

　以上のように、特別会計への直入の是非については、国家財政と地方財政のどちらに重きを置くのかについての程度問題ともいえるものですが、実現に至っていないというのが現実です。地方の固有財源としての交付税の性格を明確にしていく観点からは、粘り強く実現に向けて主張をし続けていく必要があります。そのため、総務省の毎年度の交付税及び地方特例交付金の概算要求においても、特別会計への直入については、「今後、検討を行い、必要な場合には、法改正及び要求の修正を行う」との事項要求を行っているものです。

　なお、地方共有税とした上で、それが地方団体の自律と連帯の精神に基づいて運営する制度であることから、その総額の調整や決定については、地方が参画の上、責任を持って行える仕組みを構築する必要があるといった指摘もあります。

　現在、交付税の総額等をめぐっては、法で設置される国と地方の協議の場等を通じて、全国知事会はじめ地方六団体と政府が意見交換を行い、算定については、意見申出制度に基づく内容を踏まえて対応することとなっています。さらに、地方の主体性や責任を制度的に入れ込むとした場合、その仕組みに基づいての調整結果等を盛り込んだ法案の提出を誰がどのような責任で行うのかをはじめとした幅広い議論が必要です。

7　交付税にあわせて地方共同税も導入すべきでは

　6（123ページ）の地方共有税にあわせて、地方共同税構想も、地方税

財源の確保策として地方側から提案がされています。

　提案段階ですので、具体的な制度設計が明らかではない部分もありますが、まず、「共同税」から思い浮かべる、ドイツの共同税とは異なるものとして整理されています。

　ドイツにおいては、税はその帰属先により、連邦税、州税、市町村税及び共同税に分けられています。そのうちの共同税は、連邦と州に税収が帰属する租税です。所得税、法人税、売上税があり、税目ごとに定められた率に基づいて配分されるものですが、法人税以外は市町村にも分与されます。

　これに対して、我が国で提案されている地方共同税は、現行の交付税制度、あるいは、それがさらに地方の固有財源という性格に即して純化された地方共有税制度によって、ナショナルスタンダードを確保するための財政調整が確立されていることを前提としつつ、国に頼ることなく地方自らが偏在性が小さくかつ安定的な税財源を確保する方策として、ナショナルスタンダードを上回る部分に対する地方共通の財源を確保するものとして示された考え方です。

　例えば、人材の育成といった施策等の全都道府県共通の政策課題の財源を確保するために、地方消費税分を地方が共同で主体的に増税し、客観的な指標で配分するなど、共通の財政需要とそれに対応する税源や税率の議論をセットで行う仕組みを構築することにより、その結果として、地方税の偏在是正が進むことも見込まれるとするものです。

　また、これにあわせて、例えば、交付税原資の対象となっている消費税の一部を地方消費税にするなども提言されています。

　さらに、このような仕組みを実施していくための地方の共同組織の創設の検討なども提言されているところです。

　これらの施策について現実の制度設計をするとなると、交付税制度がもつ財政調整機能と地方共同税制度が目的とする地方税の偏在是正効果との関係をはじめ、配分基準をめぐっての税収が豊かな団体とそうでな

い団体との調整等、様々な課題が考えられます。また、ナショナルスタンダード（あるいはミニマム）とそれを上回る行政水準との線引きといった、具体的な検討では極めて困難であると見込まれる問題もあります（Ⅲ１（76ページ）を参照してください）。

地方団体の行財政制度のあり方をめぐっては、よりよいものを目指した不断の検討が必要です。地方が共通して直面する財政需要に対して、共同して受益と負担を調整する仕組みを検討するという提言は、注目されるべきものでしょう。

8 水平的財政調整制度の方がすぐれているのではないか

交付税制度は、交付税の対象となる原資を一旦国税として徴収して、国から地方団体に交付するという形をとりますが、このような国と地方団体間の財政調整は垂直的財政調整制度と分類されます。

これに対して、例えば、ドイツ連邦共和国における州間の財政調整のように、税収の豊かな州から分担金をとり、それを税収の乏しい州に交付する形のものは水平的財政調整制度と分類されます。

我が国においても、現在の交付税制度を補完する形で、あるいは交付税制度に代えて、地方団体間の水平的な財政調整の仕組みについての検討が必要ではないかとの指摘があります。

こうした指摘がなされる問題意識として、垂直的財政調整制度の限界があります。現行の交付税制度は基準財政需要額から基準財政収入額を差し引いたものを財源不足額として財源保障し、その結果として、各地方団体間の財政力の格差も調整されるというものです。しかし、この制度では、不交付団体の財政力は調整されません。国から地方団体に資金を移転して財政調整するという仕組みをとる以上、不交付団体は財政調整の枠外となります。

これらの財政調整の枠外となる地方団体に相対的に多くの税収が集まることによって財政力の格差が大きい状況となり、しかもそれを税体系

の見直しで対処することが困難と見込まれる場合に、水平的調整の必要が指摘されることとなります。

　この指摘には、もう一つの要素が入ってきます。すなわち、水平的調整で、垂直的調整の枠外の地方団体の財政資金が活用できるとなれば、垂直的調整の総額がその分抑制できるのではないかという国の財政運営からの観点です。我が国の財政が極めて厳しい状況のなかで交付税制度が運用されていることから、水平的調整によって、少しでもその役割を補完できないかという問題意識からのものです。

　しかし、そもそも国において多くの分野における地方の行政水準を定めているわけですから、一定水準のサービスを提供できるように財源を確保するのは国の責務です。その観点からは、財源保障の財源を他の地方団体の地方税に求めることには問題があります。

　水平的財政調整制度は、ドイツのような連邦国家であるからこそ、国家間の相互扶助的な仕組みとして選択されることが可能であるともいえるものです。一方で、我が国は、単一国家です。そのなかで、地方税は、それぞれの地域の住民サービスの提供のために徴収されるものですから、他の地域に拠出することについて、制度的な可能性はもとより、納税者である住民からの理解が得られるかについてが、大きな課題となります。

　現実的な問題として、どの程度まで他の地方団体の行政水準を拠出側の地方団体の税収で確保すべきかについて、合意形成を図ることは極めて困難です。しかも、そのプロセスで、拠出側の地方団体において、拠出を受け取る側の地方団体の行政サービスのあり方について議論がされるとなると、それぞれの自主・自立という観点からも問題があります。

　ドイツにおいても、水平的財政調整制度そのものは憲法に反しないとされても、その財政調整の程度が許容範囲を超えているのではとの議論がされるところです。また、この水平的財政調整制度においては、財政需要の要因は限定的にしか反映されていないことから、水平的財政調整

制度を実施してもなお財政需要に対して収入が不足する州に対しては、連邦から州への垂直的財政調整として交付金が交付されます。東西ドイツの統一以来、このウエイトが高まっていることにも留意が必要です。

このように、水平的財政調整制度は、我が国の現行の地方制度を前提とすると、慎重な検討が必要であると考えられます。

なお、平成26年度に創設された地方法人税は、各地方団体の法人住民税の一部を国税化して徴収し、それを交付税原資として配分するものですから、形式的には垂直的財政調整制度ですが、実質的には水平的財政調整機能を取り込んだものともいえるものです。その意味では、この仕組みは交付税制度について一定の質的転換をもたらした面があるとも評価しうるものでしょう。

また、平成31年度までの制度とされる地方法人特別税は、法人事業税と消費税の税源交換の議論のなかで、暫定的な措置として法人事業税の一部（当時の地方消費税1％相当（約2.6兆円））を国税化して平成20年度に創設されたものですが、その全額を地方法人特別譲与税として人口と従業者数により譲与することにより、各都道府県にとっては実質的に税源交換と同程度の偏在是正効果が得られるものです。これも、整理の仕方によっては、実質的な水平的財政調整機能を取り込んだものといえるでしょう。

そして、地方法人税のように交付税原資とした場合には、不交付団体には配分されませんが、地方法人特別税のように譲与税原資とした場合には、不交付団体にも配分されることとなります。したがって、財政調整の効果という点からは交付税原資とした方が高くなります。一方、交付・不交付にかかわりなく譲与され、地方税により近い性格を有する譲与税による偏在是正も、地方税体系内における措置として今後も有力な選択肢の一つになりうるものです。

今後も、地方税財源の拡充については、地方税を第一とすることが基本ですが、どのように偏在性の少ない地方税であっても、その拡充によっ

て地域間の税収の格差の拡大がもたらされるものです。これを一定レベルで受け入れる覚悟なしには地方税の拡充を進めることはできません。その上で、地方税を国税とした上で交付税や譲与税の原資として財源調整に活用するような仕組みを、これまでの交付税の仕組みとどのように組み合わせて活用していくべきかについても、更なる検討が求められます。

9　そもそも税源偏在の程度はどのように比較したらよいのか

　交付税制度の仕組みに関する論点を整理してきましたが、これらに共通するのは地方団体の自主的でかつ安定的な財政運営を確保する上で、どのような仕組みとしていくことが望ましいのかという問題意識です。

　繰り返しになりますが、各地方団体に交付する普通交付税は「基準財政需要額−基準財政収入額」ですから、交付税を交付される地方団体は、基準財政需要額の範囲内で財源保障がされるとともに、税収が少ないところには多くの交付税が配分されることにより財源調整がされるものです。

　このように交付税制度により財政調整がされているなかにあっても、特に経済が好調で税収が増加している局面においては、偏在度の高い地方法人二税（住民、事業税）の伸びが大きいことから、地方税の偏在是正についての必要性がより強く指摘されることとなります。

　表5は、平成28年度決算における都道府県分の人口一人あたりの地方税等を整理したものです。まず、人口一人あたりの地方税です。一番多い東京都は23.5万円と、一番少ない沖縄県の9.6万円に対して2.4倍となっています。大法人の本社の多くが所在していることにより地方法人二税が東京都に集中していることが、その主な原因です。税の偏在是正の必要性が指摘されるに際しては、この数値が最も使われるところです。

　それでは、「人口一人あたりの地方税が多いこと」と、「税が偏在していること」が同義かといえば、正確にはそうとはいえない部分がありま

Ⅳ 仕組みに関すること

表5 人口一人あたり地方税等（都道府県分）（平成28年度）

（単位：万円）

順位	団体名	①地方税	順位	団体名	②地方税+地方譲与税+地方交付税	順位	団体名	③留保財源+財源超過額
1	東京都	23.5	1	島根県	39.7	1	東京都	※7.4
2	愛知県	16.9	2	岩手県	38.0	2	愛知県	3.4
3	福井県	14.9	3	鳥取県	37.2	3	福島県	3.0
4	大阪府	14.7	4	高知県	36.2	4	福井県	2.9
5	静岡県	14.4	5	徳島県	33.0	5	栃木県	2.9
6	宮城県	14.3	6	福井県	32.9	6	山梨県	2.9
7	石川県	14.1	7	秋田県	31.7	7	群馬県	2.9
8	群馬県	14.1	8	青森県	31.0	8	大阪府	2.8
9	栃木県	14.0	9	佐賀県	30.9	9	静岡県	2.8
10	三重県	13.7	10	山梨県	30.1	10	三重県	2.8
11	福島県	13.7	11	和歌山県	29.6	11	石川県	2.8
12	神奈川県	13.7	12	福島県	29.4	12	富山県	2.7
13	富山県	13.6	13	山形県	29.3	13	宮城県	2.7
14	香川県	13.4	14	宮崎県	29.0	14	茨城県	2.7
15	広島県	13.3	15	鹿児島県	28.5	15	香川県	2.6
16	山梨県	13.3	16	熊本県	28.4	16	滋賀県	2.6
17	茨城県	13.3	17	大分県	27.9	17	広島県	2.6
18	滋賀県	12.9	18	長崎県	27.5	18	長野県	2.6
19	京都府	12.8	19	富山県	27.5	19	神奈川県	2.6
20	岐阜県	12.8	20	石川県	26.9	20	岐阜県	2.5
21	長野県	12.7	21	山口県	26.5	21	新潟県	2.5
22	兵庫県	12.6	22	北海道	26.4	22	京都府	2.5
23	岡山県	12.6	23	香川県	26.1	23	山口県	2.5
24	新潟県	12.6	24	宮城県	26.0	24	兵庫県	2.4
25	千葉県	12.5	25	新潟県	25.8	25	岡山県	2.4
26	北海道	12.5	26	愛媛県	25.3	26	福岡県	2.4
27	福岡県	12.5	27	沖縄県	25.3	27	岩手県	2.4
28	山口県	12.5	28	東京都	25.2	28	北海道	2.4
29	青森県	12.3	29	長野県	24.0	29	千葉県	2.4
30	岩手県	12.1	30	三重県	22.9	30	徳島県	2.4
31	徳島県	11.9	31	岡山県	22.9	31	佐賀県	2.3
32	埼玉県	11.8	32	奈良県	22.8	32	愛媛県	2.3
33	佐賀県	11.8	33	岐阜県	22.8	33	埼玉県	2.3
34	愛媛県	11.7	34	滋賀県	22.6	34	島根県	2.3
35	島根県	11.4	35	群馬県	21.9	35	山形県	2.2
36	大分県	11.4	36	栃木県	21.7	36	大分県	2.2
37	山形県	11.3	37	茨城県	21.5	37	鳥取県	2.2
38	鳥取県	11.1	38	広島県	21.4	38	青森県	2.2
39	秋田県	10.8	39	京都府	21.1	39	秋田県	2.1
40	熊本県	10.8	40	静岡県	20.1	40	宮崎県	2.1
41	宮崎県	10.8	41	愛知県	19.5	41	高知県	2.1
42	高知県	10.7	42	兵庫県	19.5	42	和歌山県	2.1
43	和歌山県	10.5	43	福岡県	19.5	43	熊本県	2.1
44	鹿児島県	10.5	44	大阪府	19.3	44	鹿児島県	2.0
45	奈良県	10.3	45	千葉県	16.8	45	奈良県	2.0
46	長崎県	9.9	46	神奈川県	16.1	46	長崎県	1.9
47	沖縄県	9.6	47	埼玉県	16.0	47	沖縄県	1.9
	全国平均	12.7		全国平均	26.0		全国平均	2.6

・①及び②はH28決算額（地方交付税は特別交付税を含む）。
・③はH28交付税算定額。※東京都及び特別区の合算額は18.7万円。
・H29.1.1住民基本台帳人口により一人あたりの額を算出。
・全国平均は単純平均。

す。税収が十分かどうかは、その団体の財政需要との相関で決まるからです。「A市に税が偏在している」という評価は、「A市に求められる事務事業の経費（財政需要）に充てられる税収の割合が、他市に比べて大きい」というのが正確でしょう。

　もちろん、一般的には、「A市の税収入の一人あたりの額が他市に比べて大きい」という場合には、財政需要に比して税収の割合が高くなるケースが多いのも事実です。ただ、A市の財政需要が何らかの社会経済状況や地理的要因等によってコスト高になる場合は、税収が大きくても、充てられる財源の割合としては他市に比べて高くはないということもあり得るものです。

　また、地方団体の財政需要は、人口に加えて面積にも一定の相関が見られるものであり、人口一人あたりの税収についての議論においては、面積と相関が高い財政需要をどう考えるかについても留意が必要です。

　このように見てくると、税源の偏在の度合いは、税収の財政需要に対する割合と整理されますから、むしろ交付税制度における財政力指数（＝基準財政収入額÷基準財政需要額）が適切に表しているともいえます。

　そこで、一人あたりの税収額をもとに地方税の偏在をいかに是正すべきかが議論となる場合、特に、交付税の不交付団体における税源偏在をどのように評価するかが論点となります。

　この場合、不交付団体の立場からは、地方税と、地方税の代替財源として確保される交付税を合計したものについての一人あたりの額で比較すべきであるとの指摘がされることがあります。

　表5の一人あたりの「地方税＋地方交付税＋地方譲与税」では、島根県が39.7万円と1位となり、東京都は25.2万円と28位です。これを見ると、交付税等を加えて評価すれば、すでに十分に偏在是正がされているという考え方も出てきそうです。

　しかし、一人あたりの税収と一人あたりの交付税を合算して論じるこ

とには問題があります。ここでは、単純化して譲与税を除いて整理します。

　　地方税　＋　交付税
　　　＝　地方税　＋　（基準財政需要額　－　基準財政収入額）
　　　＝　基準財政需要額　＋　（地方税　－　基準財政収入額）
　　　＝　基準財政需要額　＋　留保財源

　このように、人口一人あたりの「地方税＋交付税」とは、言い換えると、人口一人あたりの「基準財政需要額＋留保財源」です（留保財源については、Ⅱ4（59ページ）を参照してください）。

　基準財政需要額は、それぞれの地方団体について標準的に必要とされる行政経費の合算額ですから、その一人あたりの額は、それぞれの地方団体の人口規模、高齢者の数、面積、気象条件、都市化の度合い等による行政コストの差を表すものであり、財源の偏在とは無関係のものです。

　一方、地方税収の25％分である留保財源は、交付税による財源調整の対象外とされるものですから、その一人あたりの額は、それぞれの地方団体の財政運営の自由度を表す指標として有効です。言い換えれば、留保財源の対象とする事務事業に係る地域ごとのコスト差という問題を捨象すると、税源の偏在を端的に示す指標ともいえるものです。

　そして、不交付団体については、留保財源に加えて、基準財政収入額が基準財政需要額を上回る部分（財源超過額）も考慮しなければなりません。

　このように、人口一人あたりの「地方税＋交付税」で財源の偏在のあり方を議論すべきであるという考え方に対しては、むしろ交付税の仕組みからは人口一人あたりの留保財源等で整理すべきであるとの考え方が出てくることとなります。

　表5の人口一人あたりの「留保財源＋財源超過額」では、財政力の強い都道府県が上位にきます。特に、唯一の不交付団体である東京都は特別区分を合算する前のベースで7.4万円と、2位の愛知県の3.4万円に対しても2.2倍となっています。

なお、交付税額や留保財源を加味して人口一人あたりの額で比較しようとする場合、東京都の交付税算定は、東京都の全区域を道府県と、特別区23区を一市と、それぞれみなして算定した額の合算額により行うものです。また、都と特別区の特例の一つとして、都では都区財政調整制度として特別区に特別区財政調整交付金を交付しています（第3章4(1)⑥（228ページ）を参照してください）。したがって、特別区分をどう調整して比較することが妥当であるかという点についての更なる分析も必要です。

　税源偏在の程度をどう考えるべきかについては、このように様々な考え方とそれに伴う論点があるところです。これら全てを勘案すると、これまで一般的に用いられてきた人口一人あたりの地方税収で議論をするということが、少なくとも現時点においては分かりやすく妥当な整理ではないかと考えられます。

第2章

よりよい財政運営を追求するために

現状を把握する

1 平成における地方財政制度の推移

　第1章では交付税制度をめぐる様々な論点について整理しました。交付税制度をはじめ地方財政制度はその時々の課題や将来の見通しを踏まえて、様々な改正を重ねてきました。

　平成30年は、明治150年という大きな節目の年でもあります。この150年をどう見るかについては、何に焦点を当てて整理するかによって様々ですが、例えば、太平洋戦争の4年間を挟み、その前後のそれぞれ73年に分けて整理することができます。

　すなわち、最初の73年間は、明治維新において江戸時代の仕組みを抜本的に変革し、近代日本の建設に向けて努力を重ね、国力の発展をみたものの、最後は、太平洋戦争に至るまでです。そして、4年間の総力戦の結果、我が国はまさに灰燼と帰することとなりました。その後の73年間で、大戦の痛手から奇跡の復興を成し遂げ、経済大国へと成長したあと、総人口の減少と超高齢社会に直面する現在に至りました。

　厚生労働省が公表した平成29年簡易生命表では、日本人の平均寿命は、女87.26歳、男81.09歳です。一方、厚生労働省の推計によれば、平成28年の健康寿命は、女74.79歳、男72.14歳です。

　歴史の流れについて、国家を擬人化して説明することの非論理性を十分に認識しつつも、明治150年は、太平洋戦争後からいえば73年という、ほぼ現在の国民の健康寿命と同程度の期間の歩みということができます。いうまでもなく我が国は、危機的な財政状況への対応に並行して、人生100年時代を見据えての様々な施策を実施していく必要があります。今後、国全体としても、その健康寿命を増やしつつも、どのように新しく生まれ変わっていくのかという構造的な問題に直面している時期にあ

るともいえます。

　また、地方財政の基本的な枠組みを定める地方財政法も施行70周年という節目の年を迎えます。平成29年は、地方自治法施行70周年でした。平成31年5月には改元が行われることとされていますが、平成における30年という時間幅は、戦後73年間の歩みのなかでも大きなものです。

　ここでは、地方団体の財政運営に何が求められているかを考える前提として、まず、平成の30年間における地方財政制度の歩みを概観します。

　平成は、バブル景気の最盛期に始まりました。潤沢な税収を原資として、地域のことは地域で知恵を絞って対処しようという、ふるさと創生をはじめとする地域の活性化への取組が盛んに行われたのもこの時期でした。

　平成元年度には消費税が創設され、料理飲食等消費税や電気税、ガス税等の地方税の廃止にあわせて、消費譲与税も創設されました。また、平成3年度には、交付税特別会計の借入金を、事実上全て解消するに至りました。

　しかし、バブル景気が崩壊した後に、状況は一変しました。景気の悪化に伴う税収減の財源としてはもとより、何度も講じられることとなった減税と公共事業を主とする経済対策の財源として、国・地方ともに借入金に頼らざるを得なかったことから、借入金残高が急増しました。

　平成7年1月の阪神・淡路大震災への対応も、多大な財政需要を生じさせました。

　その後、大きな収支ギャップを借入金で対処する状況を改善するために、平成9年12月には財政構造改革法が施行され、平成10年度予算と地方財政計画はこの法律を踏まえて、編成・策定がされました。しかし、当時の我が国経済はバブル景気崩壊の後遺症から抜け出し切れておらず、大型金融機関の破綻が相次いだことに加え、アジア経済危機等もあり、逆に、平成10年度には、総合経済対策・恒久的な減税等の対応にあ

わせて、財政構造改革法の停止という大きな方向転換を余儀なくされることとなりました。

ただ、そのなかでも、地方税財源の拡充の努力は続けられ、平成9年度には、消費税を3％から5％に引き上げることにあわせて、地方消費税が創設されました。

消費税の拡充は、その後も、社会保障・税一体改革へとつながり、現在に至ります。このような流れのなかにあっての主な地方財政制度の推移について、個別に整理します。

① 交付税制度

交付税の対象税目と交付税率の変遷は、第1章Iの1の表1（25ページ）のとおり、昭和41年度から昭和63年度までは、所得税・法人税・酒税のそれぞれ32％で固定されてきましたが、平成に入ると、対象税目・交付税率ともに、見直しが続きました。

交付税の不足分を措置するための交付税特別会計による借入制度も変遷をたどりました。借入れは一旦は廃止することとされたものの、その後の税収不足から復活せざるを得ない状況となりましたが、平成13年度以降は、特別会計の改革の一環として原則として借入れが廃止されるとともに、交付税の代替措置としての赤字地方債である臨時財政対策債が導入されています。

平成5年度から本格化した地方分権の推進は、交付税制度をはじめ、地方財政制度にも大きな改革をもたらすものとなりました。平成14年度からは、国庫補助負担金改革、税源移譲、交付税改革の3つの改革を一体として行うとする三位一体改革がはじまり、最終的には、4.7兆円規模の国庫補助負担金改革と、これにあわせて3兆円規模の税源移譲が行われました。交付税改革としては、交付税と臨時財政対策債の大幅な抑制（平成16～18年度△5.1兆円）、行政改革インセンティブ算定の創設・拡充が行われたほか、市町村の不交付団体の人口割合が増加しました（平

成12年度11.5％→平成18年度25.9％）。

さらに、算定の簡素化としての事業費補正の見直しや包括算定経費（いわゆる「新型交付税」）の導入、算定の透明化としての意見申出制度の創設がされるとともに、留保財源率の見直し、合併後の市町村の姿を踏まえての算定の導入等も行われてきました。

② 地方債制度

地方債制度についても、大きな制度改正が行われました。地方分権の推進の観点から、平成18年度には明治以来の許可制度が廃止されるとともに協議制度が創設されました。平成24年度からは協議制度のなかに届出制度が導入され、平成28年度からは、民間資金分については原則として届出制度となりました。

また、地方債資金においては、市場公募団体の増加をはじめ資金調達の多様化が進みました。そのなかで、政策金融改革の一環として、平成20年度には公営企業金融公庫が廃止され、地方共同法人としての公営企業等金融機構が創設されました。さらに平成21年度には、リーマンショック後の経済対策の一環として、貸付対象を一般会計債に拡大し、地方公共団体金融機構に改組されました。

③ 国庫支出金制度

国庫支出金については、生活保護費等についての国庫補助負担率の見直しがされたのちも、三位一体改革の一つとして、税源移譲にあわせての義務教育費国庫負担金の見直し等の改革のほか、スリム化や交付金化の改革がそれぞれ進められました。

その後も、総合化やメニュー化が進められ、また、平成29年度には義務教育費国庫負担金の道府県から政令指定都市への移譲も行われました。

④ 財政健全化制度

　平成18年度の夕張市の財政破綻は、それまでの「地方財政再建促進特別措置法」（平成21年4月1日廃止）に基づく財政再建制度においては、分かりやすい情報の開示や早期是正措置がないこと等の問題点があることを改めて認識させるものとなりました。

　分権型の地方財政制度の一環として、地方団体の財政破綻についてどのような制度的対応を行うべきかについては、それまでも様々な議論がされてきたところですが、このことも踏まえ、財政状況についての新たな指標の整備と開示の徹底、財政の早期健全化や再生を図る仕組みを創設することとして、財政健全化法（地方公共団体の財政の健全化に関する法律）が平成21年度に全面施行されました。夕張市も、平成21年度には、この財政健全化法に基づく財政再生団体に移行し、着実に再生の取組を進めています。

⑤ 巨大災害への対応

　常に自然災害の危険にさらされてきた我が国では、平成に入ってからも、大きな災害が続きました。地震では阪神・淡路大震災（平成7年）、中越地震（平成16年）、東日本大震災（平成23年）、熊本地震（平成28年）等が発生したほか、雲仙普賢岳噴火（平成3年）、紀伊半島大水害（平成23年）、平成30年7月豪雨等も相次ぎました。

　これらの災害に際しては、被災団体の安定的な財政運営を確保する観点から、立法措置も含めてできる限りの措置が講じられました。そのなかでも特筆すべきは、復興増税等により復旧・復興財源を通常の収支とは別枠で確保した上で、国庫支出金による支援を可能な限り拡充し、それでもなお発生する巨額の被災団体の財政負担については、震災復興特別交付税の創設により実質的に解消することとした東日本大震災への対応でした。

2 地方財政の直面する課題

1（136ページ）のとおり、平成における地方財政は、地方分権を推進するための地方団体の財政運営の自立度を高める観点からの改革と、バブル景気崩壊後の国と地方を通じる巨額の収支ギャップに対応してどのように必要財源を確保するのかという2つの大きな課題が、常に交錯しながら推移してきたものといえます。現在、地方財政は、地方税の偏在、国と地方の税源配分、大幅な収支不足の改善による財政健全化、臨時財政対策債の抑制（さらには臨時財政対策債からの脱却）といった税財政制度にかかわる課題への対応を行いつつ、以下の課題にも適切に対処していくことが求められます。

① 高齢化の進行と社会保障費の増大

平成27年国勢調査では、大正9年に国勢調査が始まって以来初めて、総人口が減少しました。また、全国の65歳以上の割合が26.6％となり人口の4分の1を超えました。

前回の平成22年国勢調査では、唯一、15歳未満の割合が65歳以上の割合を上回っていた沖縄県でも、平成27年国勢調査では65歳以上の割合が15歳未満の割合を上回り、全ての都道府県で、65歳以上の割合が15歳未満の割合を上回ることとなりました。人口減少のなか、高齢化と少子化は、着実に進んでいます。

このような人口の状況を反映して、「年金」「医療」「福祉その他」に係る全ての経費が増加し続けています。特に、最近では、医療に加えて、介護費用の増加が大きく、その対応が課題となっているところです。地域包括ケアの推進をはじめ地域全体の支え合いのなかで、社会保障の各分野における仕組みをいかに工夫して、持続可能性の高いものとして維持していくかが求められます。

しかし、これをそれぞれの地域でどのように具体化して展開していく

かは、極めて難しい問題です。それぞれの地方団体においては、社会保障の担当部局のみに委ねるのではなく、財政・企画部門も積極的に参加しての全庁的な対応が重要です。

② 公共施設等の老朽化対策

　我が国においては、人口急増期でもあった高度経済成長期に大量の公共施設等が建設されました。今後、これらの公共施設等が一斉に更新時期を迎えていきます。一方で、国と地方の財政状況は極めて厳しいなかにあります。また、人口そのものが減少していくなかで、今ある全ての施設をそのまま維持補修し、更新していくことは適切ではありません。特に、合併市町村においては、合併後の施設全体の最適化を図る必要があります。

　今後の人口動態を見極め、公共施設等の利用状況を見通した上で、集約化や複合化をはじめとした地域における公共施設等の最適な配置と、投資や維持コストの平準化・最小化を見据えての長寿命化対策をはじめとする適切な管理が求められるところです。

　そのため、まず、公共施設等の総合的かつ計画的な管理を行うための中期的な取組の方向性を明らかにするための計画として、所有施設等の現状や施設全体の管理に関する基本的な方針を定める「公共施設等総合管理計画」が、平成30年9月末現在で99.7％と、ほぼ全ての地方団体で策定されています。

　さらに、この公共施設等総合管理計画に基づき、個別施設等の具体の対応方針を定める計画の策定が、平成32年度までになされることが求められるところです。厳しい財政制約のなかにあって、最小のコストで公共施設等を効果的に維持管理・更新しつつ、最大限に活用していくことが、極めて重要です。

　東日本大震災はいうまでもなく、我が国は、常に、大規模災害に直面してきました。これらへの備えという意味からも、公共施設等の総合的

な管理は重要な課題です。

③　構造的な問題に直面する公営企業

　公営企業の決算規模は平成29年度で、17兆93億円と、ここ数年は横ばいの傾向です。公営企業が料金収入等の自前の収入で賄えない部分等については、一般会計等からの繰出しが行われますが、その規模は平成29年度で2兆9,378億円と、近年は減少傾向にあります。

　公営企業は、料金収入をもって経営を行う独立採算制を基本原則とするものですが、人口減少等に伴う料金収入の減少、少子高齢化による交通需要や医療需要の変化、施設等の老朽化に伴う更新需要の増大、耐震化をはじめとする災害対応の強化、大量退職等に伴う職員数の減少と専門的知識を持った職員の不足、また、電気事業の小売り・発電の全面自由化やガス事業の小売りの自由化等といったそれぞれの事業法に基づく制度改革に伴う影響などから、総じてその経営環境は厳しさを増しつつあります。

　このように、公営企業は、構造的な問題を抱えつつ、サービスの提供を求められるわけですが、経費負担の原則に基づいて、地方税や交付税を財源として公営企業会計に繰出金を負担している一般会計も厳しい財政状況にあります。

　このため、それぞれの地方団体においては、公営企業がこれまでにも増して経営環境の変化に適切に対応し、経営改革に取り組んでいくことが求められています。

　財政健全化法に基づき、事業会計ごとに資金不足比率を積算して、企業経営の健全化を目指すことが、そのために最低限の基本的な対応であることに加えて、現在、公営企業においては、「事業廃止」「民営化・民間譲渡」「広域化等」「民間活用」といった抜本改革の検討にあわせて、経営戦略の策定、公営企業会計の適用等の様々な対応に同時並行的に取り組むことが求められます。特に、巨額の投資が求められる水道事業や

下水道事業については、広域化等の対応への取組が、喫緊の課題です。

④　地方創生等の政策課題への対応

　地方団体においては、いわば「攻め」の観点からの施策の展開も重要です。

　まず、地方創生（まち・ひと・しごと創生）の本格展開が求められています。消滅自治体という言葉そのものが様々な論議を起こしましたが、地方から東京圏への転入が超過している状態を逆転させ、むしろ東京圏から地方への人の動きへと変えていくという目標のもと、地方創生の取組がスタートしました。

　現在、それぞれの地方団体で具体の取組が本格化しつつありますが、地方から東京圏への転入数はむしろ増加しているなど、人の動きを変えることは容易なことではありません。国における構造的な取組にあわせて、それぞれの地域での創意工夫をこらした息の長い取組が必要です。

　また、国土の強靱化や東日本大震災等を教訓として緊急に行うべき防災・減災事業、働き方改革や人づくり等といった政策課題への対応も重要です。これらは、それぞれ別々に推進していくのではなく、地域全体のマネジメントを考えつつ、有機的な連関を図りながら実施していくことが求められます。

⑤　地方団体の基金

　地方団体の基金の積立額は、交付税等の一般財源が大幅に抑制された平成16年度とその翌年度である平成17年度の13.0兆円を底に増加に転じ、東日本大震災分を除いた規模で、平成29年度では22.0兆円となっています。

　このような基金の積立ては、人口が減少し高齢化が進むなかで、臨時財政対策債も含めて財源確保をしながら災害等の支出に備えるとともに、社会保障や公共施設の老朽化対策をしなければならないという不安

もあるなか、それぞれの地方団体の判断と工夫で行われた結果であり、基金が増加していることのみをもって、地方財政は豊かであるという評価には問題があります。

　地方団体においては、それぞれの基金について、積立ての目的や積立額の変動の理由も含め十分な公表・説明をしていくことはもちろんですが、地方財政全体の構造的な健全化を進めていくこと、そのためにも、まずは臨時財政対策債のできる限りの抑制を図ることが必要です。あわせて、基金の増加額については、不交付団体分が3分の1を占めていることからも、偏在性が小さく税収が安定的な地方税体系を構築することや、交付団体についても、老朽化対策等の真に必要な事業については、適宜・適切に実施していける環境を整備していくことが求められます。

　このように、地方団体は、財政健全化の取組にあわせて、少子高齢化や公共施設等の老朽化対策に適切に対処していくことはもとより、地域や経済の活性化を図る観点からも、地方創生、人生100年時代を見据えた働き方改革・人づくりといった政策課題を推進していくための施策を実施していくことも大きな課題です。

　すなわち、人口減の傾向に少しでも歯止めをかけることに全力を尽くすことにあわせて、これまでの人口ボーナスが人口オーナスへ変わっていく局面を、国民の一人ひとりがその能力を最大限に発揮して生き生きと暮らしていくことのできる社会を構築することにより、前向きの姿勢で乗り切っていくことが求められているものです。

　そのなかで地方財政については、国と基調をあわせての歳入・歳出改革努力を徹底しつつ、地方団体にとって予見可能性が高く安定的な財政運営が確保される仕組みを構築していくという視点を基本として対処していくことが重要です。

　地方財政制度はこのような観点から、今後も時代のニーズに応えうるものに変化していかなければなりません。そして、それらの制度をそれ

ぞれの目的に沿って効果的に動かしていけるかどうかは、それに携わる方々にかかっています。そこで、これからの地方団体の財政運営において特に重要と考えられる財政規律の維持と、それを実効あらしめるために必要な基本姿勢（マインド）について整理します。

財政規律にかかわる仕組み

1 はじめに

　現在の地方財政制度は、地方税制度にあわせて交付税制度等によって、どの地方団体も一定水準の仕事ができる財源が保障されるものであり、それが我が国の内政の安定的な運営を維持していく上で大きな役割を果たしてきました。

　さて、交付税も国税という形で徴収された税金を原資とするものですから、地方税と交付税を基本として運用される地方財政に対して、納税者からは、地方自治法第2条第14項に定められているとおり、最少の経費で最大の効果が求められることも当然です。

　制度のあり方として、歳入の効率的な使い方を維持していくためにどのような仕組みがよいのかについては、常に議論になるところです。その考え方の一方にあるのが、完全な自己責任論です。地方団体は、自らの税収で工夫をして仕事をするのが当然であり、国は最低限のことのみに対処すればいいという考え方です。ただ、この考え方では、努力ではどうにもならない部分をどうするかという点がなおざりにされがちです。その結果として、努力そのものまでを放棄せざるを得ないようなケースが生じてしまうと、国全体としても大きな損失です。

　もう一方の考え方は、国として、地方団体の安定的な財政運営をできる限り丁寧に保障することです。地方団体は一定の財政収入の見通しがあるからこそ安心して工夫ができるのであり、国全体のコストとしてみても、よりよい結果になるというものです。ただ、このような仕組みが長く続くと、それほど努力しなくてもそこそこはやっていけるという空気を助長するのではないかという批判が出てくることも避けられません。

これらの考え方は、どちらかが絶対に正しいというものではなく、地方団体に求められる事務事業の内容や量はもとより、その時々の政治経済状況やそれに伴う税収という前提条件のなかで、双方の間を行き来するものです。どのような財政制度を選択するかについては、民主的な手続を経ての政治の判断ということになりますが、いずれの考え方に立つとしても、いかに最少の経費で最大の効果をあげるか、将来の住民につけ回しをしないかなどが基本的に求められるものです。

　この命題を表現するものとして様々な言い方がありますが、ここでは、新味のないものですが、「財政規律の維持」という言葉で集約することとします。もちろん、「財政規律」という用語そのものについても、厳密な定義が本来的にあるものではなく、用いられ方によって様々なレベルがあります。例えば、「国の財政規律を維持する」という場合についてみても、文脈によって次のように様々な考え方が見受けられます。

① 借りたものは必ず返す
　・巨額な長期債務については必ず返済すること
　・元利償還金を定時に返済するという借り手としての最低限の規律
② 収支の均衡
　・赤字国債を発行せずに歳出を賄うという規律
　・公債費の範囲で国債を発行するという基礎的財政収支（プライマリーバランス）の維持という意味での規律
③ 真に必要な公共サービスの実施
　・公共サービスの内容を厳密に精査し、国民のニーズに真に合致するサービスのみを供給するとともに、国民に適切な租税負担を求めるという意味での効率性の実現

　このように、財政規律という言葉には様々な要素が含まれることから、厳密な定義にはこだわらないこととします。その上で、地方団体が交付税制度によって財源調整機能と財源保障機能が確保されるなかで、それぞれの財政規律を維持していくために、特に留意しなければならない仕

組み等として、財政健全化法、地方債、財政マネジメントの強化、公営企業への対応について着目して整理します。

2　財政健全化法

　平成21年度から財政健全化法が全面的に施行されました。分権型の地方財政制度を構築していくために、地方団体の財政破綻についてどのように対処すべきかについては、様々な検討が重ねられてきました。

　そのなかで、特に、夕張市の財政問題が表面化した後には、それまでの財政再建制度については、

・分かりやすい財政情報の開示が不十分であること
・再建団体の基準しかなく早期是正機能がないこと
・普通会計を中心にした収支の指標のみであり、公営企業会計の収支と連結した指標がないことに加えて、ストック（負債等）に課題があっても是正の対象とならないこと
・公営企業の早期是正機能がないこと　等

の課題が指摘されることとなりました。

　財政健全化法においては、これらの課題に対処する仕組みとして、地方団体の財政状況を、「健全」「財政の早期健全化（いわば「イエロー・カード」のレベル）」「財政の再生（いわば「レッド・カード」のレベル）」の3段階に分けて、それぞれの段階における対処方法等について定めることにより、財政の健全性を確保することとしたものです。

　財政状況を判断する指標である健全化判断比率等として、地方団体の長は、「実質赤字比率」「連結実質赤字比率」「実質公債費比率」「将来負担比率」、また、公営企業会計ごとの「資金不足比率」の公表がそれぞれ義務づけられています。

　実質赤字比率は一般会計等において、連結実質赤字比率は公営企業会計を含む全会計において、それぞれどの程度の収支不足が発生しているかについて示す指標です。

実質公債費比率は、一般会計等が負担する元利償還金に加えて、満期一括償還地方債について償還期間を30年とする元金均等年賦償還をした場合の1年あたりの元金償還金相当額、一般会計等から公営企業会計への繰出金のうち公営企業債の償還に充てたと認められるもの等の合計額から、交付税の基準財政需要額に算入された額や特定財源である国庫補助金等を控除して算定される、実質的な公債費の負担の状況について示す指標です。

　将来負担比率は、ストック指標として創設されたものであり、地方債現在高に加えて、退職手当支給額の負担見込額や公社及び損失補償をしている第三セクターの負債のうちの地方団体における負担見込額等の合計額から、これらに充当しうる基金残高や交付税の基準財政需要額への算入見込額及び特定財源見込額を控除した将来の負担の状況について示す指標です。

　また、公営企業の会計ごとに公表される資金不足比率は、一般会計等における実質赤字比率に準じたものです。

① 早期健全化段階
　財政状況が早期健全化段階となった地方団体（財政健全化団体）は、次のとおり、議会の監視の下で自主的な健全化を行うことが求められます。
・財政健全化計画
　　健全化判断比率（実質赤字比率、連結実質赤字比率、実質公債費比率、将来負担比率）のうち、いずれかが早期健全化基準以上の場合には、財政健全化計画を定めなければなりません。
・財政健全化計画の策定手続等
　　財政健全化計画は、議会の議決を経て定め、速やかに公表するとともに、毎年度その実施状況を議会に報告し、公表することが求められます。
・国の勧告等

財政健全化計画の実施状況を踏まえ、財政の早期健全化が著しく困難であると認められるときは、総務大臣又は都道府県知事は、必要な勧告をすることができます。

② **財政再生段階**

　財政健全化段階においては、健全化団体が、議会や住民と向かい合いながら自主的に健全化を進めるものですが、それが著しく困難であると認められる場合には国の勧告等も制度として組み込まれていることから、これらの措置により、基本的には、健全化が達成されることが想定されます。ただ、これらの措置を講じてもさらに状況が悪化した場合には、財政再生団体とされ、次のとおり、いわば国の管理の下で、再生に取り組むことが求められます。

・財政再生計画

　　再生判断比率（実質赤字比率、連結実質赤字比率、実質公債費比率）のいずれかが財政再生基準以上の場合には、財政再生計画を定めなければなりません。

・財政再生計画の策定手続

　　財政再生計画は、議会の議決を経て定め、速やかに公表するとともに、毎年度、その実施状況を議会に報告し、公表することが求められます。

・財政再生計画の国の同意と地方債の制限

　　財政再生計画は、総務大臣に協議し、その同意を求めることができます。財政再生団体は、財政再生計画に総務大臣の同意を得ている場合でなければ、災害復旧事業等を除き地方債の起債ができません。この点と次の再生振替特例債の発行が可能となることが、総務大臣の同意を得ることによるポイントです。

・再生振替特例債

　　財政再生計画に総務大臣の同意を得た財政再生団体は、収支不足

額を振り替えるため、地方財政法第５条の規定にかかわらず、総務大臣の許可を得て、償還年限が財政再生計画の計画期限内である地方債（再生振替特例債）を発行できます。

・国の勧告、配慮等

　財政再生団体の財政運営が計画に適合しないと認められる場合等においては、総務大臣は予算の変更等の必要な措置を講じることを勧告できます。

　また、再生振替特例債の資金に対する配慮等、財政再生計画の円滑な実施について、国と他の地方団体は適切な配慮を行うこととされています。

これらの仕組みにより、財政再生が確実に実施されることとなります。現在、財政再生団体は夕張市のみです。夕張市においては、旧財政再建法の下での平成18年度の再建のスタートから、平成41年度までというかつて例のない長期の再生計画に取り組んでおり、市をあげての努力の結果、着実に再生が進められています。

　財政健全化法は、健全化団体になった段階、いわばイエロー・カードの財政状況になれば発動して健全化状態に戻すという仕組みに主眼があるのではなく、むしろ、それ以前の段階、すなわち、全ての地方団体において、毎年度の決算にあわせて健全化判断比率等を作成し公表するとともに、それらに基づき自らの財政状況を分析しよりよい財政運営を目指すことにより健全な財政運営の維持を図ることに主眼があるものです。

　また、健全化判断比率等は、あくまでも、財政健全化法に基づき全国共通に適用される仕組みのなかで定められた必要最小限の指標です。それぞれの地方団体においては、この指標を参考にしつつ、自らの財政状況の分析に適した新たな指標をつくるなどの工夫はもとより、他の団体との比較等によって、より効率的な財政運営を目指していくことが求められます。

このように、財政健全化法は、地方団体の財政規律の維持のための根幹的な仕組みといえるものです。各地方団体においては、この仕組みを基礎として、様々な工夫により、それぞれの財政規律を維持・強化していくことが求められます。

3 地方債
(1) 地方財政法と財政健全化法
　将来の住民に償還の負担を負わせることとなる地方債については、発行する地方団体はもとより、住民（議会）、金融市場（以下「市場」といいます）、国がそれぞれの立場で深くかかわっており、それにあわせて、地方債の発行・管理についての様々な規律づけがされているところです。地方債について、財政規律の維持という観点からは、次のように整理されます。

① 元利償還金は定時に必ず返済する

　リスク・ウエイトがゼロとされている地方債の管理において、絶対に守られなければならない最低限の規律ともいえるものです。そのための減債基金等への計画的な積立て等はもとより、財政再生団体や財政健全化団体となってもこれだけは必ず実行することが求められます。

② 建設地方債のみにより歳出と歳入の均衡を図る

　将来の住民も便益を得られる施設については、地方債を財源として建設してその元利償還金について将来の住民による応分の負担を求めることが認められるという、地方債による財源調達が妥当であるとされる根拠から導かれる要請です（この点から、臨時財政対策債の位置づけが問題となりますが、(4)①（166ページ）を参照してください）。

③ 将来世代に不要なツケを回すような事業はしない

　地方債についての財政規律を云々する前に、これこそが基本といえるものです。

これらによって、地方債の発行・管理も含めてできる限り地方団体の財政運営における自己責任を拡充していくとともに、将来世代も含めた納税者にとって納得の得られる財政の健全性を実現していくことが求められるのです。

　財政健全化法に基づく健全化判断比率等も、元利償還金や地方債残高にかかわりが強いものであり、地方団体は、地方債の発行・管理について、常に、説明責任が求められます。

　ここで、地方債制度の変遷を簡単に見てみましょう。

　地方債制度については、地方分権推進計画等に基づき地方財政法等を改正し、平成18年度から、明治以来の仕組みであった許可制度から協議制度へと移行しました。それまでの許可制度は、地方債の発行を原則禁止とした上で、許可により禁止を解除するという仕組みでしたが、協議制度においては、地方債の発行は法律に定める範囲内では原則自由とした上で、協議により公的資金（財政融資資金、地方公共団体金融機構資金等）の配分と交付税措置についての調整等を行う仕組みとしたものです。

　このように、協議制度への移行は、地方債の発行について、それまでの原則禁止を抜本的に転換して、違法でない限りは原則自由とした制度改革でした。

　許可制度においては、許可方針等の運用規定は、原則禁止しているものを許可により解除するという許可権の行使についての考え方を整理したものでした。したがって、地方財政法第5条の解釈上は地方債を財源とすることについては可能であると考えられる事業（いわゆる「適債性」のある事業）であっても、国及び地方を通じての非募債主義の原則や、財政運営の健全性の確保の観点から、地方債を財源とすることが適当ではないと考えられる場合は、適・不適のレベルにおいて、様々なケースに即して、地方債の発行を許可しないという判断がされたところです。

　一方、協議制度においては、違法でない限り地方債の発行は原則として自由です。地方財政法第5条等に基づき適債性があると認められる事

業については、地方債を起こす地方団体の財政運営上の適・不適の問題は別として、少なくともその事業の財源に地方債を充てることは違法ではないということとなります。

したがって、協議を受ける国においては、適債性があると認められる事業の財源として、Ａ市が地方債を発行することには同意して、Ｂ市については同意に至らないという判断は、公的資金の配分や交付税措置等の観点からはあり得るものですが、Ｂ市が同意を得ないままに地方債を発行しても違法ではないということが基本となるものです。ただし、同意が得られないままに地方債を発行するということは、双方が意思の合致に向けて誠実に行うことを前提とする協議制度においては、極めて例外的な判断です。同意を得ないままに地方債を発行する場合は、原則として事前に議会への報告が必要とされていますが、協議制度への移行以来、このような事例はないというのが現状です。

地方財政法における許可制度から協議制度への移行は、地方債の発行についての基本的な考え方を変革するものでした。そして、それぞれの地方団体は、自らの財政規律の問題として地方債の発行・管理に対処することが、許可制度に比して、より強く求められることとなったものでもあります。

なお、平成21年度に財政健全化法が全面的に施行される以前から、地方債協議制度においては、地方債の信用維持等のため、元利償還費又は決算収支の赤字が一定水準以上となった地方団体については、地方債の発行に許可を要することとする等の早期是正措置を講じることとしています。これは、地方財政法に基づく措置ですが、その後に制定された財政健全化法との関係を整理すると次のとおりです。

実質公債費比率について、18％以上25％未満の地方団体は地方債の発行については許可の対象となることとし、自主的に公債費負担適正化計画を策定し、許可は基本的にその計画を踏まえて行うこととしています。

25％以上35％未満の地方団体は、財政健全化法に基づき財政健全化計

画の策定が義務づけられることから、許可はその計画を踏まえて行うこととしています。ここまでが地方財政法に基づく許可となります。

35％以上の地方団体については、財政再生計画の策定が義務づけられ、地方債の許可についても、財政健全化法に基づき行うこととなります。すなわち財政再生計画について総務大臣の同意を得た場合については、その計画を踏まえて許可をすることとなりますが、同意を得ていない場合については、災害復旧事業、直轄事業負担金等の政令で定められた事業の財源についてのみ、許可により起債ができることとされています。

このように、地方団体の財政運営に大きな影響を与えうる地方債の発行については、地方財政法及び財政健全化法に基づく複層的な仕組みによって適切に管理されるとともに、交付税により元利償還金の一部について財源措置がされることとあわせて、その計画的な償還が確保されているものです。

地方債の発行・管理について地方団体の自主性をより高める観点から、これらの仕組みを前提としつつ、平成24年度から協議制度の特例としての届出制度が導入され、平成28年度からは、民間資金については原則として届出制度とされているところです。その概要は、図5のとおりです。

図5　地方債届出制度の概要

協議不要対象団体が民間等資金債等を発行する場合は、協議をすることを要さず、届出による。[地方財政法§5の3③・⑥]

○協議不要対象団体とは、以下の①～④の要件を全て満たす地方団体

①実質公債費比率	18％未満	③連結実質赤字比率	0％
②実質赤字額	0	④将来負担比率	400％未満・350％未満
			（都道府県・政令市）（一般市区町村）

（実質公債費比率のケース）

	18%		25%		35%	
届出 （公的資金※は協議）		早期是正措置としての地方債許可 [地方財政法§5の4①]			健全化法許可 [健全化法§13①]	
		公債費負担適正化計画		財政健全化計画（早期健全化）		財政再生計画（財政再生）

※公的資金のうち特別転貸債及び国の予算等貸付金については、届出対象である（H28年4月～）

(2) 地方債制度を構成する様々な主体

地方債制度については、地方団体、住民（議会）、市場、国が、それぞれの立場でかかわっています。地方債制度についてのとらえ方、あるいは制度のあり方についての提言は、これらの構成主体のどこに重点を置くか、あるいはいずれの主体としての立場から行うかによって変わるものであり、財政規律についても、この視点を踏まえての検討が必要です。

例えば、地方債の発行主体である地方団体の他の主体とのかかわりは次のように整理できます。

○地方団体と住民（議会）

地方団体は、住民に対するサービスを提供するための財源を調達するために、地方債を発行しますが、それによって財政規律に問題が生じないこと、将来世代との負担の公平が図られること等について、予算・決算等に関連する様々な財政情報の開示により、住民や議会に説明責任を果たすことが求められます。

○地方団体と市場

地方団体は市場からできる限り有利な条件で資金調達をするためにも、自らの財政規律が適切に維持されている点について、財政状況の開示やIR（Investor Relations：投資家向け説明）等を積極的に実施し、金融機関や投資家に理解を求めることが必要です。

○地方団体と国

国が構築する地方税・交付税制度、地方債制度、財政健全化制度等の地方税財政制度に即して、地方団体は財政規律を維持しています。あわせて、国は、財政融資資金の貸し手としても、地方団体とかかわっています。

地方団体から地方債制度における他の構成主体との関係を概観すると以上のとおりですが、例えば、貸し手として地方債資金を提供する市場

から見た場合には、当然、貸し手としての視点や関心が強いものとなります。

　地方債制度については、かかわりを持つ主体が多数あることから、地方団体の立場だけではなく、これらの点を念頭に置いての対応も重要です。

(3) 地方債の発行についての財政規律を確保するその他の仕組み

　地方債の発行については、その償還についての義務を負う地方団体自らの判断と責任で行うべきであるという考え方が基本です。

　その場合、借り手としての基本的なスタンスは、多くの貸し手のなかから、借り手にとって最も有利な条件で借りうる状況が構築されていることが望ましく、できる限りそのような状況を実現すべく努力することとなります。

　あわせて、借りようとする資金を充当する事業については、住民の代表である議会での議論を経てすでに承認を得ているものであることから、貸し手からその必要性・妥当性等について重複的にコミットされない仕組みであることが望ましいこととなります。

　これらが貫徹される仕組みが構築されると、借り手としては勝手の良い仕組みとなります。その一方で、議会や住民のチェックがあるとしても、それらはあくまでもその時点での見通しや判断に立ったものです。借り手として安易に資金を調達して財政破綻を招いたり、将来世代に巨額のツケを回すというリスクが発生する可能性は否定できないものであり、その負担を求められるのは、将来の納税者です。

　そのため、地方債の発行主体である地方団体の財政運営の自立性を十分に確保しつつも、地方債の発行についての財政規律を確保する仕組みがあわせて求められるものです。

　そこで、地方財政法に定めるところにより地方債の発行対象経費を建設事業等に限定することにあわせて、次のような様々な規律があり、そ

れらを組み合わせて財政規律を実効あるものとしていくことが求められています。

　○行政機構の内部統制による規律
　　　行政評価、財政情報の開示、公会計の整備、監査（外部監査を含む）等
　○住民（議会）による民主主義のプロセスを通じた規律
　　　予算・決算審査、パブリックコメント、直接請求、住民訴訟、選挙等
　○市場による規律
　　　融資審査、流通利回りの差、IRの推進、格付け等
　○国による規律
　　　協議制度における早期是正措置（許可）、健全化判断比率等が一定レベル以上の地方団体の財政健全化計画・財政再生計画の策定の義務づけ、財政再生団体の地方債発行についての許可、財政再生計画への同意及び助言・勧告等

　国による規律については（1）（153ページ）のとおりですので、それ以外について、以下、「市場以外による規律」と「市場による規律」に分けて整理します。

① 市場以外による規律

　ある事業の財源として地方債を用いることについての基本的な問題点として、「将来世代にとっても、本当に必要な事業なのか」「地方債の償還期間を通じて最少の経費で最大の効果を上げうるものなのか」等が十分に検証できているかどうかがあります。

　社会資本整備を地方債で賄いうることとしているのは、その便益を享受する将来世代にも元利償還費を負担してもらうことが世代間の公平の観点から適切であるとの考え方に基づくものとされています。しかし、将来世代は、その社会資本整備が本当に自分たちにとっても必要なもの

かどうかについての決定に参加できません。

　決定時において、社会経済情勢、地域の将来、人口の構成、行政ニーズ等を踏まえた的確な判断ができない場合、将来世代にとっては不必要であると評価される社会資本が残され、負担のみが生じることとなる可能性があります。また、決定時においてはその時点で最高のものとされた施設であっても、その後の想定ができなかった状況の変化により、陳腐化した利用価値の低いものとなることは、常にリスクとしてあり得るものです。

　真に必要な事業を最小のコストで実施するための財源調達としての地方債の発行であるかどうかを地方団体自らが検証する仕組みの強化が求められる所以です。

（ⅰ）行政評価

　様々なニーズに対処する公共サービスを、限られた財源のなかで有効かつ効率的に提供するために、PDCA（PLAN―DO―CHECK―ACTION）サイクルを実効あるものとすることが重要です。

　すなわち、施策の計画（PLAN）に際しては、その必要性、具体化の手法についての慎重な検討を行い、実施する（DO）とともに、その施策の実施効果について検証・評価し（CHECK）、改善（ACTION）していくことが求められます。

　この検証・評価の部分（事前に実施するケースも含みます）が、一般的に行政評価といわれるものであり、各地方団体において、それぞれの創意工夫のもとで、政策、施策、事業等の様々なレベルにおいて実施されています。地方債を財源として実施される事業については、それぞれの地方団体において相対的に事業規模の大きなものですから、事業効果について、事業費と負担の関係からの詳細な評価が求められるものです。

　また、地方団体においては、行政内部における事前や事後の行政評価の実施によるチェックにあわせて、外部監査を含めての監査機能の一層

の強化も求められています。

(ⅱ) 住民のチェック

　受益と負担や財政規律の観点から、住民が行政サービスの質やコストをチェックするとともに、行政側も住民の満足度がより高いレベルで得られるよう、事業効果や財政指標を分析・検証していくことは、地方自治の基本でもあります。

　地方債の発行は、将来の住民の負担を伴うものであり、事業の必要性、具体の内容や財源の妥当性等について、住民の代表で構成される議会における審議においてチェックされるとともに、事業そのもの、あるいは、事業に関する行政評価についての住民へのパブリック・コメントの実施等を通じてのチェックが行われることもあります。行政サービスの受益者であるとともに、納税者として負担者でもある住民のチェックは、財政規律を担保する観点からも大きな意義を有するものです。

② 市場による規律

(ⅰ) 財政資金としての地方債

　それぞれの地方団体の自助努力のみでは解決し得ない地域間の財政力の格差が現実に存在するなかにあって、地方団体に多くの事務事業の実施が求められる国と地方の役割分担の現状を前提とすると、地方債も地方税や交付税、国庫支出金とともに地方の歳入を構成する重要な財政資金の一つであると位置づけて、所要の地方財源を確保することが求められます。

　この観点からは、国において、元利償還金についての交付税による財源保障や長期かつ低利の公的資金の確保等の仕組みを構築するなど、できる限り地方債の発行が円滑に行われるための条件設定をすることが必要となります。

(ⅱ) 金融商品としての地方債

　一方、資金を提供する市場から見た場合、地方団体の発行する地方債証券も金融商品の一つです。

　一般的に、貸し手や投資家としては、「どの程度の期間でどの程度の利益を得られるか」、また「償還確実性がどの程度あるのか」「売りたいときにすぐに買い手が見つかるものかどうか」等の総合的な判断によって、資金の供給量や条件を決断するものです。

　このうち償還確実性については、銀行等の自己資本比率規制に関する国際統一基準を定めたBIS規制における地方債のリスク・ウエイトは、当初（昭和63年）は10％とされていましたが、平成6年に国と同様の0％に引き下げられました。その後、新しい自己資本比率規制（バーゼルⅡ（平成16年））においても、信用リスクの標準的手法において、地方債のリスク・ウエイトは引き続き0％を維持されています。

(ⅲ) 国際的な金融情勢と地方債市場

　例えば、サブプライムローン問題に端を発した世界的な金融不安の影響を受けて、国内の債券市場も不安定な状態となり、債券取引自体を手控える投資家の傾向も強くなったなかで、地方債の対国債スプレッドが拡大傾向となったことがありました。

　このように、地方団体自体の信用力が低下したのではない場合でも、債券市場が不安定化した場合には、地方債の発行条件に影響が生じうることについても、十分に視野に入れておくことが必要です。

(ⅳ) 市場側から見た地方団体の信用力

　「地方債について、地方団体間の信用力の差はない」というのがこれまでの国としての見解です。これは、全ての地方債は国の制度的な財源保障により約定どおり返済されるものであり、標準的な手法によるリスク・ウエイトについてもゼロとされているという内容を意味してのもの

です。

　一方、国の制度的な財源保障はあくまでも「暗黙の政府保証」というべきものであり、少なくとも、個別の地方債の具体の償還については、実定法等に基づく明示の保証がないことから、その限りにおいては格差はありうるとの考え方が市場側から示されることがあります。

　現実的にも、地方債の発行条件については、個別銘柄ごとに様々な対国債スプレッドが発生しています。市場参加者にとっては、発行体が異なる場合はその債券に何らかの区別をつけることによって流通利回りの差をつけるということが一般的な行動原理の一つです。この流通利回りの差の原因の一つが流動性プレミアムに加えてリスク・プレミアムであるとする立場に立てば、地方債の信用力に差があるとの見解となりうるものです。

　「信用力」という言葉は、リスク・ウエイトのほかに、各地方団体の財政力、財政規模、様々な財政指標等から説明されることがあるように、それを用いるに際してどのような意味を込めるかについての違いが出てくるものです。したがって、信用力に差があるかどうかという議論についても、どのような認識に基づく議論をしようとしているのか、その考え方を明示した上での、丁寧な論理展開が求められます。特に、地方債を発行する側である地方団体においては、様々な考え方の存在を認識しつつ、地方団体としての考え方についての理解を得るべく、継続的な努力を重ねていくことが重要です。

(ⅴ) 市場と向かい合う必要性

　これまでの政策金融改革、財政投融資改革、行政改革等の結果として、地方債の資金調達についても「官から民へ」が大きな方向性とされているところであり、基本的に、民間資金等のウエイトが高められていく方向にあります。

　したがって、新たな投資家層を拡大して、地方債市場を発展させるこ

とが求められています。そのためには、地方債市場のインフラとして、公会計の整備による財政情報のより的確な開示やIRの実施等を積極的に推進していくことが重要です。

なお、市場と向かい合うことは、決して受動的に求められているものではないことにも、注意が必要です。地方債の発行側としての地方団体から見た場合においても、安定的な消化基盤を確立する観点から、資金調達を特定かつ少数の金融機関に依存するだけではなく、幅広い投資家にアプローチするために市場公募債を拡充することは有益です。

(ⅵ) 市場と向かい合うことによって見込まれるもの

全ての地方団体において地方債は約定どおりに返済されており地方団体の信用力に差はないという行政側の考え方とは別に、財政状況が悪い地方団体においては、貸し手や投資家側の判断においてリスク・プレミアムを上乗せされたとされる金利を支払う必要が生じる可能性が指摘されることがあります。

現在の歴史的な超低金利の状況下にあっては、地方団体間でそれほどの金利差は生じていませんが、金利が上昇すると無視できない金利差が発生する可能性が考えられます。それがリスク・プレミアムによるものであるとするかどうかは別として、金利差の発生そのものが、地方団体が「借り手意識」を自覚的に有する契機となることにより、市場に対して財政状況のより適切な開示の努力を重ねるとともに、財政状況を改善するインセンティブとなりうることが考えられます。

(ⅶ) 市場のチェックについての留意点

一方、市場側のチェックが万能であるというわけでもありません。市場のチェックは、あくまでも貸し手としての運用収益を重視した観点から行われることから、必ずしも地方団体の財政運営の健全性や妥当性を全体として評価をするものでもないという点にも、留意が必要です。

チェックが及ばない可能性として、次のケースなどが指摘されるところです。

・確保できる収入の範囲で可能な限りの行政サービスの提供を追求するために中長期を見据えての施策の工夫をするよりも、一律的な歳出カットを単純に選択することにより現段階での数値の上では財政指標が優れている地方団体の発行する地方債の方が、市場では高い評価を得る可能性があること
・税収が豊かで財政的な余力がある地方団体であれば、仮に、真に必要であるとは考えられない事業をしようとしていても、その財源として発行する地方債が高い評価を受ける可能性があること

市場参加者の主たる判断基準として、ある地方団体の発行する地方債に資金供給をすることによりどのような利益を得られるかが最大の関心事であることにも留意が必要です。

(4) 特例債と財政規律

平成30年度地方財政計画においては、地方財政全体として6兆1,783億円という巨額の財源不足が見込まれており、その多くについてを地方債の増発によって対処せざるをえないことから、地方債総額9兆2,186億円のうち、交付税の代替措置として発行を認められるいわゆる赤字地方債である臨時財政対策債が3兆9,865億円と大きなウエイトを占めています。

これは、地方団体が主体的な財政運営を行う観点から適債経費である建設事業等について地方債の発行の是非を判断し財政資金として活用するという本来の姿とは異なり、国が設定した財源対策のフレームに沿って特別に地方債を発行しない限り円滑な財政運営が確保できないという状況にあることを意味するものであり、地方債を各地方団体の判断において財政資金として活用する選択肢が制約されているともいえるものです。

地方債の発行についての自主性を高める観点からも、経済の再生により税の増収を図るとともに、地方税財源を拡充し、徹底的な行財政改革を引き続き推進するなかで、特例的な地方債に依存している状況を改善し、さらには脱却していくことが求められるところです。

ここまでは、地方債と財政規律という観点から、地方債制度を全体としてとらえ、地方債を財源とする具体的な事業や経費等の内容については区分せずに整理してきましたが、特に、地方財政法第5条の特例として発行を認められている地方債については、財政規律上問題があるのではないかとの指摘がされることがあります。そこで、特例債の主なものである臨時財政対策債と退職手当債について、財政規律の観点から論点を整理することとします。

① 臨時財政対策債

各年度において地方財政全体での財源不足が見込まれる場合には、地方財政対策により補塡措置を講じることとしています。その際、本来的には、交付税の増額によって財源不足額の全額を補塡することが望ましいのですが、国税収入そのものも大幅に不足する状況にあることから、交付税総額の不足分の一部を臨時財政対策債に振り替えて対処することとしています。

すなわち、各地方団体に対する普通交付税の算定については、交付税法第11条等に基づき基準財政需要額を算定した上で、そこから、特例として附則第6条の2に基づき算定した額（臨時財政対策債への振替額）を控除した額をその年度の基準財政需要額とすることとしています。

これにあわせて、地方財政法附則第33条の5の2に基づき、各地方団体は、地方財政法第5条の特例として、臨時財政対策債への振替額の範囲内で地方債を発行することができることとされています。この地方債が臨時財政対策債です（第3章4(1)⑤（225ページ）を参照してください）。

このように、臨時財政対策債は、地方財源不足を制度的に補塡するた

めのものですが、「個々の地方団体の財政運営の結果として生じることとなった財源不足額」を補塡するものではなく、「地方財政制度において交付税の交付される全ての地方団体についてそれぞれ標準的に発生すると見込まれる財源不足額」の一部について、交付税の代替措置として制度的に発行が認められるものです。

このような臨時財政対策債の性格から、その発行可能額に係る元利償還金相当分については後年度に地方財政計画に計上した上で全額が交付税措置されるものです。このため、具体的な発行条件と交付税の理論算定における発行条件に差が生じる場合を除き、実質公債費比率に影響するものではありません。

したがって、地方財政全体の財政規律の観点から、財源不足分を賄う仕組みとして、臨時財政対策債に頼らない財政構造へいかに改善していくかという点は極めて重要な課題ですが、臨時財政対策債の発行そのものは、個々の地方団体の具体的な財政運営における財政規律の問題としてとらえられるべきものではありません。

なお、交付税の代替措置である臨時財政対策債の発行可能額は、各地方団体の普通交付税の算定過程で決定されるものであり、発行団体の意思が介在する余地はありません。そのため、臨時財政対策債の発行については、通常の協議・届出での対応となりますが、退職手当債については、総人件費の削減を行いながらどの程度の発行をするかは各地方団体の判断となることから、次の②のとおり、その発行には例外的に許可が必要です。このような取扱いも、臨時財政対策債と退職手当債の性格の違いを示しています。

② 退職手当債

団塊の世代以降の大量の定年退職に伴う平成18年度以降の退職手当の大幅な増加に対処しつつ、地方公務員の総人件費削減を進めるため、平成18年度から平成37年度までの特例措置として、今後の定員管理や給与

の適正化についての計画（定員管理・給与適正化計画）を作成して将来の総人件費の削減に取り組む地方団体を対象に、総務大臣又は都道府県知事の許可により、退職手当の財源に充てるために発行が認められる地方債です（地方財政法附則第33条の5の5、第33条の8）。

　発行可能団体は、平年度ベースを上回る退職者があるとともに定員管理・給与適正化計画を定めて総人件費の削減に取り組むものとされ、退職手当債の発行見込額に係る元利償還見込額が定員削減等による将来の総人件費の削減額の総額の範囲内となる額を対象に許可するものです。

　退職手当については、職員の年齢構成から各年度の退職者数が見込まれるものであり、民間企業等の退職給付引当金と同様に基金の積立て等により財源を確保すべきであることから、地方債に財源を求めることは、財政規律上問題であるとの指摘がされることがあります。

　このようなことも踏まえ、定員管理や給与の適正化により財源が確保できる範囲で、協議・届出の例外として、総務大臣又は都道府県知事の許可によりその発行を認めることとしているものです。また、元利償還金については、個別の発行団体の実績に基づく交付税措置は行われないこととされています。地方団体においては、このような仕組みを踏まえ、財政規律の維持はもとより、それぞれの財政運営の見通しを踏まえて、退職手当債の発行について判断することが求められるものです。

(5) 財政指標についての留意点

　地方債の発行に際して財政規律を保持していくために活用することが想定される財政指標についても、留意すべき点があります。

　財政健全化法に基づき、一般会計等については、フロー指標として実質赤字比率、連結実質赤字比率、実質公債費比率が、ストック指標として将来負担比率が、全ての都道府県、市町村において作成され公表されるものですが、これらの指標は、全国一律に客観的・公平に財政状況を把握することを目指して作成するものであり、個々の地方団体の具体的

な財政状況の全てを反映するものではありません。したがって、指標の数値上は問題がないことから、直ちに、財政状況に何の問題もないということではないことに留意が必要です。

あわせて、地方債制度においては、地方債の信用維持等のため、公債費の負担等が一定水準以上となった地方団体については、地方債の発行に許可を要する等の早期是正措置を講ずることとしており、実質赤字比率及び実質公債費比率が、許可制度への移行の判定基準として用いられています。

このうち元利償還金と直接的にかかわる実質公債費比率については、18％以上の場合に許可の対象団体とすることとされており、平成28年度決算においては、15団体（都道府県：3団体、市町村：12団体）が許可の対象とされています。

それぞれの地方団体において、まず、実質公債費比率が許可ラインを超えないように配慮しながら財政運営が行われているところですが、許可ラインを超えなければ財政運営上ゆとりがあるかというと、必ずしもそういうものでもありません。

例えば、「公債費管理における普遍的な指標である実質公債費率については、許可水準までは悪化しておらず健全性を保っていることから財政運営上問題がない」と住民や議会等に説明しているにもかかわらず、一方では、「財政の健全性を確保するために厳しい歳出カットを行わざるをえない」との説明を同時に行い、財政状況の説明として分かりづらいとの印象を与えているケースが見受けられるのはなぜでしょう。

その一因として、交付税制度における留保財源（第1章Ⅱ4（59ページ）を参照してください）との関係が考えられます。元利償還金の基準財政需要額に算入されていない部分は、留保財源対応となります。一方、それぞれの地方団体が自らの判断で政策的に実施する事業の財源の多くも留保財源によっているところです。留保財源が相対的に小さい団体ほど、基準財政需要額に算入されない元利償還金部分が留保財源を圧迫します

ので、実質公債費比率の水準そのものは特に問題がなくても、地方税収の増加により留保財源が元利償還金の増加見合い分以上に増えなければ、これまで留保財源で対応できていた政策的な事業の財源が不足することとなり、財政運営の幅が制約されることとなりうるものです。

このように、実質公債費比率の水準そのものは特に問題がないということは、財政運営上問題がないということの十分条件ではなく、必要条件といえるものです。これは一例です。こうしたことなども十分に踏まえて、それぞれの財政状況の分析や説明をしていくことが求められます。

4　財政マネジメントの強化

国・地方ともに厳しい財政制約に直面するなかにあっても、地方団体は医療、介護、子育て支援、教育、社会資本整備等の増大し多様化する住民ニーズに的確に対応することが常に求められています。

また、民間事業者の提供するサービスが日々進化を遂げていくなかにあって、地方団体においてもクラウド化等の推進によるシステムコストの圧縮、住民の利便性の向上のための総合窓口の設置やコンビニにおける証明書の交付、マイナンバー制度の活用など、行政事務や行政サービスにおけるICTの役割は、ますます高まるものと見込まれます。

こうした状況等も踏まえ、業務の標準化や効率化に努めるとともに、民間委託等の積極的な活用等による更なる業務改革の推進が必要となります。そして、このような取組の成果として捻出された人的な資源を公務員が自ら対応すべき分野に集中していくことが極めて重要となります。

このため、地方団体においては、行政サービスのオープン化・アウトソーシングの推進、情報システムのクラウド化の拡大、公会計の整備、公営企業・第三セクター等の経営健全化、PPP/PFIの拡大等といった行政サービス改革や財政マネジメントの強化に取り組んでいます。

ここでは、特に、財政規律の観点から、財政マネジメント強化のため

の基本的かつ有効なツールである公会計と公共施設等総合管理計画について整理します。

(1) 公会計の整備と活用の促進

公会計は、現金主義会計による予算決算制度を補完するものとして、発生主義・複式簿記といった企業会計的手法を活用することにより、現金主義会計では見えにくいコスト情報やストック情報を把握することを可能とするものであり、中長期的な財政運営への活用が期待されるものです。

公会計の整備については、従前においては複数の方式があり、その内容も、ほぼ企業会計方式に沿ったものから、仕訳を行わずに作成する簡便なものまであったため、その方式を統一化して、整備を進めることとしました。結果として、ほぼ全ての地方団体で統一的な基準に基づく公会計が導入されつつあります。

公会計を整備するなかで、固定資産台帳も整備されます。地域経営という言葉が使われて久しいですが、少なくとも「経営」という以上は、(2)で述べるとおり、公共施設等の老朽化対策の必要性が高まるなかにあって、まず、地方団体が自らの所有する全ての施設や資産について、減価償却の状況を把握し、将来の負担を考えながら、集約化や複合化はもちろんとして最適なコストでの維持管理や更新等に対処し、行政サービスの提供に用いることが必須となっています。

公会計をどのように活用するかについては、全ての地方団体に問われているものです。そのためには、公会計の整備にあわせて、決算情報の分かりやすい地方団体間の比較（いわゆる「横比較」）等の「見える化」も極めて重要です。よりよい状況にある他の地方団体と比較をされるということは、その時点においては苦しい面もありますが、自らの財政状況を様々な角度から他の地方団体と比較して開示し、議会や住民に財政の実情についての理解を深め、議論いただくことは、長い目で見ると極

めて有効です。

(2) 公共施設等総合管理計画

　今後の財政マネジメントにおいて、特に重要となるのが、公共施設等の総合的かつ計画的な管理です。Ⅰの2②（142ページ）のとおり、我が国においては、人口急増期でもあった高度経済成長期に大量の公共施設等が建設されました。今後、これらの公共施設等が、一斉に更新時期を迎えていきます。今後の人口動態を見極め、公共施設等の利用状況を見通した上で、集約化・複合化をはじめとした地域における最適配置が求められるところです。

　そのため、まず、所有施設等の現状を踏まえて施設全体の管理に関する基本的な方針を定める「公共施設等総合管理計画」が、平成29年度までに、ほぼ全ての地方団体で策定されました。

　さらに、この公共施設等総合管理計画に基づき、個別施設の具体的な対応方針を定めるものとして、点検・診断によって得られた個別施設の状態を踏まえての維持管理、更新等に係る優先順位の考え方や具体の対策の内容、実施時期を定める個別施設計画を、平成32年度までに策定することが求められています。

　これらの計画は、国のインフラ長寿命化基本計画（平成25年11月関係省庁連絡会議決定）の、地方団体における行動計画等としての位置づけを有するものです。厳しい財政制約のなかにあって、最小限のコストで、効果的に公共施設等の維持管理・更新をしつつ活用していくことが求められます。

5　公営企業

(1) 公営企業の現状と直面する課題

　地方財政を会計から見ると、税収入をもって行う一般会計等（普通会計）と、料金収入をもって行う公営企業会計に大きく分かれます。この

うちの普通会計の分野については、本書でも、交付税制度を中心に整理してきたとおり、様々な制度改正の積み重ねにより、一定の完成した体系ができており、財政規律をいかに維持しつつその運用を行っていくかが、主に問われている状況であるといえます。

　これに対して、公営企業は、かつては人口が増加していくなかで、求められるサービスをいかに的確に供給していくかという観点から様々な対応がなされてきたものですが、現在の公営企業をとりまく環境は変化が激しく、また厳しいものであることから、制度的な対応も含めて様々な課題に対する解決策を見出していくことが、財政規律の維持の観点からも強く迫られている状況といえます。

　一例として、水道事業を見てみましょう。水道事業は、水道法において、原則として市町村が経営するものとされていて、平成27年度の普及率は97.9％とほぼ整備が完了しています。住民の生活に直結してその健康を守るために欠くことのできないライフラインであり、公衆衛生の向上や生活環境の改善という観点からも公共性の強い事業ですが、サービスの提供について、能率的な経営を促進し、その経済性を発揮させるために、公営企業として行うこととしているものです。

　水道事業を実施する事業体は、多くの地方団体で、今後人口が減少するとともに節水の取組の推進からも利用する水の量が減少することが見込まれるわけですから、構造的に顧客が減少するとともに、一人あたりの販売量も低下傾向にあるマーケットに向かい合う企業といえます。

　事業全体としては、このように料金収入の減少が見込まれるなかにあって、これまでに整備した施設の老朽化に伴う大量更新、耐震化、資産規模の適正化、人材の育成による技術の継承、新技術の導入等にいかに対処していくかが経営上の課題とされています。

　特に、老朽化対策は、公営企業に限らず、全ての地方団体の施設に当てはまる問題ですが、例えば、老朽化して危険な公民館であれば当面は

閉鎖した上で今後のあり方を検討するという対応もできますが、水道の老朽管が破裂すれば日々の生活に直接の影響を直ちに与えることから、より速やかに対処することが求められるサービスです。

　このように、公営企業は、構造的な問題を抱えつつ、料金収入を基本としてサービスの提供が求められるわけですが、経費負担原則（次の（2）で述べる繰出基準）に基づいて、地方税や交付税を財源として公営企業会計に繰出金を負担している一般会計も厳しい状況にあります。
　このため、それぞれの地方団体においては、公営企業がこれまでにも増して経営環境の変化に適切に対応して、持続可能な経営を維持していくことが求められることから、抜本的な改革、経営戦略の策定、公営企業会計の適用等の様々な対応に同時並行的に取り組んでいるところです。
　なぜ、これほど同時並行的に多くの対応が求められるかとの疑問を抱かれることもありそうです。確かに、公共施設等総合管理計画の策定や公営企業会計の適用により、料金回収すべき費用を客観的に見通して把握した上で、抜本的な改革による方向性を定めて、経営戦略を策定するというスケジュールがあってもいいのかもしれません。ただ、残念ながら、これらの対応が全体として遅れてきたことも事実です。現在の環境変化に迅速かつ的確に対処するためには、同時並行的に取り組んでいくしかないというのが現実であると受け止めて対処する必要があります。
　経費負担原則に従って繰出しを行う一般会計等の側も、このような公営企業会計が直面する課題を共有して、地方団体全体として適切に財政規律を働かせていくことが求められています。

（2）繰出基準と交付税措置

　公営企業は独立採算制が原則ですが、事業そのものに公共性が強く、しかも、地方団体が事業を運営するものであることから、公営企業に地方団体の一般的な行政事務を実施させたり、本来は採算ベースに乗るこ

とが困難な事務事業についてもあわせて実施することがあります。

このような事務事業の経費については、公営企業の料金収入をもって負担することは困難、あるいは、不適当であるため、そのような公共性のある事務事業を実施する責任のある者、あるいは、実施を担保すべき者が負担すべきであるということとなります。

そのため、地方公営企業法においては、次の２つの経費については、地方団体の一般会計等から地方税や交付税等により負担するとともに（第17条の２第１項）、それ以外の経費については、料金収入をもって充てることとしています（同条第２項）。

① その性質上、地方公営企業の経営に伴う収入をもって充てることが適当でない経費

　例えば、水道事業における公共の消防のための消火栓に要する経費や公園その他の公共施設で水道を無償で提供するための経費、病院事業における看護師の養成事業や救急医療の確保事業等があります。

② その他地方公営企業の性質上、能率的な経営を行ってもなおその経営に伴う収入のみをもって充てることが客観的に困難であると認められる経費

　例えば、病院事業における山間地やへき地等の不採算地域における医療の確保や地域医療の高度化に要する経費、あるいは当分の間の措置として病院の建設又は改良に要する経費等があります。

これらの一般会計等の負担が求められる経費については、総務省の定める繰出基準に基づき、一般会計等から公営企業会計に繰り出されるものですが、地方団体によっては、企業の経営状態から、これら以外の経費についても、一般会計等から補助をするケースがあります。これについては、公営企業という仕組みによるサービス提供のあり方や財政規律の観点から常にその内容についての検証が求められます。

また、②の類型については、一般的な繰出しの基準は定められるもの

の、公営企業側の経営努力により、できる限り不採算部分を縮小することが求められます。地方団体の財政が厳しいなかにあって、決まっている分野の経費であるから当然に一般会計等の負担を求めるというのではなく、企業側もできる限りの経営努力をした上でなお発生する不採算部分について一般会計等に負担を求めるという対応が重要です。

また、①と②に基づく一般会計等からの負担分については、標準的な行政経費として地方財政計画に計上されるとともに、個別の地方団体の繰出額については、普通交付税措置や特別交付税措置がされています。

特に②についての交付税措置は、一般的に求められる経営努力を行っている公営企業に対して、一定の経費について一般会計等において負担することが標準的な財政需要とみなされるとの観点からのものです。したがって、交付税措置があることを理由として、更なる経営努力が望まれるような公営企業に対しても、不採算部分についての定型的な算定で得られた額を自動的に繰り出すという対応は、財政規律からは問題といえます。公営企業の経営努力によって、独立採算を可能な限り追求し、それでも発生する不採算部分に繰出しをする、その結果に交付税措置も伴ってくるという運用となることが重要です。

(3) 公営企業会計の適用

公営企業は独立採算制が原則とされますが、独立採算とは、設備投資を含むサービス提供に要する全費用を、サービスの対価である料金で回収して、継続的に企業活動を続けていくということにほかなりません。

そのためには、全ての費用を的確に把握し、それを料金に転嫁することが大前提となりますから、一般の企業と同様に、発生主義に基づく会計方式が求められることとなります。

その意味からすれば、公営「企業」と名乗る以上は、企業会計を適用していることが当然であるともいえそうですが、租税収入を主体とする一般会計が現金主義に基づくものであり、多くの職員は、それを前提に

仕事をしてきたことから、全ての公営企業において当然に企業会計が適用されているというわけではありません。

　地方公営企業法においては、組織、財務規定、職員の身分取扱い等の全ての規定が当然に適用される企業として、水道（簡易水道を除きます）、工業用水道、軌道、自動車運送、鉄道、電気、ガスの７つの事業を定めるとともに、病院事業については財務規定等のみを当然に適用し、その他の企業については、適用は個別の事業体の任意の判断に委ねるものとしています。

　一方で、公営企業をとりまく環境が厳しさを増しているなかにあって、経営基盤の強化や財政マネジメントの向上等に今まで以上に的確に取り組んでいくためには、現在、公営企業会計を適用していない企業にあっても、できる限り公営企業会計を適用して、経営・資産等の状況を正確に把握し、効果的な経営を実現していくことが強く求められています。

　特に、ライフラインとして巨額の資本投下を必要とする下水道事業や簡易水道事業は、小規模団体であっても、人口減少が続くなかで、老朽化施設を的確に更新し、一般会計等が予期せぬ負担を求められることがないようにすることも含め、持続可能な経営を維持していくために、固定資産の把握はもとより、発生主義に基づく企業会計の適用が強く求められる状況にあります。

　また、こうした取組にあわせて、企業ごとに指標を設定した経営比較分析表の活用等により、経営状況の「見える化」を進めていくことも重要です。

(4) 抜本的な改革と経営戦略

　公営企業をとりまく厳しい環境に対応していくためには、一般会計等との負担区分の明確化や公営企業会計の適用の推進をしていくことはもとより、

　・そもそもその事業を続ける必要があるのかどうかという事業存廃に

ついての検討
・必要であるとしても地方団体が経営する公営企業によってサービスを提供する必要があるのかという民営化についての検討
・民営化によらずあくまでも公営企業としてサービスを提供することが必要であるとしても、規模の利益を追求した事業統合といった広域化等や事業実施に際してのできる限りの民間活用についての検討
などにより、抜本的な改革を不断に推進していくことが必要です。

　抜本的な改革の具体的な手法として、例えば、水道事業及び下水道事業については、広域化等を推進するとともに、PPP/PFIの手法の導入や更なる民間委託の検討が求められます。また、病院事業については、地域医療構想の実現に向けた取組との整合性を図りながら、再編・ネットワーク化、地方独立行政法人化や指定管理者制度の導入を含む経営形態の見直し、経営の効率化が求められています。

　こうした、抜本的な改革の検討にあわせて、それぞれの公営企業が、将来にわたって安定的に事業を継続していくためには、中長期的な経営の基本計画である「経営戦略」の策定が必要です。

　経営戦略においては、
・広域化や民間の資金、ノウハウの活用
・組織、人材、定員、給与の適正化
・ICTの活用等による経営基盤強化
といった効率化や経営健全化の取組にあわせて、それらを反映した、投資試算と財源試算の検討を並行して行うことが必要です。

　すなわち、投資試算では、基本的に10年以上の期間における環境の変化を見通しつつ、ダウンサイジングやスペックダウン、長寿命化、過剰・重複投資の見直し、優先順位が低い事業の取りやめ等を見込んだ費用を見積もるとともに、財源試算において、料金の見直しや内部留保額の見直し等を行います。この投資試算と財源試算との間に収支ギャップが生じて費用が回収できないと見込まれる場合には、さらに投資内容や財源

確保策を検討し、収支を均衡させた投資・財政計画を策定し、経営基盤の強化と財政マネジメントの向上を図ることを目指します。

　なお、経営戦略は、住民や議会における経営健全化の議論の契機とするため、その策定プロセスも含めできる限り公開されることが求められるところです。

10の基本姿勢

　Ⅱでは、財政規律という視点を切り口に、いくつかの論点を整理しました。交付税制度により地方団体の財政運営における財源調整と財源保障が一定のレベルで確立された現状にあって、緊張感をもって財政規律を維持しつつ、最少の経費で最大の効果を上げていくためには、財政状況を分かりやすく整理の上、開示して議会や住民と向かい合うことはもとより、他の地方団体とも比較することで切磋琢磨をし、よりよい財政運営を追求していくことが求められます。

　その際、財政運営について、地方団体の職員一人ひとりが日々どのような判断基準や姿勢をもって対処していくかによって、その結果も大きく変わってくるものと考えられます。

　官民のどの分野であるかを問わず、いかに生産性を上げて目に見える具体的な成果に結びつけていくかについては、組織としての対応を尽くしても、最後は、そこに所属する各人に蓄積された知識や経験はもとより、価値観や生き方の問題に行き着く面があります。

　これらについては、書店で平積みにされている数多くの働き方や経営についての指南書やハウツー本をはじめ、経営学、経済学はもとより、心理学、政治学、社会学、統計学、歴史学、生物学等の分野で多くの指摘や研究成果の発表がされています。

　そのなかで示されるどの指摘も、その本質を文字にしてしまえば当たり前に感じられることばかりという面もあります。しかも、財政運営に限らず、様々な事業を実施していく、さらにいえば社会と様々なかかわりをもっていく上で参考とすべき普遍的な内容であるものが多いのです。

　一方で、いざ現実に困難な課題と向かい合うと、誰もが頭のなかでは分かっていたはずの方法論に基づいての実践ができないからこそ、いつの時代にあっても、繰り返し、手を替え品を替えての指摘がなされてい

ることも事実です。

　改めて、日々、様々な行政ニーズに直面しその対応に追われる地方団体において、財政運営に向かい合うための基本となる姿勢やマインドともいえるものについて、これまで蓄積されてきた膨大な知見のなかから思い切って的を絞って単純化した整理を試みることとします。

　地方団体の職員ではない方々には、地方行財政の現場ではこうした姿勢やマインドが求められるなかで、それぞれの職員が住民福祉の向上に日々悩みながらも真摯に取り組んでいるということに理解や共感をいただければ幸いです。

その１　「これしかない」「これのみ正解」という政策はない

　ある地方団体において、全国一律の現行制度では対処しきれない課題に直面する住民の方々がいて、その一方で独自の施策によって対応できる予算は限られているとします。課題の解決に対するニーズの強さの程度（例えば、生活の困窮度合とします）は様々です。

　このような場合、生活の困窮度合ごとに、あるいはそのような状況に至った原因ごとにグループ分けをして、それぞれのグループごとの対応策を決めて、それに必要と見込まれる経費の総額が確保可能な予算額では賄えない場合には、その範囲まで圧縮して事業を実施するという対応が基本的に考えられます。

　しかし、このことを現実の施策として具体化することは容易ではありません。

　まず、グループ分けです。どのような基準でどのような数のグループに分けるのかが問題です。分類の基準の客観性は保たれているのか、グループの数や分類結果には理解が得られるのかが論点になるでしょう。その際、一定の困窮度合に満たないグループについては、行政サービスの対象としないとなると、その線引きをめぐって特に議論は紛糾することも考えられます。

また、予算には限界があることから、予算総額の範囲に収めるために、どのグループも等しく所要額を圧縮するのか、困窮度合が高いグループについては圧縮を弱めるのか、あるいは、しないのかといった議論も出てきます。

　もちろん、対応策を創設するに際しての基本的な方針も大きな問題です。目の前の困窮した状態からまず救い出すことに重点を置いた施策とするのか、困窮してしまう原因に着目してその原因を解消させるという構造的な解決を図るための施策とするのか、あるいは、それらを組み合わせるのかといった議論も出るでしょう。

　そして、このような施策を集中的に行うこととして1年限りのものとするのか、あるいは、3年という時限を切ってその都度見直すこととするのか、それとも、恒久的な対応策とするのかについても議論が出てきます。

　これらの全ての議論において、現行の国の制度との整合性や役割分担等について、的確な整理が求められることも当然です。

　このように、行政サービスを提供する側においても様々な議論がされますし、行政サービスを提供される側の価値判断も各人様々ですから、行政側が考え抜いて、これが最善の策であると提示しても、必ずそれについての批判や対案があり得るところです。

　当たり前のことではありますが、ある問題を解決するための施策として、「これしかない」とか、「これのみ正解」というものはまずない、ということを認識した上で、最も適切であると考えられる判断基準を見定め、それに基づいて最高と考えられる解決策を導き出していこうという覚悟を決めて思考を深めるという姿勢が求められるところです。

その2　「誰かがいっているから」のみでは不十分
　　　　　大切なのは自らの判断基準の確立

　難しい問題に直面した場合、その解決策を考え、導き出すことは大変

なストレスです。そもそもの判断基準をどう見定めるかを含めて、どうしても自分の考え方を整理する努力を尽くすよりも誰かの発言に頼りたくなります。そして、
- ・この分野に明るいＡ教授の指摘だ
- ・この業界を代表する組織のＢ会長からたってのお願いとして提案されている
- ・議会で何度もＣ議員から指摘されている
- ・キーマンである上司のＤ氏がこの方向性がよいといっている
- ・住民アンケートでこの方向が一番とされている

等々、つい口にしたくなります。

　これ自体は、決して悪いことではありません。施策として選択すべきものは、現実的にプラスの評価を得て受け入れられるものでなければなりませんから、住民の意見はもとより、その分野の有力者、有識者等の意見に耳を傾けることはとても大切です。

　しかし、それだけを理由として、施策を構築するということがあってはなりません。そのような施策が、行政の行うべき施策として、優先順位も含めて本当に必要なものなのか、その仕組みは公正で公平なものか、費用対効果は問題ないのか等については、あくまでも、担当者が責任をもって立論しなければなりません。

　そのためには、誰かの指摘のみに頼るのではなくて、最後は自分自身の判断基準をもって考え方を構築していくことが必要です。ひとたび政策として打ち出したあとは、その妥当性の責任を負うのは、それを打ち出したセクションであることはもちろん、担当者自身なのです。「誰々さんからも支持を受けている」というのは、政策の妥当性を説明する一つの証左でしかありません。

　これは当たり前のことですが、意思決定の過程では、ついつい忘れられてしまうことがあるのも事実です。

　そもそも、ある政策を行うべきである、あるいは、行ってほしいとい

う提言や要求をする側からすれば、それが行政制度全体の体系と整合的なものであるかどうかなどは関心の対象外でしょう。目の前に課題として認識されるものがある以上、とにかくそれをどのように解決すればいいのかについて考え、解決策としてこれが必要であると打ち出すものです。打ち出す側からすれば、それを行政の施策体系として適合するように整理して、具体的に事業化や予算化をしていくのは、まさに行政の仕事であると考えるのが当然であるということとなります。

　このように、「誰かがいっている」というのは、必要性についての一つの理由ではあっても、行政施策としてそのまま妥当するかどうかは別問題です。行政には行政として、さらに行政組織の内部においては、その責任部署としての責任を背負っての価値判断や理論化が必要ということです。

その3　相手の土俵や価値体系の上での議論

　予算についての議論を考えてみます。要求部局内における要求内容や要求の優先順位を決めるための議論においても、要求側と査定側の議論においても、難しい問題への対応策についてのものほど、調整や査定をする立場からは、ついつい、

「必要性は否定しないが、部として持っている要求枠に収まりきらない」

「財政全体が厳しい」

「これだけ認めるとすれば、他のセクションに示しがつかない」

「実施するための組織的な余裕がない」

「他団体ではまだ例がない」

等といった、紋切り型の指摘がされがちです。

　これでは要求する側にとっては、いろいろと努力して検討を積み重ねたものに対して、入り口でドアを閉められているのと同じであり、納得のいかない対応です。財政全体が厳しいことや初めての試みであること

は十分に分かっていることであり、だからこそ熟慮に熟慮を重ねたもの、あるいは、難しいかもしれないがこれしか考えられないといった解決策を事業化したものを要求しているわけですから。

　このような場合、まずは、要求側の考え方に正面から向かい合い、要求側の論理や価値観の土俵に立っての議論が求められます。その上で、要求側の論理や必要性の指摘が不十分な場合には、要求を取り下げることもあるでしょう。

　また、そのような問題意識に立って施策を講じたいというのであれば、むしろ別案としてこのような方法を選択した方がより効率的で効果的ではないかという合意に至ることもあるでしょう。

　あるいは、その事業を優先的に実施するのであれば、現在実施している他の事業の実施スピードを調整したり廃止するという合意もあるでしょう。

　こうした議論を重ねた上でもなお、何らかの合意に至らない場合には、全体としての財政状況や組織としての人的な対応力をも踏まえつつ、新規の施策として予算計上するかどうかということについて、最終的にはトップの判断を仰ぐということとなります。

　このような決定プロセスをそれぞれの事業部局内で、また、財政当局と事業部局が、風通しのいい環境のなかで、予算要求時に限らず、政策評価やサマーレビューなどによる予算の議論が本格化する前に行う事業の見直し等も含めて日常的に行う組織ができあがれば、紋切り型の無駄なやりとりに費やす時間から解放されますし、トップも、本来であれば実施されるべきであったかもしれない施策が、自らの判断をする前に、財政が厳しいなどという理由のようで理由でない査定（「要するにダメなものはダメ」）の前に葬り去られるという事態を避けることができます。

　これも文字にすると当たり前のことのようですが、現実的には、なかなか難しい対応です。査定する側が、直面する具体的な行政ニーズへの解決策の予算化について要求を行っている側以上に、問題点の内容や施

策の体系に精通している必要があるからです。予算、組織はもとより、財政や行政改革に携わる担当者は、所属する地方団体の財政状況や財政制度全般の理解をすることは当然である上に、担当する行政分野をはじめとして、何を知らない、何が不得手であるかを常に自問して、施策の体系的な理解に努めることが強く求められます。事業部局内のとりまとめセクションや財政当局が頼りにされるためには、こうした不断の努力が積み重ねられていくことが重要です。

　逆に、事業を実施する側も、自らの業務について十分な理解をした上で施策を構築することは当然ですが、所属する地方団体の財政や人的資源は有限ですから、自分のセクションにとっては絶対に必要であると考えられる施策についても、一歩間合いをとって、全体の施策のなかではどのあたりに位置するものであるかを客観的に眺める態度が求められることについて自覚的であることも重要です。

　このようになれば、お互いが議論を重ねて高め合いながら施策を構築していくというプラスの循環が組織内に発生することとなります。そのためにも、日頃から、地方団体内部で、財政状況はもとより、施策がどのように動いているか、また、それらをどのように評価しているかについてを共有することが非常に重要です。そして、このことは、トップのマネジメントそのものにかかわる課題でもあります。

　ここでは予算要求を例にして整理しましたが、これらは行政活動におけるコミュニケーション全般に当てはまるものです。

　例えば、役場の住民窓口で対応する担当者からすれば、とんでもない理不尽な要求を持ちかけてくる住民もいるでしょう。

　この場合、ついつい、行政の理屈の体系や言葉で（すなわち、自分の土俵から出て行かないで）相手の言い分を封じてしまいがちです。しかし、一呼吸置いてみて、相手の現在の状況に自分が置かれたと想像してみると、やむにやまれぬ理由からそのような要求をしていることに気づく場合もあります（もちろん、それでも、全く理不尽なこともあるでしょう）。

いずれにあっても、相手に寄り添って相手の言葉や価値観の土俵に立ってやりとりをすること、また、理不尽な要求に対しては、時には、相手の言葉の体系にも則ってきっぱりと拒否することが重要です。この繰り返しが、住民の行政に対する信頼感や安心感を築く基本となるものです。

その4　悪しき査定用語「みてあげる」「つけてあげる」

　査定側の言葉で、多くの場合は何気なく使っているものとはいえ、気になる用例の一つが、ある事業についての予算、あるいは、人員や組織を「みてあげた」「つけてあげた」というものです。

　行財政運営は、様々な住民ニーズをくみ取り対処するための具体的な方策を企画立案して実施したい部門と、そのような対応が行政の守備範囲のあり方やその団体の政策体系に照らして、あるいは、財政的・組織的に妥当かどうかということを判断する部門との議論の積上げによって行われるものです。

　その際、形式的には、要求側と査定側という図式に分かれるわけですが、どちらかに優劣があるというわけではありません。要求側は、所属する地方団体の施策全体をみながら、また、財政状況や組織体制も勘案しながら、政策の中身を練り上げて、最も効果が高い施策や事業手法を考え抜いて、それに必要な予算とともに人員・組織を要求します。

　一方、査定側は、要求側の内容についての問題点を洗い出して指摘することはもちろんですが、例えば、要求側の課題認識には納得できるが具体的な対応方策に問題点がある場合には、その内容や事業量も含めて、何がより妥当な対応であるのかということを提案することなども含めて、ともによりよい方策を追求していくことが求められます。

　したがって、要求側の内容に対して、それを予算や人員・組織で対応する、すなわち、「つける」「みる」ということを、決して、「してあげる」ものではありません。もちろん、要求側においては、目の前の差し迫っ

た問題を解決するために、やむにやまれずにとりあえずの案や苦しまぎれの案を査定側に持ち込むケースも珍しくはないでしょう。その場合に、査定側が筋を通さずに中途半端なレベルで目をつむるということは、納税者に対して説明できる行為ではありません。そのようなことは、決して「してあげる」という範疇に入るべきものではなく、査定側としての責任放棄であり、してはならないことです。

　予算や人員・組織に反映されるものは、行政の対応や運営として、最も適切なものでなければなりません。それらは、あくまでも要求側と査定側の合作であり、決して査定側の「してあげる」といったものではないはずです。

　この合作であるという感覚を忘れない一つの方法として、政策形成や査定プロセスの「見える化」も有効かもしれません。公権力により徴収する税を原資として実施する行政サービスは、納税者に対して客観的に説明できるものしかないはずです。このことに尽きるのであり、例え感覚的なものであるとしても、組織内部の上下関係や貸し借り的なものはあってはならないのです。

　このことも、行政を運営していく上での基本的な視点につながるものです。行政組織内で、「みてあげる、つけてあげる」、あるいはその相手方として「みてもらう、つけてもらう」という感覚を持ち合うことは、強制的に徴収した税金を原資にサービスの提供を行っているにもかかわらず、住民や事業者からの要求や提案等に対しても、「みてあげる、つけてあげる」という意識を持ってしまうことになりかねません。

　そのためにも、住民から預かった税金を、公正・公平に、本当に必要な事務事業に最小のコストで投入するという感覚を常に持ち続けるとともに、住民の側にもいわゆる「もらい得」的な感覚が生じないようにすることが求められるのです。

その5　文字で表現することに対する敏感さ

　財政分析の他団体との横比較にも工夫をした各地方団体の決算情報の「見える化」が進められています。これは、自らの行財政運営を客観的に把握して自己分析をするとともに、それを分かりやすく議会や住民に説明し、改善すべき点は改善し、より積極的に実施すべきところは実施するといった議論をできる限りオープンに、そして、多くの視点から行うためのものです。もちろん、他の地方団体との良い意味での競い合いも期待されます。

　したがって、視覚に訴える工夫はもちろんですが、それ以前の問題として、まず、何を伝えたいかということを明確にして、それを正確に文字や図表で表現することにできる限りの努力を払うべきです。

　特に、財政情報を公表する査定部局においては、「みてあげる」「つけてあげる」の感覚に代表されるように、本来は対等であるにもかかわらず、要求側が査定側の意向を踏まえて動きがちであるという状況に慣れてしまう危険性に常にさらされています。査定部局が主となって整理した説明資料を見ると、その内容がストレートに伝わらないものが意外と多いものです。率直に疑問を述べると、「こう書いてあるが実はこういう意味だ」という返事が返ってくることも珍しくはありません。これは、どう書いておこうとも相手はこちらの意向を踏まえてくれるものであるという感覚がもたらしてしまうものです。

　さらに、査定部局は、要求側の文章については、その含意について読み解こうとはせず、「こう書いているのだから当然こういう査定をするしかない」という態度もとりがちです。

　行政に携わっている者同士、いわば内々の関係であれば、それはそれで目くじらをたてるほどのことではないのかもしれませんが、オープンになった資料や説明に触れるのは、行財政情報とは日頃ほとんど接することのない住民です。その方々に情報を的確に伝達するということは、

もともと極めて難しいことです。書き手の一方的な思いや、どういう書きぶりであっても伝えたい内容は伝わるはずであるといった態度ではなく、読み手がそれをどのように読む可能性が一番高いのかという意識、言い換えれば、書き手の意図がそれを読めばそのとおりに伝わるような文字遣いを真摯に求める態度が求められます。

　さらにいえば、そのような作業において分かりやすく説明できない施策や事業については、どこかその内容に無理があるのかもしれません。他者に伝えるための努力をすることは、自らの考え方がどこまで整理されているかについての検証としても重要です。

　これも、行政情報の伝達のあり方や広報のあり方の一般論につながるものです。

　それぞれの地方団体においては、分かりやすい広報に向けた取組や工夫が積極的に進められています。

　しかし、自分の住むまちの広報誌やホームページをながめてみると、余りに盛りだくさんな印象を受けることもよくあります。情報量の多さに圧倒されて、何らかの課題を抱えて本当に困っている住民が、自分にとって必要な情報を見つけようとすると相当の努力を必要とすることとなりそうです。

　「必要とする情報を探してみよう」という主体的な意図を持っていてもそうですから、行政側が伝えたいと考える情報を、伝わる対象となるべき住民に的確に伝えていくためには、視覚に訴える工夫はもちろんですが、とにかく文字で書いてあることを読めばストレートにその意図が伝わる表現に徹底的にこだわることが大切です。

その6　制度に精通しつつ、よりよい制度を模索する姿勢

　行財政運営に関連する施策は、白地に絵を描くというケースはまずありません。ほとんどの場合は、これまでの様々な対応の積み重ねのなかで構築されてきた何らかの既存の制度に関係するものです。したがって、

それぞれの制度の仕組みに精通して、まずはその範囲で、最大の効果を上げることが求められます。ただ、それだけでは、それ以上の改善は求められません。

条例や規則の枠という制約があれば、更なる改善を追求する対応策の実施のためには、それらを改正することも視野に入れることが必要となります。

その場合、条例や規則の範囲を規定する法令が制約条件となる場合には、国に対して、どのように改善すればよりよい行政サービスが展開できるかについて、提案や要請をすることが必要になります。特に、国においても制度改正を検討している場合、地方団体側からの現場に即した問題提起は、大きな効果を発揮しうるものです。

例えば、社会保障関係の制度には、地方団体が現場で個別具体的な住民ニーズに直接触れ合いながら運営するものが数多くあることから、これまでの制度改正の歴史においては、地方団体における工夫や先進的な取組が数多く取り入れられてきました。

決められた制度を十分に理解した上で確実に実施することにより、現行制度における公平公正を守ることが求められるのは当然ですが、さらに、どの部分をどう改善すればよりよい効果が得られるかを常に追求していくという視点を持つことは極めて重要です。

その7　出るところに出て説明できるか　「常識」の大切さ

財政規律を貫いた財政運営を続けていくためには、様々な制度についての理解をはじめ、それぞれの行政分野における専門知識が必要であることはいうまでもありません。しかし、それはあくまでも、必要条件です。あらゆる施策、また、それらの総体としての財政運営の妥当性は、詰まるところ、出るところに出て説明して、納税者である住民から理解を得られるものかどうかにかかっているといっても過言ではないでしょう。そのためには、選択された政策の内容とその説明が、常識的なもの

でなければなりません。

　この場合の「常識」とは、決して「迎合的」な意味合いを含むものではありません。行財政運営の場においては、担当者にとっては解決不可能と考えられるような難しい問題について、具体的な対応策を出すことを求められることが往々にしてあるものです。そのような場合には、考えて考え抜いて答えを得るしかないですが、導き出した対処案が複雑で説明が難しい場合には、まだ、本当の正解に至っていない場合が多いものです。

　「難しい難しい」と思っていた課題への対応策としての正しい答えは、見つけてしまえば、誰が見てもそうだという単純な形におさまることが往々にしてあります。使い古された言葉ですが、コペルニクス的転回やコロンブスの卵といったようなものです。

　そして、考え抜いた末に導き出された答えが単純なものである場合ほど、多くの方々が「なるほどな」と認める常識にかなったものであることが一般的です。

　日々の仕事のなかでその分野の知識についての専門性を高めるための努力を行いつつ、それらの知識やそれに基づいて構築した思考体系は、常識の整理棚のなかに納めていく、そういう態度こそが、納税者からいただく税金で成り立つ行財政運営の妥当性を確保していくための基本といえます。

その8　立ち位置を確認して走り出す

　その7では、解決策が得られない場合を整理しました。一方で、難題に直面したとき、様々な意見があるなかにあっても解決策としてとるべきものは明らかであるにもかかわらず、そこに到達するための考え方や手法といったものを構築できないことがあります。

　解決策としての結論や妥当とされる結果、あるいは、目指すべき結果は明らかなものとして共有されているのですが、それを実現するために

使うことができる手法や活用することができる制度からすると、そのような結果を導き出すことが極めて難しいケースです。

　単純化すれば、現行制度のもとでは、普通に考えるとAという結果となるが、それとは逆のBという結果を導き出した方が明らかに妥当性があるという場合にどうしようかというものです。

　このような場合、担当者にとっては検討のための時間が限られていることも多いことから、ついつい、妥当と見なされる結果Bの根拠となるべき現行制度の説明について、分かりづらく言い訳がましいものになることがよくあるところです。

　そして、そのことを指摘されると、「そもそもが現行の仕組みでは無理なことを実施するための理屈をつけろと指示されているわけであるから、その立論にある程度の問題があるのは当然である」と反論したくなるものです。

　しかし、結果妥当性はもとより、その実施についての理屈も筋が通ったものであるからこそ、行政の対応策として認められるものです。本当に現行制度のもとでは妥当な結果が導き出せないのであれば、制度そのものを変更するという根本からの議論も必要でしょう。

　一方、長い間安定的に続いている優れた制度といわれるものほど、その意義をはじめとして確立された説明ぶりや体系といったものがあり、そうした既存の枠組みにとらわれて考えてしまうものです。そのようなときは、一度立ち止まり、そもそもこの制度は何を目的として、どのような結果を導くことを想定していたものであったかを、制度創設の原点に戻って考え直してみることも有効です。

　いわば、自分の立ち位置を客観的に見つめ直して再確認するという作業をしてみるわけです。そうすると、一般的に言われている制度解釈ではAという結論しか導けなかったものでも、実は、むしろBという結論を導き出すことが本来は妥当であるということもありうるものです。このように、立論をする最初の段階で、徹底的に、立ち位置と方向性を考

え抜くことが極めて重要です。これをしない立論は、スタートの方向そのものが曖昧ですから、結果妥当性がある結論に向かっているつもりでも決して到達できません。

　このことについては、登山がよく例として出されます。登るべき山頂は決まっています。誰も、そのことに疑いはありません。しかし、登山の前にルートや天候状態等を正確に確認せずに、とりあえず登ってみようとしてスタートすると、途中で方向を見失ってしまう危険性が大きくなります。このような場合には、焦ってやみくもにうろうろするよりは、一度、スタート地点に戻って体勢を立て直す方がダメージを最小限に抑えることができます。

　立論の基盤を見極め、考え抜いて先を見通し、想定されるリスクについて覚悟を決めてことにあたるということが、財政資金の配分を決定する際においても原点といえるでしょう。議論をしていて、「そこまで考えなかった」という言葉が出る場合には、冷静に見つめると、「そこから考えるべきだった」というケースがよくあるものです。

　登山の例に戻りましょう。ベースキャンプから8合目に到達するまでが最も難しいとされる山であるにもかかわらず、その方法についての議論は適当に済ませて、8合目にたどり着いてから後の頂上までの到達方法について精緻に議論するばかりという対応の適否については、いうまでもないものでしょう。

　これは、公務における働き方改革や生産性の向上にもつながる問題です。目標とされることは明らかであるにもかかわらずその実現のために立論をすべき起点から目をそらして、「難しい難しい」と議論を繰り返しても、時間が経過するだけで、有効な解決策は得られません。リーダーは、そのような状況をいかに避けて、苦しくても本質的な議論に導くかが求められます。解決策を見出すことの難しさを共有し合ってくれる上司は優しく良い上司です。ただ、苦しくても発想の足場を固めるという作業をしないで延々と議論をして、よく議論をしたということそのもの

で得た組織内部の一体感に満足してしまうと、残念ながら生産性としてはゼロであるということも、目を背けてはいけない事実なのです。

その9　前例踏襲の本質的な問題点　人は必ず間違う

　これは、その1として最初に示すべきテーマかもしれません。

　私たちは、何か難しい問題に直面すると必ず、前例を探します。それはそれで、決して間違ったことではありません。むしろ、課題解決のために、必ずやるべき手順の一つです。

　それでは、上司に対して何らかの解決方策を示すに際して、「前例はこうなっています」という説明をすると怒られることが多いのはなぜでしょうか。

　まず、当然のことですが、全ての状況は常に変化しています。前例としたものは、その時点での状況を総合的に判断して最適のものであると選択されたものです。したがって、前例にならう場合には、その判断の前提となった状況認識を十分に確認して、それと現在の状況の共通する部分、異なる部分について、客観的な事実や情報に基づいて、冷静に分析することが求められます。

　その上で、現在の課題に対して何が最適の解決策であるかについて考え抜くわけですが、難しい問題であるほど、どうしても前例に頼りたくなります。その時、私たちは、本質的な問題に目をそらすことを無意識に選択したことになります。

　それは、「人は必ず間違う」ということです。「前例は正しいはずである」という判断は、当時の担当者や担当セクションの判断に間違いがあるはずはないという判断を行っていることと同じです。

　「行政判断は絶対に間違ってはならない」ということは徹底的に追求すべきですが、結果として間違うこと、もう少しよい選択肢があったということはありうるものです。「間違ってはならない」ということと、行政の（あるいは大企業の）無謬神話とも批判される「間違っているは

ずはない」ということは、必ずしも一致するものではないのです。

　さらに突き詰めると、「先輩が間違うはずはない」から前例が正しいはずであるとする考え方には、自らの判断もいずれは前例となるわけですから、「自分自身も間違うはずがない」という意識が潜んでいる可能性が否定できません。苦しくても、「人は必ず間違う」という認識の下で、前例を冷静に精査することが大切です。その上で、場合によっては前例にとらわれず、その時点において最も適切な選択をする勇気が求められます。

　ただ、忘れてはならないことは、前例にとらわれないということと、前例に学ばずに思いつきで対応するということとは、全く異なるということです。前例をつくった当時の担当者も、現在の課題に直面して悩んでいる者と同様に、最適な解決策を求めて徹底的に考え抜いたはずです。その経緯や結果に学ぶことは、絶対におろそかにしてはならないものです。その努力をせずに、「先例にこだわらない」という感覚で思いつきの結論を出すことはもっと危険な結果をもたらすものであることを、十分に認識することも当然なのです。

その10　政策に求められる論理妥当性と結果妥当性

　その１からその９までについて改めて総括すると、どのような政策も、論理妥当性と結果妥当性を求められるという単純な結論に行き着くこととなります。

　地方団体は、日々、様々な行政課題に直面しています。それぞれの担当部局内では、現行の制度や予算を前提にして、論理妥当性と結果妥当性のある対応ができていることが一般的ですが、現行の枠組みでは対応しきれない問題が生じた場合には、担当者は部局内での議論を踏まえ、予算や組織を所管する部局の担当者と、その対策についての議論を行います。

　そして、その問題について円滑な解決を得るためには、Ａという施策

の創設が最も有効である（あるいは、それ以外の施策を講じることは、関係者とのそれまでのやりとりからあり得ない）となったとします。施策Aについては、担当者自身が考えつくこともあれば、その地方団体のトップからの指示、議員等を介しての要望、学者からの提案を踏まえてのこともあるでしょう。そして、施策Aは、その実現のためには極めて難しいいくつかの論点があるにもかかわらず、現段階においては、この施策以外には、有効な手立ては見出せないという状況にあるとします。

担当者は、施策Aを実施することが妥当であるという論理の構築に全力を尽くします。しかし、そのために活用しうる現行制度を前提とすると、なかなかうまくいきません。制度についてのこれまでの説明の体系からすれば、施策Aよりも施策Bの創設こそが妥当であるとなったとします。しかし、施策A以外の施策については受け入れられず、結果妥当性はないのです。

この場合、施策Bが妥当であるという結果を導き出してしまうこれまでの立論のどこかがおかしいということが考えられます。前例踏襲の罠にはまってしまった状態にあるのかもしれません。担当者は、こうした問題意識も含めて、施策Aが導き出されるための立論を考え抜く必要があります。

その際、査定側は、その時点では施策Aの選択のみが現実的な解決策であるということが明らかである以上、その立論がある程度は曖昧であっても予算計上や組織対応をしていいという判断を、安易にしないようにしなければなりません。場合によっては、代替案として施策Xを提案するという対応が見つけられるかもしれないのです。

施策Aが、本当に正しいものであれば、必ずそのための立論が確実に構築できるはずです。それでも、どうしても施策Aを導く立論ができない場合には、どうすればいいでしょうか。現在の判断基準を前提にすれば施策Bを創設せざるを得ないが、施策Bには結果妥当性がないことが明らかである以上、もう少し状況を見極めてしかるべき判断をすると決

めて、さらに議論を重ねるというのも一つの選択でしょう。あるいは、前提とする現行制度の枠組みが制約となるのであれば、その枠組みもあわせて見直すことも視野に入れなければなりません。

　結果妥当性と論理妥当性の双方を成り立たせない施策にはどこかで無理があり、仮に、実施に踏み切ってもムダの原因となりうるものです。このことはいうまでもないことのはずなのですが、この例のように、施策Aありきでのプレッシャーを受けると、査定側も含めて担当者はその論理的な妥当性を突き詰めることについておろそかになりがちです。そのことは結果として、「1円たりとも税金をムダにしない」という基本を踏み外すこととなります。こういう難しさにどのように対峙していくかこそが、財政担当者の本質的な役割といえます。

　この姿勢も一般化されます。最善の結論はこれしか見出せないにもかかわらず、それを実現するための考え方の構築が難しいということは、その困難さの程度はともかく、全ての行財政運営の場で日常的に生じるものです。もちろん、そのような状況にあっても、これだけが正解ではない可能性があるという批判的な目で自らをながめるという視点は常に必要です。その上で、一つひとつのそうした問題に対して、結果妥当性と論理妥当性の双方が成り立つように丁寧に対処していくことが、行政サービスを提供していくに際しての基本的な態度の一つといえるものです。

第3章

交付税制度の基本的な仕組み

1 制度の概要

(1) 制度の目的

交付税制度は、交付税法第1条に定めるとおり、地方団体が自主的にその財産を管理するとともに、事務を処理したり行政を執行するための権能を損なわずに、その「財源の均衡化」を図ることにあわせて、交付税の交付の基準の設定を通じて「地方行政の計画的な運営を保障」することによって、地方自治の本旨の実現に資するとともに、地方団体の独立性を強化することを目的とするものです。

この「財源の均衡化」は「財源調整機能」、「地方行政の計画的な運営の保障」は「財源保障機能」と呼ばれます。このように、財政調整制度である交付税制度においては、財源調整機能と財源保障機能を併せ持つものであることが法に明文化されています。

(2) 運営の基本

交付税法第3条では、運営の基本として次の3点を定めています。

まず、第1に、交付税の総額を財源不足団体に対し、衡平に交付しなければなりません（第1項）。

第2に、交付にあたっては地方自治の本旨を尊重し、条件をつけたり使途を制限してはなりません（第2項）。

そして、第3として、地方団体は、その行政について、合理的、かつ、妥当な水準を維持するように努め、少なくとも法律又はこれに基づく政令により義務づけられた規模と内容を備えるようにしなければならないものとされています（第3項）。

(3) 交付税の性格

① 地方団体共有の固有財源

交付税は、地方団体間の地方税収の不均衡を調整し、全ての地方団体

が一定の行政水準を維持しうるよう財源を保障するという見地から、国税として国が徴収し、一定の合理的な基準によって再配分することとされており、地方の立場に立ってみると、いわば、「国が地方に代わって徴収する地方税」すなわち、「地方団体共有の固有財源」という性格を持つものと整理されます。

この固有財源としての性格については、平成17年2月15日の衆議院本会議における、「地方交付税改革のなかで交付税の性格についてはという話ですが、地方交付税は、国税の一定割合が地方団体に法律上当然帰属するという意味において、地方の固有財源であると考えます」との小泉内閣総理大臣答弁のように、何度も政府側の答弁において確認されているものです。

② 地方の一般財源

交付税は地方税の代替的な性格を持つものであり、(2)でも見たとおり、その使途については、地方団体の自主的な判断に任されており、国が条件をつけたり、制限してはならないこととされています。このように、交付税は、地方税と並び、憲法で保障された地方自治の理念を実現していくための重要な一般財源です。

この点において、交付税は、特定の交付目的にしか使うことができない国庫負担金や国庫補助金とは基本的に異なるものです。

③ 国と地方の税源配分を補完

国と地方の決算を最終支出ベースで見た場合には国と地方はおおむね4：6となっていますが、国と地方間の税源配分で見た場合にはおおむね6：4とその比率が逆転し、地方に配分される税収が相対的に小さい状況にあります。交付税は国庫支出金とともに、国と地方の税財源配分の一環として、このギャップを補完する機能を果たしています。

(4) 交付税の総額

　交付税法第6条第1項により、交付税の総額は、所得税及び法人税のそれぞれ33.1％、酒税の50％、消費税の22.3％、地方法人税の全額の合算額とされています。これらの割合を一般的に「法定率」あるいは「交付税率」と呼んでいます。

　そして、それぞれの税収額は決算によって確定することから、毎年度配分される交付税の総額は、その年度の対象税目の予算計上額の法定率分に、前年度以前の税収の決算額と予算計上額の法定率分の差額を加減したものとされています（同条第2項）。

　さらに、地方財政の現状は、これらの法定率分のみの総額では、多くの年度において所要額に対して不足してきたことから、地方財政対策において一般会計からの加算等の特例措置を講じることによって、所要額を確保しているところです。

(5) 交付税の種類

　交付税には、普通交付税と特別交付税があります。

　普通交付税は交付税総額の94％であり、基準財政需要額が基準財政収入額を上回る財源不足団体に交付されます。

　特別交付税は交付税総額の6％であり、普通交付税の画一的・標準的な算定では捕捉されない特別の財政需要に対して交付されます。

　特別交付税の経緯を見ると、その前身となる平衡交付金制度における特別交付金では、昭和25年度及び26年度においては暫定的に交付するものとされ、その割合は総額の10％とされていましたが、昭和27年度の改正で、特別交付金制度は恒久化され、その割合は8％とされました。

　そして、昭和29年度の交付税制度への移行に際して、その割合は8％を原則とするが、普通交付税の総額が不足する場合には2％を限度に減額することができるとされ、昭和30年度の改正において、減額できる制度は廃止されるとともに、その割合は8％とされました。

さらに、昭和33年度の改正では、その割合は6％とされ、その後は改正がされないまま推移しました。

その後、平成23年度の改正で、交付税算定の透明化を図る等の観点に立った対応の一つとして、平成26年度は5％、27年度以降は4％とすることとされましたが、東日本大震災以降も続発する大規模災害の状況等も踏まえて引下げが2年延期され、最終的には平成28年度以降も6％を継続することとされました。

(6) 普通交付税の算定

各地方団体の普通交付税は、次の算式で算定されます。その詳細は、4（212ページ）を参照してください。

　　　基準財政需要額 － 基準財政収入額 ＝ 財源不足額（交付基準額）

「基準財政需要額≦基準財政収入額」の場合、普通交付税は交付されません。このような団体を、「不交付団体」と呼びます。

基準財政需要額は標準的な財政需要として、次の算式で算定されます。

　　基準財政需要額
　　　＝　各行政項目の単位費用
　　　　　×（測定単位　×　補正係数）の合算額
　　単位費用：測定単位1あたりの費用
　　測定単位：人口や面積等
　　補正係数：自然条件や社会条件等の違いによる財政需要の差
　　　　　　　を反映するもの

基準財政収入額は標準的な財政収入として、それぞれの税目等について、次の算式を基本とした合算額で算定されます。

　　基準財政収入額
　　　＝　標準的税収入×75％　＋　地方特例交付金×75％
　　　　＋　地方譲与税

(7) 特別交付税の算定

各地方団体の特別交付税は、
- ・基準財政需要額に捕捉されなかった特別の財政需要
- ・基準財政収入額に過大に算定された財政収入
- ・災害等のための特別の財政需要

等の普通交付税の画一的な算定では捕捉しきれない事情を考慮して決定されます。

また、東日本大震災の復旧・復興事業に係る被災団体の財政負担を実質的に解消することを原則とするとともに、被災団体以外の地方団体の財政措置に影響を及ぼすことがないよう、通常収支とは別枠で「震災復興特別交付税」を確保した上で決定されます。

(8) 交付税の交付時期

普通交付税の交付額の決定は、交付税法において、8月末日までに行うこととされており（第10条第3項）、各地方団体の資金繰り等を考慮して、4月、6月、9月、11月の4回に分けて交付されます（第16条第1項）。また、大規模災害の発生時においては、交付日を繰り上げて交付する特例を設けることができます（同条第2項）。

特別交付税においては、普通交付税で捕捉できない年度途中の財政需要等を考慮する必要があることから、12月及び3月の2回、決定・交付されます（第15条第2項）。また、大規模災害の発生時においては、交付額の決定等の特例を設けることができます（同条第3項）。

(9) 地方団体の意見申出制度

交付税の算定については、従来から地方団体からの意見を踏まえて対処してきたものですが、地方分権をさらに推進する観点から一括して行われた各種の法改正のなかで、交付税の算定についての地方団体の意見申出制度が、平成12年度から法定化されました（第17条の4）。

すなわち、地方団体は、交付税の額の算定方法に関し、総務大臣に対し意見を申し出ることができます。この場合、市町村の意見の申出は、都道府県知事を経由してしなければならないこととされています。

そして、総務大臣は、意見の申出を受けた場合においては、これを誠実に処理するとともに、その処理の結果を、地方財政審議会に報告しなければならないこととされています。

この制度に基づき、毎年度、多くの意見が提出され、対応が必要と判断されたものについては、所要の改正が行われた上で、算定に反映されています。

2　交付税総額と地方財政計画

交付税の総額は、現在は、所得税、法人税、酒税及び消費税それぞれの一定割合並びに地方法人税の全額とされていますが、制度の発足以来、交付税対象税目に交付税率を乗じて得た総額では実際に必要とされる額（所要額）に不足することが多く、その不足分をどのようにして補塡するかが、毎年度の地方財政における重要な課題となってきました。

そして、交付税の所要額は地方財政計画における地方財政全体の標準的な歳入と歳出の見積もりのなかで決定されます。

交付税法には、次のような規定があります。

　第7条　内閣は、毎年度左に掲げる事項を記載した翌年度の地方団体の歳入歳出総額の見込額に関する書類を作成し、これを国会に提出するとともに、一般に公表しなければならない。
　　一　地方団体の歳入総額の見込額及び左の各号に掲げるその内訳
　　　イ　各税目ごとの課税標準額、税率、調定見込額及び徴収見込額
　　　ロ　使用料及び手数料
　　　ハ　起債額
　　　ニ　国庫支出金
　　　ホ　雑収入

二　地方団体の歳出総額の見込額及び左の各号に掲げるその内訳
　　イ　歳出の種類ごとの総額及び前年度に対する増減額
　　ロ　国庫支出金に基く経費の総額
　　ハ　地方債の利子及び元金償還金

　この第7条に基づき作成される「翌年度の地方団体の歳入歳出総額の見込額に関する書類」を、一般に「地方財政計画」と呼んでいます。
　このように、地方財政計画は、地方団体間の財源の不均衡を調整するとともに、地方団体の標準的な行政経費に必要な財源を保障する機能を有する交付税制度について定める法律のなかに位置づけられるものです。したがって、次に掲げるような標準的とは認められない収入や経費は、地方財政計画に計上されません。
　　　歳入：超過課税、法定外普通税、法定外目的税等
　　　歳出：国家公務員の給与水準を超えて支給される給与等
　なお、東日本大震災の復旧・復興事業については、国において特別会計を設置して別に整理していることにあわせ、平成24年度地方財政計画からは、従来の計画分である「通常収支分」と「東日本大震災分」に分けて策定しています。

　地方財政計画の実質的な意義としては、
①　地方財政全体の収支見込みを明らかにすることにより、地方財源の不足に対して、税財政制度の改正や交付税率の検討など、財政収支の均衡を図るために必要な措置を講じること
②　国の経済財政政策、国の予算や財政投融資計画、長期計画等を受けて、これらに盛り込まれた地方団体の実施する具体の事務事業を計画に計上するなかで、地方財政との調整を図ること
③　地方団体に対して、全国的な規模における地方財政の標準的な姿を示すこと
等があげられます。

また、このような実質的な意義を、地方財政計画が地方財政の運営上で果たしている役割という観点から整理すると、
　① 　地方財政計画の策定を通じて、地方団体が標準的な行政水準を確保できるように、地方財源を総額として保障すること
　② 　地方財政は、国の予算と並んで国民経済上重要な役割を果たしていること、また、国の予算に計上される事業の多くは地方団体が実施することから、国の毎年度の予算編成に際しては地方財政と調整を図る必要があり、それは地方財政計画の策定を通じて確保されるものであること
　③ 　地方財政計画は地方財政全体の収支の状況を明らかにするものであり、地方団体の毎年度の財政運営の参考となるものであること
等となります。

3　地方財政計画の策定と交付税総額決定のプロセス

　図６を見てみましょう。左側に国の一般会計、右側に地方財政計画、そして、中央には交付税特別会計（交付税及び譲与税配付金特別会計）があります。交付税制度が国家財政と地方財政をつなぐ役割を果たしていることが、イメージとしてもよく分かるものです。

　図６の左側の一般会計（歳出）を見てみましょう。近年では６月に毎年度の経済財政運営と改革の基本方針、いわゆる骨太の方針が決定され、それに基づき、各府省庁においては翌年度の予算編成に向けての具体的な動きが加速されていきます。

　そして、例年であれば７月下旬頃には、翌年度予算の概算要求基準が財務省から示され、各府省庁はそれに基づいて、要求書の作成作業を進めます。概算要求基準の閣議報告にあわせて、総務省からは、各府省庁に対して、概算要求に際して地方財政の側から留意してもらいたい事項についての申入れも行われます。

第3章　交付税制度の基本的な仕組み

図6　国の予算と地方財政計画（通常収支分）との関係（平成30年度）

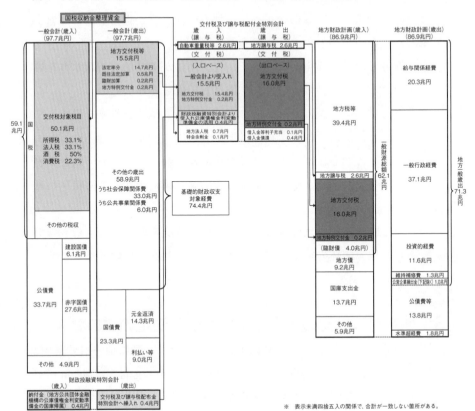

　概算要求は、8月末までに財務省に提出されます（財政法第17条、予算決算及び会計令第8条）。その際、地方団体の負担を伴う予算要求は、総務大臣にも提出されます。総務大臣はその内容について、各府省庁に意見を述べることができます（地方財政法第22条）。

　概算要求が提出されると、いよいよ具体的な査定作業が始まります。毎年度、膨大な数の地方負担に関連する事務事業の要求がなされます。財源が厳しいなかでの要求であることからも、特に新規の要求や、内容の変更により国の負担増を伴う要求については、財務省と要求官庁との間で、そもそもそのような事務事業を国として地方団体に負担や助成を

して実施することが必要なのか、地方団体が自主的に自らの負担で実施すべき事業ではないか、仮に必要としても国の負担割合はもっと低くてもいいのではないか、あるいは、事業量は妥当なのか等といった議論が交わされます。

　一方、総務省との間では、本当に国として必要な事務事業であるのであれば、地方団体に実施を求めるのではなく国が自ら行えばいいのではないか、仮に、地方団体に実施を求めるとしても、地方団体は国の想定するスケジュールに沿って事務事業を実施することが人的・組織的に対応可能であるのか、国の責任に応じて負担割合はもっと高くすべきではないか、事業量は妥当なのか等といった議論が交わされます。これらの議論に全国知事会はじめ地方六団体等が参加して意見を交わすこともよくあるところです。

　そして、これらの議論がなかなか収束しない事務事業の場合、最後は、財務大臣、総務大臣、関係大臣の折衝によって、さらにケースによっては、与党における調整手続も経て、事業内容が確定します。

　当初から特に問題なしとされたものはもとより、このような議論を経て地方団体が実施することが妥当であるという結論が出された事業は全て経費の性質別に、給与関係経費、一般行政経費、投資的経費等に分けられて図6の右側の地方財政計画（歳出）に計上されるとともに、それに伴う国庫支出金等は歳入に計上されます。

　経費の性質別に分類して計上される地方財政計画の歳出については、このような調整にあわせて、それぞれの項目について、所要額の算定作業が行われます。

　「給与関係経費」であれば、義務教育教職員や警察官等については、法令で定められた標準定数に基づき所要額を計上しますが、地方団体がそれぞれの判断で加配している職員に係る経費は計上しません。一般職員については、給与実態調査、人事委員会勧告等を踏まえ、給与単価を設定して、翌年度見込まれる職員総数をもとに所要額を積算します。

「一般行政経費」は、いわゆるソフト経費ですが、このうち、補助事業については国の予算にあわせて所要額を計上します。地方団体が国からの補助金等によらずに独自の財源で実施する単独事業については、例えば社会保障経費の伸びなどの国の予算の動向や地方団体の決算状況等を踏まえ、個別の積上げではなく、いわば枠として所要額を計上します。

あわせて、地方創生を推進するための「まち・ひと・しごと創生事業費」等といった、政策的に別枠で計上する経費についても、関係府省庁と議論して整理された歳出額を計上します。

公共事業費等からなる「投資的経費」も同様に計上しますが、総額が決まると、その財源として、見込まれる国庫支出金のほか、地方債も歳入に計上します。

公共施設等についての「維持補修費」は、決算状況等を勘案して計上します。

公営企業会計に対して一般会計等が負担すべき「公営企業繰出金」については、決算の状況や制度改正等を踏まえ計上します。

「公債費」については、過去に発行された地方債の各年度の発行総額、償還条件、償還実績等を踏まえ積算して計上します。

交付税の不交付団体の、基準財政収入額が基準財政需要額を上回る部分に該当する税収見合いの歳出を計上する「水準超経費」については、水準超経費以外の地方歳出や地方税収の伸びを勘案して積算します。

このような作業が、毎年、秋から年末にかけて行われるわけですが、地方財政の歳出は多岐にわたることから、具体の内容は膨大かつ複雑なものとなるとともに、特に地方団体の負担にかかわる新規事業や制度改正については、前述のとおり、ときには関係府省庁や財政当局との激論も交わされながら整理されていきます。

これに並行して、税制改正の議論が、与党の税制調査会や政府税制調査会において積み重ねられていきます。議論が決着し翌年度の税制改正の具体的な内容が決まるとともに、翌年度の経済財政運営に伴うGDP

3 地方財政計画の策定と交付税総額決定のプロセス

の伸び率の見込みが定まると、国税と地方税の収入見込みが決定され、地方財政計画の歳入に地方税収入が計上されます。

あわせて、交付税総額として、国税5税の法定率分に、過去の様々な経緯に基づき法律で定められているその年度の加減算額や交付税特別会計借入金の元利償還金として控除すべき額等を加減して得られたものが、地方財政計画の歳入に計上されることとなります。その結果、計画の歳出総額と歳入総額が均衡すれば、特に何らかの対策を講じる必要がないこととなるわけですが、現実には、国も税収が不足して赤字国債を大量に発行している状況にあって、すでに定められたルールに基づく交付税総額では所要額に対して不足するという事態が続いています。

そこで、この不足分を埋めるために、財源対策債として建設事業についての地方債を通常の発行割合（充当率）よりも増額するなど様々な対応を行い、最後に残った部分を、国と地方で折半して補填することとしています。平成13年度以降は、原則としてこの考え方に基づいて、国は交付税総額に特例加算を行い、地方団体は交付税に代替する赤字地方債である臨時財政対策債を発行するという特例措置を講じてきました。

このように、様々な制度改正に係る議論を整理して地方団体にとって適切な歳出規模を決定し、その上で最終的に不足する部分の補填も含めた交付税の所要額を決定し、翌年度の地方財政の収支均衡を確保する等の措置をすることを地方財政対策と呼んでいます。

国の財政から見れば、地方財政対策を講じることによって地方財政は収支が均衡することから、国の予算に計上する地方団体が主体となる補助事業等の実施のめどが立つこととなります。このため、地方財政対策は、国の予算概案が決定される前に決着することが求められます。

予算概案が決定された後は、財務省においてその内容の精査がされ、それにあわせて、地方の負担額の詳細も決まります。これらを全て整理して閣議決定されたものが、地方財政計画です。

この計画策定作業にあわせて、税制改正を反映したり、交付税総額の

特例措置や算定方法の改正等を盛り込むため、地方税法と交付税法の改正作業もそれぞれ行われます。そして、例年、2月の上旬には、予算関連法案としての地方税法改正法案、交付税法改正法案にあわせて地方財政計画も国会に提出されます。

その後、これらの法案についての審議が始まるわけですが、地方財政計画は、翌年度の地方財政の姿を示すものであるとともに、提案された交付税法改正法案に盛り込まれた交付税総額が適切であるということ等の説明資料としても、重要な意味を持つものです。

4 交付税の算定

(1) 普通交付税の算定

各地方団体ごとの普通交付税は、次の算式で算定されます。具体的な算定イメージは、図7のとおりです。

基準財政需要額 － 基準財政収入額 ＝ 財源不足額（交付基準額）

財源不足額が生じない地方団体は、標準的な税収入で標準的な財政需要を賄えることから、普通交付税は交付されません（不交付団体）。

図7　普通交付税の算定方法

○ 基準財政需要額 ＝ 各行政項目について下記の算式により計算した額の合算額
　　　　　　　単位費用（単価） × 測定単位（国勢調査人口等） × 補正係数
　　　　　　　　　　　　　　　　　　　　　　　　　　　　　　　　人口規模や人口密度によるコスト差等を反映

○ 基準財政収入額 ＝ 標準的な地方税収入見込額 × 75%（譲与税については100%）

○ 算定例

① 基準財政需要額の意義

　基準財政需要額は、交付税法に基づき、地方団体の標準的な財政需要を合理的に測定するために、それぞれの地方団体について、次の算式で算定されます（第11条）。

　　基準財政需要額
　　　＝「各行政項目の単位費用×（測定単位×補正係数）」の合算額

（ⅰ）標準的な額としての基準財政需要額

　交付税は、各地方団体の財源不足額を「衡平に」補填することを目途として交付されるものです（第3条第1項）。したがって、個別の団体の事情や独自の判断に基づいて行われた経費が含まれる支出の実績（決算）や、実際に支出しようとする額（予算）を算定するものではありません。その地方団体の財政支出における個別の事情等の実態を捨象して、自然的・地理的・社会的諸条件に対応する合理的かつ妥当な水準として算定されるものです。

（ⅱ）基準財政需要額の水準の根拠

　交付税総額は地方財政計画から導き出されるものですから、基準財政需要額の水準の具体的な根拠も、地方財政計画に示された歳出の内容に沿った水準となります。2（205ページ）のとおり、地方財政計画は国民経済や国家財政との関連を保ちつつ、地方財政に関する基本的な方針と標準的な姿を示すものですから、基準財政需要額は、地方財政計画に組み込まれた給与関係経費、社会保障関係費等を含む一般行政経費、公共事業費等の投資的経費の内容等を基礎として算定されることとなります。

（ⅲ）一般財源で賄うものとしての基準財政需要額

　基準財政需要額は、地方税や地方譲与税といった一般財源により対処

すべき経費について、これらの収入で賄いきれない部分を交付税により補塡するための算定に用いるものです。したがって、その算定においては、国庫支出金、地方債、使用料・手数料、負担金・分担金等の特定財源をもって賄われるべき財政需要分は除外されます。

② 基準財政需要額の仕組み

　基準財政需要額は、各行政項目について算定された「単位費用×（測定単位×補正係数）」の合算額です。単位費用は測定単位1あたりの費用、測定単位は人口や面積等、補正係数は自然条件や社会条件等の違いによって標準的に生じうる財政需要の差を反映するものです。算定に用いる行政項目及びその測定単位・単位費用は、表6のとおりです。以下、それぞれについて整理します。

（i）単位費用

　単位費用は、標準的条件を備えた地方団体が合理的かつ妥当な水準において地方行政を行う場合や標準的な施設を維持する場合に要する経費を基準として設定することとされています（交付税法第2条第6号）。

　ア　単位費用の法定

　単位費用は、基準財政需要額の算定における重要な要素であり、道府県分及び市町村分に分けて、各行政項目の測定単位について法律で定められています（同法第12条別表第1及び第2）。

　地方行政に係る制度改正に伴う地方団体の事務事業の内容の変化、公務員の給与改定、国庫補助事業の制度改正、毎年度の国庫支出金の予算額に伴う地方負担額の変動、物価の上昇等は単位費用の額に影響しますので、毎年度、法律改正により単位費用の見直しを行う必要が生じることとなります。

表6 普通交付税の算定項目と測定単位・単位費用(平成30年度)

【道府県分】

項　目		測定単位	単位費用(円)
一　警察費		警察職員数	8,306,000
二　土木費	1　道路橋りょう費	道路の面積	135,000
		道路の延長	2,024,000
	2　河川費	河川の延長	188,000
	3　港湾費	港湾係留施設の延長	28,300
		港湾外郭施設の延長	6,140
		漁港係留施設の延長	10,400
		漁港外郭施設の延長	5,930
	4　その他の土木費	人口	1,340
三　教育費	1　小学校費	教職員数	6,253,000
	2　中学校費	教職員数	6,322,000
	3　高等学校費	教職員数	6,556,000
		生徒数	56,100
	4　特別支援学校費	教職員数	6,155,000
		学級数	2,099,000
	5　その他の教育費	人口	2,300
		公立大学等学生数	212,000
		私立学校等生徒数	289,600
四　厚生労働費	1　生活保護費	町村部人口	9,330
	2　社会福祉費	人口	15,700
	3　衛生費	人口	14,600
	4　高齢者保健福祉費	65歳以上人口	50,000
		75歳以上人口	95,700
	5　労働費	人口	430
五　産業経済費	1　農業行政費	農家数	107,000
	2　林野行政費	公有以外の林野の面積	5,020
		公有林野の面積	15,300
	3　水産行政費	水産業者数	336,000
	4　商工行政費	人口	1,910
六　総務費	1　徴税費	世帯数	5,870
	2　恩給費	恩給受給権者数	1,042,000
	3　地域振興費	人口	560
七　地域の元気創造事業費		人口	950
八　人口減少等特別対策事業費		人口	1,700

包括算定経費	人口	9,310
	面積	1,163,000

第3章 交付税制度の基本的な仕組み

【市町村分】

項　目			測　定　単　位	単位費用（円）
一	消　防　費		人　　　　　　　　口	11,300
二　土　木　費	1	道路橋りょう費	道　路　の　面　積	71,700
			道　路　の　延　長	194,000
	2	港　湾　費	港湾 係留施設の延長	27,200
			港湾 外郭施設の延長	6,140
			漁港 係留施設の延長	10,400
			漁港 外郭施設の延長	4,310
	3	都市計画費	都市計画区域における人口	988
	4	公　園　費	人　　　　　　　　口	530
			都　市　公　園　の　面　積	36,300
	5	下　水　道　費	人　　　　　　　　口	94
	6	その他の土木費	人　　　　　　　　口	1,620
三　教　育　費	1	小　学　校　費	児　　童　　数	43,000
			学　　級　　数	890,000
			学　　校　　数	9,479,000
	2	中　学　校　費	生　　徒　　数	40,600
			学　　級　　数	1,097,000
			学　　校　　数	8,691,000
	3	高等学校費	教　　職　　員　　数	6,558,000
			生　　徒　　数	70,300
	4	その他の教育費	人　　　　　　　　口	5,220
			幼稚園等の小学校就学前子どもの数	386,000
四　厚　生　費	1	生活保護費	市　部　人　口	9,440
	2	社会福祉費	人　　　　　　　　口	23,400
	3	保健衛生費	人　　　　　　　　口	7,860
	4	高齢者保健福祉費	6　5　歳　以　上　人　口	65,600
			7　5　歳　以　上　人　口	83,800
	5	清　掃　費	人　　　　　　　　口	5,020
五　産　業　経　済　費	1	農業行政費	農　　家　　数	84,300
	2	林野水産行政費	林業及び水産業の従業者数	285,000
	3	商工行政費	人　　　　　　　　口	1,310
六　総　務　費	1	徴　税　費	世　　帯　　数	4,610
	2	戸籍住民基本台帳費	戸　　籍　　数	1,170
			世　　帯　　数	2,080
	3	地域振興費	人　　　　　　　　口	1,830
			面　　　　　　　　積	1,039,000
七	地域の元気創造事業費		人　　　　　　　　口	2,530
八	人口減少等特別対策事業費		人　　　　　　　　口	3,400

包括算定経費	人　　　　　　　　口	17,500
	面　　　　　　　　積	2,343,000

イ 標準団体等の設定による単位費用の算定

単位費用を算出するために、標準的な地方団体(標準団体)や標準的な施設(標準施設)を設定します。具体的には、人口、面積、行政規模に加え、自然的条件、地理的条件などが道府県や市町村のなかで平均的なものを想定します。

標準団体の内容は、以下を基本形として、各行政項目において、より詳細に設定されます。なお、市町村の面積は制度発足以来160k㎡でしたが、市町村合併が進行し、平均的な市町村の姿が変化した実態を踏まえ、平成27年度から210k㎡としています。

	都道府県	市町村
人口	1,700,000人	100,000人
面積	6,500k㎡	210k㎡
世帯数	710,000世帯	42,000世帯

ウ 単位費用積算の概要

図8は、平成30年度の道府県分の小学校費の内容を簡略化し、イメージとして整理したものです。

単位費用の算定に際しては、人口170万人の標準団体の学校数を360校、平成30年度の文部科学省予算に計上された標準法に基づく教職員総数を基礎として、教職員の数を6,398人、その内訳を校長360人、教頭372人、一般教員5,158人、事務職員等508人としています。

教職員給与に係る国庫負担金の算定単価等を基礎とした教職員に係る給与費に旅費等を加算し、国庫支出金を控除したものを教職員数で除したものが単位費用です。

図9は、平成30年度の市町村分の消防費の内容を簡略化し、イメージとして整理したものです。

市町村が実施する消防行政は、大きく常備消防と非常備消防に分けられます。人口10万人の標準団体においては、常備消防では1消防本

部を想定し、その運営に係る消防吏員130人と一般職員2人の給与、消防署1署、出張所3か所の設備等の経費を、非常備消防では15分団を想定し、消防団員583人の報酬、設備等の経費をそれぞれ算定し、その合計額から国庫補助金を控除したものを人口10万人で除したものが単位費用です。

図8　平成30年度小学校費（都道府県分）の単位費用イメージ

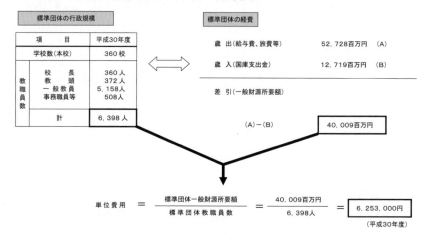

図9　平成30年度消防費（市町村分）の単位費用イメージ

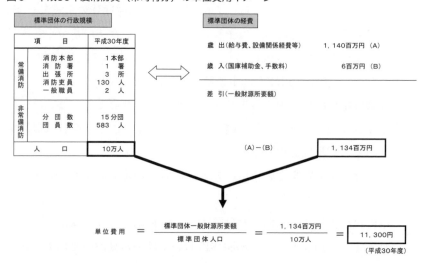

(ⅱ) 測定単位

　測定単位は、交付税法において、地方行政の各算定項目について設けられる単位です。毎年度の普通交付税を交付するために用いるものとされており（第2条第5号）、表6のとおりです。

　測定単位として何を用いるかについては、次の点が考慮されて定められています。

　まず、測定単位は、各行政項目について設定される単位費用に乗じるものですから、それぞれの行政項目の費用をできる限り的確に反映するものであることが求められます。そのため、基本的には相関の度合いにより、その妥当性を判断します。例えば、火災や救急への対応は人口が多くなるほど増加するのが一般的ですから、消防費の測定単位には人口を用いることとされています。

　また、測定単位は、基準財政需要額を算定する重要な要素ですから、算定結果の妥当性を確保するため、その数値について、地方団体の恣意性が介入する余地のない公信力と客観性のあるものが望ましいとされます。そのため、国勢調査、学校基本調査、農林業センサス等の基幹統計が主に使われます。また、法律で備え付け義務のある道路台帳等における登載数値、法令等で定められた道府県ごとの警察官定数、教職員数等も用いられます。

(ⅲ) 補正係数

　基準財政需要額の算定に用いる単位費用は、（ⅰ）（214ページ）のとおり、各行政項目について設定された標準団体や標準施設の財政需要を標準団体における測定単位の規模で除すことにより導き出されるものです。

　一方で、実際の各地方団体の測定単位あたりの行政経費は、それぞれの人口規模、人口等の密度、都市化の程度、気象条件の違いなどによって大きな差があります。それらの差のうち、その条件であればそのような差が発生することが標準的であるとみなされるものについては、基準

財政需要額に反映させることが合理的です。これらのコスト差を具体例で見ると次のとおりです。

ア　人口規模

　典型的な例が、知事や市町村長についての人口一人あたりの経費です。人口10万人の標準団体にも、人口1千人の村、人口百万人の大都市にも、市町村長は一人です。その報酬の差を考慮しても、人口一人あたりのコストは、人口が少ないほど大きく、多いほど小さくなります。このような人口段階において一般的に発生すると見込まれるコスト差、一般的にいえば、スケールメリット・デメリットといえるものです。

イ　人口等の密度

　例えば、消防署の管轄する面積が広く人口が少ないほど、出動に係るコストは増大します。また、自動車交通量が多い方が道路の維持補修費は増大します。このように、人口等の密度の増減によって、行政コストは変化します。

ウ　都市化の程度

　例えば、人口集中地区人口、昼間流入人口の多寡等によって、ゴミ処理経費等は大都市ほど財政需要が増加する傾向にあります。また、地域手当、住居手当等も地域ごとに異なります。

エ　気象条件

　寒冷・積雪地域においては、公務員に支給される寒冷地手当、寒冷地における暖房関係の費用、積雪地における除排雪経費等といった他の地域にはない財政需要が一般的に発生します。

こうしたコスト差等を反映させるために設定された、具体的な補正の種類をまとめたものが表7です。

なお、補正係数は数も多く内容も複雑です。そのため、できる限りの簡素化を図るために、例えば、人口規模によるコスト差は補正係数によらずに、人口規模別の単位費用を設定すべきではないかという指摘もあります。ただ、コスト差は人口規模によって連続的に発生するものです。したがって、人口段階ごとに複数の単位費用を設定したとしても、その費用の差を連続させるためには、段階間の人口についての補正係数が必要になり、算定方法は結果としてより複雑化します。こうしたことから、現在は、道府県、市町村ごとに一つの単位費用を設定して、その他のコスト差は補正係数によって反映するという算定方法をとっているのです。

③ 基準財政収入額

基準財政収入額は、交付税法に基づき、地方団体の財政力を合理的に測定するために、それぞれの地方団体について、次の算式を基本として税目等の合算額で算定されます（第2条第4号、第14条）。

　　　標準的税収入×75％　＋　地方特例交付金×75％
　　　　＋　地方譲与税

基準財政収入額の算定対象となる法定普通税を主体とした対象税目等は、表8のとおりです。

基準財政収入額の算定において、地方税、地方特例交付金については、標準税率（標準税率の定めのない税目は地方税法に定める率）に算入率75％を乗じた数値を用いますが、これを基準税率といいます。

地方団体が政策判断により超過税率や軽減税率を採用している場合であっても、基準財政収入額の算定においては標準的な収入を見込むものであることから、あくまでも標準税率を用いることとしています。

なお、仮に、超過税率分を収入額に算入すればその留保財源分を除く

第3章 交付税制度の基本的な仕組み

表7 補正の種類（平成30年度）

種類	内容	例
種別補正	測定単位に種別があり、かつ、その種別ごとに単位あたり費用に差があるものについて適用。 　例えば、港湾費（係留施設の延長）にあっては、港湾の種別（「国際戦略港湾」「国際拠点港湾」「重要港湾」「地方港湾」）によって、係留施設1ｍあたりの維持管理経費等による経費の差を反映させるもの。	港湾費 （港湾の種別による経費の差）
段階補正	測定単位の数値の多少による段階に応じて経費が逓減又は逓増するものについて適用。 　地方団体は、その規模の大小にかかわらず、一定の組織を持つ必要があり、また、行政事務は一般的に「規模の経済」、いわゆるスケールメリットが働き、規模が大きくなる程、測定単位あたりの経費が割安になる傾向があり、こうした経費の差を反映させるもの。	包括算定経費 （人口規模による段階ごとの経費の差）
密度補正	人口密度等の増減に応じて経費の額が逓減又は逓増するものについて適用。 ① 人口密度、自動車の交通量等の増減に応じて、逓減又は逓増するものについて、超過累退又は超過累進の方法によって、経費の種類ごとにそれぞれ逓減又は逓増の率を定めて係数とするもの ② 介護サービス受給者数、被生活保護者数等について、標準団体に算入されているそれぞれの人数の割合を基準にして割増し又は割落としするもの	①消費費 （人口密度（面積）に応じた経費の差） ②高齢者保健福祉費（65歳以上人口） （介護給付費負担金等に係る経費の差）
態容補正	都市化の程度、法令上の行政権能、公共施設の整備状況等、地方団体の「態容」に応じて、財政需要が異なるものについて適用。 ① 普通態容補正 　ア　行政の質量差によるもの 　　・「都市化の度合いによるもの」　市町村を20段階の種地に区分し、大都市ほど行政需要が増加する経費（道路の維持管理費、ごみ処理経費等）について割増し 　　・「隔遠の度合いによるもの」　離島辺地の市町村やそのような地域を持つ道府県における旅費、資材費の割高の状況を反映 　　・「農林水産業地域の度合いによるもの」　農林水産業を主産業とする市町村の産業振興、地域振興のための経費について農林業級地の地域区分により割増し 　イ　給与差によるもの 　　地域ごとに異なる地域手当、住居手当、通勤手当等の給与差を反映 　ウ　行政権能差によるもの 　　指定都市、中核市、その他の市町村では、法令に基づく行政権能が異なることから、これによる経費の差を反映 ② 経常態容補正 　普通態容補正のような級地区分等とは関係のない態容に基づく経常経費の差（例：教職員の平均年齢の差による都道府県ごとの平均給与費の差）を反映させるもの。 ③ 投資態容補正 　ア　投資補正 　　道路の未整備率、高等学校校舎等不足面積等、客観的な統計数値等を指標として投資的経費の必要度を測定し、財政需要額に反映させるもの 　イ　事業費補正 　　特定の事業実施のために借り入れた地方債の元利償還金の一定割合を反映させるもの	① 　ア　消防費 　　（消防力の水準の差） 　イ　地域振興費（人口） 　ウ　保健衛生費 　　（保健所設置市とその他の市との差） ②小・中学校費 　（平均給与費の差） ③ 　ア　道路橋りょう費 　　（未整備延長比率等による改築経費の必要度の差） 　イ　小・中学校費 　　（学校教育施設等整備事業債の元利償還金）
寒冷補正	寒冷・積雪地域の度合いによって経費が増加するものについて適用。 ① 給与差　寒冷地に勤務する公務員に対して支給される寒冷地手当に係る財政需要の増加分 ② 寒冷度　寒冷地における暖房用施設、暖房用燃料費、道路建設に必要な特殊経費、生活保護費に係る冬季加算分などの行政経費の増加分 ③ 積雪度　積雪地における道路・建物等に係る除排雪経費、雪囲費、道路建設費における道路幅員の通常以上の拡張に要する経費等	小・中学校費 ①寒冷地手当の差 ②暖房費の差 ③除雪経費の差
数値急増補正 数値急減補正	① 数値急増補正 　人口を測定単位とする費目分については、基礎としている国勢調査人口の数値の更新に5年間を要するため、この間に人口が急増する市町村について、住民基本台帳登載人口等を用いて、増加分を反映させるもの。 ② 数値急減補正 　人口や農家数等が急激に減少しても、行政規模は同じペースで減らせないこと、また、人口が急変する市町村は、人口変動が小さい市町村に比べて行政経費が割高になる状況があることを反映させるもの。	①地域振興費（人口） 　高齢者保健福祉費 　（65歳・75歳以上人口） ②農業行政費（農家数） 　地域振興費（人口）
財政力補正	地方債の元利償還金を算入する際に、償還額の標準財政収入額に対する割合の高い団体等について算入率を高くするために適用。	災害復旧費（単独災害復旧事業債及び小災害債（公共土木施設等分））

4 交付税の算定

表8 基準財政収入額の対象税目等（平成30年度）

(1) 都道府県

項　目		算　定　対　象	対　象　外
一般財源	普　通　税	（法定普通税の全て） 道府県民税（除交付金分）、事業税 地方消費税（除交付金分） 不動産取得税 たばこ税（含たばこ交付金） ゴルフ場利用税（除交付金分） 自動車取得税（除交付金分） 軽油引取税（除交付金分） 自動車税、鉱区税 固定資産税（特例分）	法定外普通税
	地方譲与税	地方法人特別譲与税、地方揮発油譲与税、石油ガス譲与税	
	そ　の　他	都道府県交付金、地方特例交付金	
目的財源	目　的　税		狩猟税、法定外目的税
	地方譲与税等	航空機燃料譲与税 交通安全対策特別交付金	

(2) 市町村

項　目		算　定　対　象	対　象　外
一般財源	普　通　税	（法定普通税の全て） 市町村民税、固定資産税、軽自動車税 たばこ税（除たばこ交付金）、鉱産税	法定外普通税
	税　交　付　金	所得割臨時交付金（指定都市のみ）、分離課税所得割交付金（指定都市のみ）、利子割交付金、配当割交付金、株式等譲渡所得割交付金、地方消費税交付金、ゴルフ場利用税交付金、自動車取得税交付金、軽油引取税交付金（指定都市のみ）	
	地方譲与税	地方揮発油譲与税、特別とん譲与税、石油ガス譲与税（指定都市のみ）、自動車重量譲与税	
	そ　の　他	市町村交付金、地方特例交付金	
目的財源	目　的　税	事業所税	入湯税、都市計画税、水利地益税、法定外目的税
	地方譲与税等	航空機燃料譲与税、交通安全対策特別交付金	

75％分だけ交付税が減少しますので、そもそも超過課税を行う意味がなくなります。また、軽減税率を反映すれば軽減税率による減収の75％分だけ交付税が増加しますが、そうなれば各地方団体にとっては、住民や企業の負担の軽減に資するわけですから軽減税率を採用した方がむしろ合理的であるとして、軽減税率の採用が多発し、税制度の根幹を揺るがすことにもなりかねません。

　また、基準税率を用いるのは、そもそも基準財政需要額の算定において、各地方団体の財政需要を100％的確に把握することは不可能であること、また、企業誘致や地域の活性化等によって税収が増えた場合、その全額が交付税から差し引かれるとなればそのような税収確保努力へのインセンティブがなくなることなどを踏まえてのものです。

　なお、地方特例交付金は、本来であれば地方税で確保すべき収入が何らかの制度改正に伴って減収となる場合に、その補塡をするための特例として創設されるものです。現在の地方特例交付金は、個人住民税における住宅借入金等特別税額控除の実施に伴う地方団体の減収を補塡するために交付されるものです。地方税の代替という意味では交付税と性格が共通する部分もありますが、交付税は基準財政需要額が基準財政収入額を上回る団体に対して交付されるのに対して、地方特例交付金は、不交付団体を含む全ての地方団体に対して交付されるものです。その意味においては、より、地方税の代替という性格が強いものといえます。

④　課税免除等に係る減収補塡制度

　基準財政収入額の算定においては、法律上非課税とされているものについては算定から当然に除外されることとなりますが、③のとおり各地方団体の政策判断に基づく超過税率や軽減税率は算定に反映されません。同様に、一定の政策判断に基づくものや個別の事案に対する課税免除や不均一課税も反映されないこととされています。

　ただ、この原則に対しては、国の政策的配慮から、個別の立法により、

地方団体が行う課税免除や不均一課税による減収部分については、一定のものに限り基準財政収入額から控除することにより普通交付税額を増加させることで補塡するという特例（減収補塡制度）が設けられています。

様々な地域立法により、企業の一定地域への誘導を税の特例措置によって推進することは、中長期的な視点に立てば、地方団体全体の財政力の平準化や行政水準の向上に役立つことが期待できます。そのため、税の特例措置が活用しやすいように、特例措置に基づく当面の減収分を補塡することは、交付税制度の趣旨に反するものではないとの考え方に基づくものです。

代表的な例として、過疎地域自立促進措置法（以下「過疎法」といいます）においては、製造業等について国税の特別償却を認めるとともに、事業税、不動産取得税、固定資産税について課税免除等に係る減収補塡措置が認められています。

こうした減収補塡制度については、「地方分権推進計画」において、「共有財源である地方交付税を用いた特例的な財政措置であることにかんがみ、従来から行われてきたものは適用期限が到来した際にその必要性、対象要件等を見直すとともに、新たな措置については必要最小限のものとする」とされたことを踏まえ、制度の運用や新設については、限定的に行われています。平成30年4月現在の根拠法律数は過疎法、沖縄振興特別措置法、地域再生法等の10法律、平成30年度算定における減収補塡額は144億円となっています。

⑤ 臨時財政対策債

平成12年度までは、交付税の総額が所要額に対して不足する場合、その一定の部分については交付税特別会計の借入金によって確保して、後年度において、その償還を国と地方の折半で負担することとしてきました。

平成13年度以降は、地方負担分をより明確にするとともに特別会計改革の一環等として、交付税特別会計による借入れは原則として廃止し、

折半で負担するうちの国分については、国の一般会計からの特例加算により、地方分については、地方財政法第5条の特例となる地方債（いわゆる赤字地方債）である臨時財政対策債で対処することとしました。

それ以来この特例措置が継続されてきており、近年では図10－1のとおり、臨時財政対策債の総額の内訳として、折半分は縮減傾向にあるのに対して、過去に発行した臨時財政対策債の元利償還金分等が巨額となってきていることが大きな課題です。

各地方団体における臨時財政対策債の発行可能額は、図10－2のとおり、その総額が、その年度における地方財政対策において設定した臨時財政対策債の総額に一致するよう、臨時財政対策債を振り替える前の基準財政需要額（振替前基準財政需要額）と基準財政収入額の差額（振替前財源不足額）と財政力を踏まえて算出します。

そして、振替前基準財政需要額から臨時財政対策債の発行可能額（振替額）を減額した基準財政需要額から基準財政収入額を控除した財源不足額に基づいて、交付すべき普通交付税額が決定されます。

また、臨時財政対策債の発行可能額の元利償還金相当分については、その全額を後年度の基準財政需要額に算入することにより、地方団体の財政運営に支障が生じないように措置することとしています。

なお、臨時財政対策債の元利償還金の基準財政需要額への算入については、「発行額」ではなくて「発行可能額」を対象としています。このように、各地方団体について決定されるのは臨時財政対策債の発行可能額であり、その範囲内でどの程度を発行するかについては、各地方団体の判断に委ねられています。

標準的な財政需要を満たすために必要な額として算定される発行可能額ですから、ほとんどの地方団体では発行可能額どおりに発行している状況にありますが、発行をしないことや、発行可能額よりも少ない額で発行することもできるものです。その場合であっても、現実の発行額に伴う元利償還金の額ではなく、発行可能額の元利償還金相当分の額を後

4 交付税の算定

図10−1　臨時財政対策債の総額

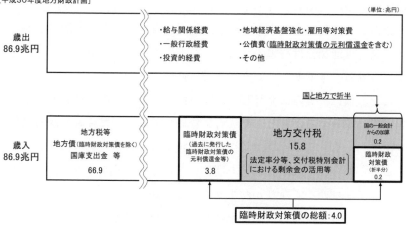

図10−2　臨時財政対策債の仕組み

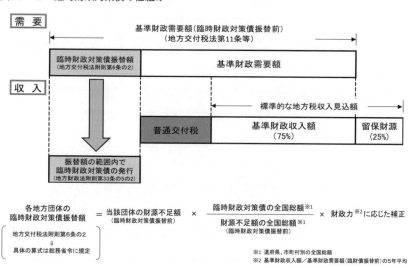

年度の基準財政需要額に算入します。これは、臨時財政対策債の発行可能額はその年度において本来的には交付税として交付すべき一部分の代替措置として設定されることから、現実に発行するかどうかにかかわらず、発行可能額分は将来の交付税の算定において元利償還金に分割して確保されるべきであるという考え方に基づくものです。

なお、仮に、実際に発行した臨時財政対策債の元利償還金を基準財政需要額に算入することとした場合、経費の節減をして臨時財政対策債の縮減をしても、その分だけ将来に交付税措置される元利償還金が減少することとなり、それぞれの地方団体にとっては、そもそも縮減をするインセンティブがなくなりかねません。その観点からも、元利償還金に係る交付税の算定は発行可能額を基礎として行うこととしているのです。

⑥　都と特別区の特例と都区財政調整制度

交付税法においては、都と特別区の特例として、都については、道府県に対する交付税の算定に関してはその全区域を道府県と、市町村に対する交付税の算定に関してはその特別区の存する区域を一つの市町村とそれぞれみなして算定した基準財政需要額の合算額と基準財政収入額の合算額をもって、その基準財政需要額及び基準財政収入額とするという、都区合算特例制度が設けられています（第21条）。

これは、東京都と特別区における事務配分と税源配分の特例、すなわち、消防、下水道等の事務は通常は市町村の事務とされていますが特別区の区域においては都が実施していること、また、このような事務処理の特例から、税源配分でも、特別区の区域では、市町村民税法人税割、固定資産税、都市計画税、特別土地保有税、事業所税は都が課税していることを踏まえてのものです。すなわち、このような事務処理や税源配分の特例があることから、都については道府県、各特別区については市町村と見なして算定するとすればかえって不合理な結果となり、むしろ合算して算定することが妥当であるとの考え方に基づくものです。

なお、このような都と特別区の特例とともに、東京都は、都区財政調整制度として、特別区の区域において徴収している市町村民税法人税割、固定資産税、特別土地保有税の収入総額の一定割合を、特別区に対して、特別区財政調整交付金として、おおむね交付税制度に準じた算定方法によって、交付しています（地方自治法第282条）。

（2）特別交付税の算定
① 特別の財政需要
　交付税法においては、普通交付税の画一的・標準的な算定により導き出される基準財政需要額や基準財政収入額に反映されない財政事情に対処して補完するために、
- 基準財政需要額の算定方法によっては捕捉されなかった特別の財政需要があること
- 基準財政収入額のうち著しく過大に算定された財政収入があること
- 災害等のための特別の財政需要の増があること、又は財政収入の減少があること
- その他特別の事情があること

に即して、特別交付税を算定することとしています（第15条）。

　具体的には、各年度の普通交付税は、基本的に4月1日現在を基準として算定されることから（第8条）、それ以降に発生する財政需要として、
- 災害関係経費
- 普通交付税で標準的に算定された経費を超えて除排雪に要した経費
- 年度途中で町村から市制に移行することによって発生する生活保護関係経費

などが算定対象となります。

　また、普通交付税の画一的な算定式になじまない財政需要として、その地方団体がおかれた地理的条件や社会状況等を前提とすれば一般的に発生するであろうと認められる、

・公立病院や公的病院の不採算部門に対する経費
・地方バス等の維持費

なども算定対象となります。

② 震災復興特別交付税

　東日本大震災の復旧・復興については、その被害が過去に例のない甚大なものであること、被災団体が広範な地域にわたりしかも財政力の弱い団体が多いことを踏まえ、国庫補助負担の特例措置を講じてもなお発生する次のような財政負担分については、通常であれば災害復旧事業債等の地方債による財源措置の対象となる経費も含めて、通常収支とは別枠の財源フレームにより確保された震災復興特別交付税により、原則としてその全額を措置し、実質的な地方負担を解消する措置がとられています。

・復旧・復興に係る直轄・補助事業の地方負担分
・単独災害復旧事業、応援団体からの中長期職員派遣の受入れや被災団体における職員採用、風評被害対策等
・地方税法等に基づく特例措置や条例減免等による地方税等の減収分

5　地方財政計画の姿と交付税の算定結果

　交付税制度について、その概要を整理してきましたが、ここで、実際の地方財政計画の姿と普通交付税の算定結果を見てみましょう。表9は平成30年度地方財政計画の歳入歳出一覧です。通常収支分の地方財政計画の規模は歳入歳出ともに86兆8,973億円、うち、地方税39兆4,294億円、地方譲与税2兆5,754億円、地方特例交付金1,544億円、交付税16兆85億円、臨時財政対策債3兆9,865億円で、東日本大震災充当分383億円を調整した一般財源総額は62兆1,159億円、前年度に比して356億円増となっています。

　交付税と交付税の代替財源である臨時財政対策債の合計は19兆9,950

5 地方財政計画の姿と交付税の算定結果

表9 平成30年度地方財政計画歳入歳出一覧（通常収支分）

（歳入） （単位：億円、％）

区分	平成30年度(A)	平成29年度(B)	増減額 (A)－(B) (C)	増減率 (C)／(B)
地 方 税	394,294	390,663	3,631	0.9
地 方 譲 与 税	25,754	25,364	390	1.5
地 方 特 例 交 付 金	1,544	1,328	216	16.3
地 方 交 付 税	160,085	163,298	△ 3,213	△ 2.0
普 通 交 付 税	150,480	153,500	△ 3,020	△ 2.0
特 別 交 付 税	9,605	9,798	△ 193	△ 2.0
国 庫 支 出 金	136,512	135,386	1,126	0.8
地 方 債	92,186	91,907	279	0.3
うち臨時財政対策債	39,865	40,452	△ 587	△ 1.5
うち財源対策債	7,900	7,900	0	0.0
使 用 料 及 び 手 数 料	16,091	16,184	△ 93	△ 0.6
雑 収 入	42,890	42,370	520	1.2
復旧・復興事業一般財源充当分	△ 77	△ 77	0	0.0
全国防災事業一般財源充当分	△ 306	△ 225	△ 81	36.0
計	868,973	866,198	2,775	0.3
一 般 財 源	621,159	620,803	356	0.1
（水 準 超 経 費 を 除 く）	602,759	602,703	56	0.0

（歳出）

区分	平成30年度(A)	平成29年度(B)	増減額 (A)－(B) (C)	増減率 (C)／(B)
給 与 関 係 経 費	203,144	203,209	△ 65	△ 0.0
退 職 手 当 以 外	187,313	186,737	576	0.3
退 職 手 当	15,831	16,472	△ 641	△ 3.9
一 般 行 政 経 費	370,522	365,590	4,932	1.3
補 助	202,356	197,809	4,547	2.3
単 独	140,614	140,213	401	0.3
国民健康保険・後期高齢者医療制度関係事業費	15,052	15,068	△ 16	△ 0.1
まち・ひと・しごと創生事業費	10,000	10,000	0	0.0
重 点 課 題 対 応 分	2,500	2,500	0	0.0
地域経済基盤強化・雇用等対策費	—	1,950	△ 1,950	皆減
公 債 費	122,064	125,902	△ 3,838	△ 3.0
維 持 補 修 費	13,079	12,621	458	3.6
投 資 的 経 費	116,180	113,570	2,610	2.3
直 轄 ・ 補 助	58,104	57,273	831	1.5
単 独	58,076	56,297	1,779	3.2
うち緊急防災・減災事業費	5,000	5,000	0	0.0
うち公共施設等適正管理推進事業費 ※平成28年度は公共施設等最適化事業費	4,800	3,500	1,300	37.1
公 営 企 業 繰 出 金	25,584	25,256	328	1.3
企業債償還費普通会計負担分	15,846	15,863	△ 17	△ 0.1
そ の 他	9,738	9,393	345	3.7
不 交 付 団 体 水 準 超 経 費	18,400	18,100	300	1.7
計	868,973	866,198	2,775	0.3
（水 準 超 経 費 除 く）	850,573	848,098	2,475	0.3
地 方 一 般 歳 出	712,663	706,333	6,330	0.9

億円であり、地方財政の歳入の23.0％、約4分の1を占める重要な役割を果たしています。

表10は、このように地方財政計画で確保した交付税のうち、普通交付税を算定した結果です。交付団体の基準財政需要額は40兆9,004億円、基準財政収入額は25兆8,128億円であり、交付基準額（財源不足額）は15兆876億円です。地方財政計画で確保された普通交付税（交付税総額の94％分）は15兆480億円であり、396億円不足することから、各地方団体

表10　平成30年度普通交付税算定結果　　　　　　　　　　　　　　　　（単位：億円、％）

区分		基準財政需要額			基準財政収入額		
		財源不足団体	財源超過団体	計	財源不足団体	財源超過団体	計
道府県		193,310	19,957	213,267	111,688	23,067	134,755
市町村	大都市	52,354	18,553	70,907	45,738	27,186	72,924
	中核市	32,404	0	32,404	25,496	0	25,496
	施行時特例市	10,137	676	10,813	8,452	786	9,238
	都市	90,951	6,535	97,486	54,756	7,497	62,253
	町村	29,849	1,246	31,095	11,997	1,539	13,536
	計	215,694	27,010	242,704	146,440	37,007	183,448
合計		409,004	46,966	455,971	258,128	60,075	318,203

区分		財源超過額	財源不足額	普通交付税額	普通交付税の全体に占める割合
道府県		3,111	81,622	81,435	54.1
市町村	大都市	8,633	6,616	6,565	4.4
	中核市	0	6,908	6,876	4.6
	施行時特例市	110	1,684	1,675	1.1
	都市	961	36,194	36,106	24.0
	町村	293	17,851	17,822	11.8
	計	9,997	69,253	69,045	45.9
合計		13,108	150,876	150,480	100.0

（注）　1　普通交付税額については当初算定の額である。
　　　　2　大都市・中核市・施行時特例市・都市・町村の区分については平成30年4月1日現在の区分によるものである。
　　　　3　市町村分については、一般算定分と合併算定替分を単純に合算したものである。
　　　　4　基準財政需要額は臨時財政対策債振替後の額（振替額　道府県21,853億円、市町村18,012億円）。
　　　　5　表示単位未満四捨五入の関係で、積み上げと合計が一致しない箇所がある。

の基準財政需要額に調整率として、0.000968214を乗じた分が減額されて（交付税法第10条第2項）、普通交付税として決定交付されました。

おわりに

　交付税制度をめぐる様々な論点にあわせて、財政規律の維持をはじめ財政運営における基本的な姿勢（マインド）について、いわば体験論的に整理を試みてみました。交付税制度を含む地方財政の大枠について、改めて概括すると、以下のとおりです。これについては、長年にわたって、国と地方団体においてのみならず、多くの地方財政関係者からの貴重な御意見・御提言等も得ながら改善を重ねるとともに、運用されてきました。

① 　それぞれの地域の抱える問題に対しては、その場で直接的に住民のニーズに向かい合っている地方団体が、国の制度も踏まえ、住民の代表である議会の審議を経て、その具体的な解決方策を決定する。その方策は、最少の経費で最大の効果をもたらすものであるとともに、その財源は地方税により賄うことを基本として、自らの負担と責任によって実施する。

② 　国は、その役割分担として負担すべき、あるいは国として推奨すべき事務事業については、国庫支出金（国庫負担金、国庫補助金等）を支出することにより対処する。

③ 　①及び②の仕組みによっては、妥当と認められる行政サービス水準の提供が困難であると認められる部分、言い換えれば、本来であればそれぞれの地方団体の税収入で賄うことが求められるが、現実には不足する部分については、国の政策として創設した財政調整制度（交付税制度）により対処することとし、地方税の代替財源である交付税により財源の保障をするとともに、地方団体間の財源の均衡化を図る。

　さて、どのように優れた制度にあっても、時間の経過の積み重ねのなかで、当初は予想もされなかったことも含めて、様々な問題が発生する

おわりに

ことは避けられません。交付税制度についても、それは当てはまるように感じます。

　交付税は、地方税の代替財源として、地方の固有財源と位置づけられるものですが、国から地方への巨額の移転支出という形式をとる以上、国家予算を構成する大きな要素としても位置づけられることから、地方財政のみならず国家財政との関係に直結する仕組みとして扱われることとなります。これに伴う議論に加えて、交付税で財源を保障する行政水準は、国の法令や予算、また、その時々の経済財政政策によって設定されるものが多いことから、

① 　地方財源をさらに拡充して地方財政の自立を強化すべきであるとの立場からは、交付税という枠を設定することによって、事実上、地方行政の水準を国がコントロールしている仕組みとして機能しているのではないか

② 　地方団体の財政運営に批判的な立場からは、国によって自動的に一定水準の行政サービスの財源が確保されることから、地方団体自らができる限り工夫をして、行政コストを引き下げたり地域経済を活性化して税収を増加させようとする努力を本来求められるレベルよりも減退させている、すなわち、モラルハザードの原因となっているのではないか

といった、両面からの批判が出てくることになります。

　国家財政と地方財政は、ともに巨額の財源不足に直面するとともに、それに対処するために大量の国債と地方債を発行してきた結果、国と地方の合計で1,000兆円を超える長期債務を抱えています。

　一方で、人口減少と超高齢化への対策が求められるなかで、社会保障経費は増加の一途であるとともに、これからの我が国を支える人づくりへの投資は、これまで以上に極めて重要です。あわせて、かつて高度成長期の人口増加のなかで建設した多くのインフラが耐用年数を迎えつつ

あり、今後のまちづくりを見据えた施設の最適配置のプランに基づく計画的な更新と維持が求められています。

　財政の健全化を図りつつ、こうした財政需要にどのように応えていくかは、行政コストの改革にあわせて、税収の総量、言い換えれば今後の我が国の経済力と、税の使途に対する国民の信頼感いかんにかかってくるものです。どんなに必要な施策であるとしても、そのための財源調達のめどが立たなければ、できる範囲で納得するしかないというのが、厳しいけれども受け入れざるを得ない事実です。

　今後も必要な行政サービスを提供していくためには、それぞれの施策の目的とする効果をできる限り効率的に実現するための事務事業のあり方の追求が不可欠です。まさに、社会保障をはじめ様々な行政分野における構造改革が求められる所以です。

　そして、こうした取組や検討のなかで常に戻ってくるのが、その時々の経済財政状況と将来の見込みを踏まえた財政力を前提とすれば、「必要な行政サービス」として、どのような水準を設定することが望ましいかというそもそもの問いです。

　もちろん、悲観ばかりは禁物です。AIやIoT、ロボット等のいわゆる破壊的技術がもたらす技術革新は、公共サービスの分野においても飛躍的な労働生産性の向上をもたらし、この問いに対しても、従来では想像できなかったような解決策を提示してくれる可能性があると見込まれることから、その活用を追求していくことが強く求められます。

　かつて、介護保険制度の創設にかかわっていた頃のことです。従来の措置制度ではなくて、世代間の連帯としての保険制度が望ましいとの方向性までは共有しつつ、厳しい状況にある国民健康保険財政をめぐって様々な議論が交わされるなかであったこともあり、保険主体として、都道府県、市町村、あるいは国のいずれが妥当であるかということが問題となりました。

おわりに

　なかなか結論を得るに至らないなか、今後の介護サービスの提供については、措置制度によるのではなくて保険制度によることが妥当であるという考え方の理論的支柱ともいえる役割を果たされていた学者に、いずれの保険主体がいいと考えておられるのかという質問を持ち込んだことがありました。

　その時の答えには、目を覚まされました。それは、私たち学者は、措置よりも保険が今後の制度のあり方としては望ましいという理論構成はするが、その理論を具体化するために都道府県や市町村の現状を分析して最も適切に機能する保険制度の設計をすることこそがまさに行政の仕事であり、その点についてはコミットするつもりはないし、するべきでもないというものでした。

　交付税制度の仕組みについても、同様の面があるように感じます。論理妥当性と結果妥当性の双方の視点から、様々な指摘や意見をいただきますが、現実を見据えつつそれら全てを整理して、さらによりよい機能を発揮する制度として具体的に改善し実施していくことは、行政に求められる責任であるとともに守備範囲そのものでもあります。

　様々な沿革を経て創設された財政調整制度である交付税制度は、その創設以来、我が国の内政の安定に大きな役割を担ってきました。交付税制度の基本的な仕組みと理念は、創設以来変わりませんが、総額を確保するなかでその規模が増大していくとともに、算定方法もその時々の行政ニーズを踏まえて変化し続けてきました。現在の特例措置を含む総額決定方式はもちろん、算定方法についても、制度創設時にはとても想像ができなかったと思われるものが多くあります。

　また、交付税制度について整理を重ねれば重ねるほど、この制度をよりよいものとしていくためにも、地方団体の基本的な財源となる地方税のあり方をいかに考えるべきかという問題の重要さを改めて感じます。

　交付税総額が巨額であり、地方財政において現実に果たしている役割

おわりに

の重要性を考えると、交付税制度の拡充が最重要課題であるとの議論がされがちですが、本来的に確保すべきは自主財源である地方税であるという原理原則を常に意識しなければなりません。

　税目ごとに標準税率や課税標準等を定める地方税法は、地方団体が自らの責任で財政運営をしていくための根本的な財源を確保するための体系です。地方税でできる限り地方団体の財政需要が賄えることを理想として、それに向かって努力を積み重ねていくことが第一です。

　一方で、地方税にはどうしても地域的な偏在が生じます。地方分権を進めていく以上、地域によって一定程度の財政力の差が生じることを受け入れる覚悟が大前提ともいえますが、可能な限り、地方税の地域間の偏在が縮小されるような制度設計を追求することも極めて重要です。

　そして、これらの地方税の拡充の取組にあわせて、全国どこに住む国民も一定の行政サービスが受けられるように、地方団体に財源を保障するとともに、財源の調整をするのが交付税制度です。このように、交付税制度をはじめとする財政調整制度は、地方団体の役割や地方税体系のいわば従属変数として存在するものといえます。分権型社会を目指していくためには、地方税よりも交付税に重きを置くような観点からの制度設計は、基本的に避けられなければなりません。

　今後も、地方団体の構造や役割は、その時々の行政ニーズに対応すべく、短期的のみならず中長期的な視点から最も適切と考えられる方向に変化し続けていくでしょうし、また、そうでなければなりません。それにあわせて、一人ひとりが生きていてよかったと思えるような社会を創り出し、内政の安定を維持していくためには、財政調整制度を含めてどのような地方税財政制度が望ましいのか、そして、その運用に際してはどのような姿勢が求められるのかについて、過去・現在・未来を見据えながら、常に問い続けていかなければならないのです。

　本書は、交付税制度についての考察を整理することにより地方財政制

おわりに

度についての議論の材料を提供することを目的とした筆者の体験論的な整理ですが、随分と時間がかかってしまい、ここに至るまでに、多くの先輩、同僚、仲間にお世話になりました。

岡本全勝復興庁参与（元復興庁事務次官）には、本書の試みについて、全体の構成や視点への大きな示唆をいただきました。筆者が自治省財政局の課長補佐であった頃から議論を交わすとともにお世話になってきた小西砂千夫関西学院大学教授と堀場勇夫地方財政審議会会長の細部に至るまでの貴重な御指摘によって、体験論が単なる独善に陥らないように救い出していただきました。

総務省の同僚では、境勉氏（地方公共団体金融機構理事）、前田一浩氏（内閣府大臣官房審議官）、川窪俊広氏（自治税務局企画課長）、進龍太郎氏（自治財政局財政課財政企画官）、小谷知也氏（同財務調査課理事官）、志賀真幸氏（同公営企業課理事官）、山本周氏（同地方債課理事官）、五月女有良氏（同財政課課長補佐）、石黒智明氏（大臣官房秘書課課長補佐）、澤田洋一氏（いわき市財政部長）、宮川天庸氏（自治財政局財政課主幹）、赤坂貴幸氏（同交付税課主幹）、冨澤尚史氏（大臣官房総務課主査）、藤原達展氏（自治財政局交付税課企画係長）には、様々な気づきをいただきました。

そして、「ぎょうせい」の長尾祐子氏の的確な助言により、一冊の形にまとめることができました。

ここに改めて感謝を申し上げます。

平成30年10月

筆　者

参考文献等

『地方財政調整制度論』石原信雄、ぎょうせい、昭和59年
『新地方財政調整制度論』石原信雄、ぎょうせい、平成12年
『新地方財政調整制度論 改訂版』石原信雄、ぎょうせい、平成28年
『基本から学ぶ地方財政』小西砂千夫、学陽書房、平成21年
『地方交付税 何が問題か―財政調整制度の歴史と国際比較』神野直彦・池上岳彦編著、東洋経済新報社、平成15年
『政府間財政関係論―日本と欧米諸国』大島通義・宮本憲一・林健久編、有斐閣、平成元年
『三位一体の改革と将来像―地方税・地方交付税』(「シリーズ地方税財政の構造改革と運営」第2巻)黒田武一郎編著、ぎょうせい、平成19年
『地方分権改革の経済学―「三位一体」の改革から「四位一体」の改革へ(東京財団政策研究シリーズ)』土居丈朗編著、日本評論社、平成16年
『地方交付税の経済学―理論・実証に基づく改革』赤井伸郎・佐藤主光・山下耕治、有斐閣、平成15年

『自治の流れの中で―戦後地方税財政外史』柴田護、ぎょうせい、昭和50年
『シャウプ使節団日本税制報告書』資産評価システム研究センター
『日本地方財政史―制度の背景と文脈をとらえる』小西砂千夫、有斐閣、平成29年
『石原信雄回顧談―官僚の矜持と苦節―』石原信雄回顧談編纂委員会、ぎょうせい、平成30年
 第1巻 我が人生を振り返る
 第2巻 霞が関での日々―自治官僚として

『日本の地方財政』神野直彦・小西砂千夫、有斐閣、平成26年
『財政学(日評ベーシック・シリーズ)』小西砂千夫、日本評論社、平成29年
『日本地方税制史』丸山高満、ぎょうせい、昭和60年
『地方分権と財政調整制度―改革の国際的潮流』持田信樹編、東京大学出版

会、平成18年
『アメリカ連邦制財政システム─「財政調整制度なき国家」の財政運営』小泉和重、ミネルヴァ書房、平成16年

「地方交付税発足50年、制度の持続可能性を問う」から
　　　　　　　　　　　　（月刊『地方財政』2005年）地方財務協会
　「地方交付税の発足時を振り返り、制度運営の歴史を総括する」
　　　　　　　　　　　　　　　　　　　　　立田清士、4月号
　「高度経済成長から安定成長へ～地方交付税の成長と質的転換」
　　　　　　　　　　　　　　　　　　　　　矢野浩一郎、5月号
　「激動の地方交付税：バブル期とその崩壊後の制度運営」
　　　　　　　　　　　　　　　　　　　　　遠藤安彦、6月号
　「三位一体改革の自治体財政運営：地方債協議制移行をひかえて」
　　　　　　　　　　　　　　　　　　　　　小西砂千夫、7月号
　「三位一体の改革・交付税改革はかくあるべし：地方からの主張」
　　　　　　　　　　　　　　　　　　　　　古川康、8月号
「地方交付税　最近10年の歩みと課題を中心に─地方交付税法施行60周年記念座談会─」黒田武一郎・稲山博司・林崎理・内藤尚志・境勉・前田一浩、月刊『地方財政』2014年11月号、地方財務協会
「地方交付税制度の財源保障機能を巡る議論」黒田武一郎、月刊『地方財務』2005年11月号、ぎょうせい
「地方交付税の算定方法を巡る議論と改革の動向」黒田武一郎、月刊『地方財政』2006年12月号、地方財務協会
「特別交付税の機能についての考察」黒田武一郎、月刊『地方財務』2012年8月号、ぎょうせい
「地方債と財政規律」黒田武一郎、月刊『地方財務』2009年7月号、ぎょうせい
「東日本大震災に係る地方財政措置等について」黒田武一郎、月刊『地方財政』2012年6月号、地方財務協会
「地方財政の展望と課題」黒田武一郎、月刊『地方財政』2018年1月号、地

方財務協会
「地方財政調整における「水平調整」の課題と展望」青木宗明、月刊『地方財政』2018年4月号、地方財務協会

『地方財政平衡交付金法解説』地方財務協会、昭和28年
『地方交付税法逐条解説』石原信雄・遠藤安彦、ぎょうせい、昭和61年
『新版 地方財政法逐条解説』石原信雄・二橋正弘、ぎょうせい、平成12年
『地方公営企業法逐条解説』関根則之、地方財務協会、昭和43年
『自治体財政健全化法―制度と財政再建のポイント』小西砂千夫、学陽書房、平成20年

各年度『地方交付税制度解説』地方財務協会
各年度『地方交付税のあらまし』地方交付税制度研究会編、地方財務協会
各年度『地方公共団体財政健全化制度のあらまし』地方財政調査研究会編、地方財務協会
各年度『地方債のあらまし』地方債制度研究会編、地方財務協会
各年度『改正 地方財政詳解』地方財務協会
各年度『改正 地方税制詳解』地方財務協会

各年度「予算の編成等に関する建議」財政制度等審議会
各年度「予算編成の基本的考え方について」財政制度等審議会

『教育行政の理論と構造』市川昭午、教育開発研究所、昭和50年
『近代日本教育費政策史―義務教育費国庫負担政策の展開』井深雄二、勁草書房、平成16年
『教養としての社会保障』香取照幸、東洋経済新報社、平成29年

『地方自治法施行50周年記念 自治論文集』自治省
『地方自治法施行70周年記念 自治論文集』総務省

著者紹介

黒田武一郎（くろだ・ぶいちろう）
　　総務省消防庁長官（前自治財政局長）

昭和35年2月20日兵庫県生まれ。昭和57年3月東京大学法学部卒業、同年4月自治省入省。秋田県地方課、参議院法制局第四部第二課、自治省財政局交付税課、広島市商工課長・財政課長、地方公務員災害補償基金審査課次長、熊本県財政課長、自治省財政局調整室課長補佐、同地方債課課長補佐・理事官、同財政課財政企画官、熊本県総務部長・副知事、総務省自治財政局財政企画官（併任大臣官房参事官）、同交付税課長、同地方債課長、自治行政局地域政策課長、自治財政局財政課長、大臣官房審議官（財政制度・財務担当）、内閣官房内閣審議官（内閣官房副長官補付）、総務省大臣官房長、同自治財政局長を経て現在に至る。

【主要著書等】
　参考文献等に掲載したものをはじめ、地方財政関係の著書・論文等多数。その他、小説『ステップ』（熊本日日新聞情報文化センター、平成17年）、『時のはざまに』（熊本日日新聞社、平成23年）

平成30年11月現在

地方交付税を考える
―制度への理解と財政運営の視点

平成30年12月10日　第1刷発行
令和6年7月5日　第6刷発行

　　著　者　　黒田　武一郎
　　発　行　　株式会社ぎょうせい

〒136-8575　東京都江東区新木場1-18-11
URL：https://gyosei.jp

フリーコール　0120-953-431

ぎょうせい　お問い合わせ　検索　https://gyosei.jp/inquiry/

〈検印省略〉

印刷　ぎょうせいデジタル㈱
※乱丁・落丁本はお取り替えいたします。
〈禁無断転載・複製〉

©2018 Printed in Japan

ISBN978-4-324-10581-8
(5108487-00-000)
〔略号：財政運営〕